ACCESO GRATIS *a la Lectura en la Nube*

Para visualizar el libro electrónico en la nube de lectura envíe junto a su nombre y apellidos una fotografía del código de barras situado en la contraportada del libro y otra del ticket de compra a la dirección:

ebooktirant@tirant.com

En un máximo de 72 horas laborables le enviaremos el código de acceso con sus instrucciones.

La visualización del libro en **NUBE DE LECTURA** excluye los usos bibliotecarios y públicos que puedan poner el archivo electrónico a disposición de una comunidad de lectores. Se permite tan solo un uso individual y privado.

FRONTERAS IMPOSITIVAS: EL IPSI A TRAVÉS DEL IVA

TIRANT TRIBUTARIO

Procedimiento de selección de originales, ver página web:

www.tirant.net/index.php/editorial/procedimiento-de-seleccion-de-originales

FRONTERAS IMPOSITIVAS: EL IPSI A TRAVÉS DEL IVA

MARÍA BERNAD FUREST

UNIVERSIDAD
DE GRANADA

tirant lo blanch
Valencia, 2025

En caso de erratas y actualizaciones, la Editorial Tirant lo Blanch publicará la pertinente corrección en la página web www.tirant.com.

La aceptación de la presente obra ha tenido en consideración la evaluación y calificación otorgada por los expertos componentes del tribunal calificador de la tesis doctoral en la que se basa, cumpliendo con el criterio correspondiente de los revisores externos y ofreciendo la calidad debida a la presente edición.

Esta investigación ha sido financiada por el Proyecto del plan propio de la Universidad de Granada MELAVANT (Melilla avance y transformación): estrategias coordinadas como eje de desarrollo, transformación y avance de Melilla (MEL-23-UGR24).

EDITA: TIRANT LO BLANCH
C/ Artes Gráficas, 14 - 46010 - Valencia
TELFS.: 96/361 00 48 - 50
FAX: 96/369 41 51
Email:tlb@tirant.com
www.tirant.com
Librería virtual: www.tirant.es
DEPÓSITO LEGAL: V-1866-2025
ISBN: 978-84-1095-669-8

Si tiene alguna queja o sugerencia, envíenos un mail a: *atencioncliente@tirant.com*. En caso de no ser atendida su sugerencia, por favor, lea en *www.tirant.net/index.php/empresa/politicas-de-empresa* nuestro Procedimiento de quejas.

Responsabilidad Social Corporativa: http://www.tirant.net/Docs/RSCTirant.pdf

ÍNDICE

Capítulo 3
ACOTACIÓN DEL HECHO IMPONIBLE

Capítulo 4
ÁMBITO TERRITORIAL Y TEMPORAL

Capítulo 5
SUJETOS PASIVOS Y OBLIGACIONES FORMALES

Capítulo 6
DETERMINACIÓN DE LA OBLIGACIÓN TRIBUTARIA

Capítulo 7
DEDUCCIONES Y DEVOLUCIONES

Capítulo 8
DIFERENCIAS ENTRE EL IVA E IPSI EN SU APLICACIÓN

PRÓLOGO

Aunque pueda resultar llamativo, incomprensible o incluso algo paradójico, realizar un estudio comparativo entre el Impuesto sobre la Producción, los Servicios y la Importación (en adelante IPSI) que se aplica en las Ciudades Autónomas de Ceuta y Melilla, y el Impuesto sobre el Valor Añadido (IVA) vigente en la Península e Islas Baleares, y que dicho estudio sea profundo, riguroso, analítico y crítico al mismo tiempo, proponiendo además, soluciones a los múltiples problemas aplicativos que cotidianamente plantea esta distinción; nos atrevemos a decir que no se ha realizado hasta el momento de presentar esta obra, al menos que haya llegado a nuestro conocimiento y, sobre todo, con tanta claridad, exhaustividad y valentía.

Es cierto, no puede negarse, que estudios de calidad sobre el IVA hay muchos, tratándolo al completo o centrándose en ciertos aspectos del impuesto y, de igual manera, también hay algunos, ahora ya bastantes menos, que han abordado del mismo modo y con rigor el análisis del IPSI; pero dar un salto más, y plantear el trabajo desde una perspectiva de contraste y delimitación precisa entre ambos, para resaltar sus diferencias, las complejidades que conlleva la regulación del segundo por multitud de razones (remisiones, carencias, incongruencias...) y, sobre todo, para establecer con precisión y exactitud cuándo corresponde aplicar uno y cuando otro, en las diversas operaciones económicas que pueden establecerse entre la Península española, las Islas Baleares, Melilla, Ceuta e, incluso, entre estas dos últimas, y de forma bidireccional, es lo que realiza con toda solvencia esta obra.

Tras una breve introducción a la evolución sufrida por el régimen tributario de ambas localidades, paso previo e imprescindible para explicar y entender la situación actual del IPSI; se comienza a efectuar dicha diferenciación partiendo de las características que reúne este último frente al IVA, dado que vendrán a marcar y determinar la estructura, elementos definitorios, forma de cuantificación y demás aspectos esenciales de su régimen jurídico. Y se van analizando a continuación todos estos contenidos, siempre bajo la premisa de los aspectos, cuestiones e incluso matices que los separan; primeramente, delimitando en qué consiste el hecho imponible del IPSI y sus no coincidencias con el relativo al IVA, los supuestos de no sujeción establecidos por la normativa de cada uno de ellos así como las personas o situaciones que resultan exentas respectivamente, la delimitación de su ámbito espacial de realización así como su momento temporal generativo o devengo; y junto a ello, en segundo lugar, quienes son los obligados tributarios que resultan gravados o sujetos por aquel impuesto frente a los que lo están por el IVA, fundamentalmente los sujetos pasivos relativos a cada uno de ellos pero, también, los sometidos a obligaciones formales, exigencias de comportamiento que son muy abundantes en estos ámbitos de la imposición indirecta.

A continuación se entra en el abordaje de la cuantificación del IPSI y sus diferencias frente a la que ha de llevarse a cabo respecto del IVA, partiendo en primer lugar de la estimación de su base tributaria por los métodos posibles que pueden resultar aplicables, esencialmente el directo y el objetivo, a los que podría sumarse, no obstante, la estimación indirecta de bases en los supuestos que prevé nuestra Ley General Tributaria de manera generalizada (esencialmente en su art. 53); para a continuación, fijar los tipos de gravamen vigentes que pueden resultar aplicables en uno y otro impuesto, así como los supuestos de aplicación concreta de cada uno de ellos, además de marcar las diferencias también existentes entre los que rigen en cada una de las dos Ciudades Autónomas, Ceuta y Melilla, según los supuestos implicados (como en general a lo largo de todo el trabajo). Y concluyendo con ello, finalmente, en la determinación de la cuota tributaria y consiguiente deuda tributaria resultante; lo que se verá complementado con el análisis de la posibilidad de deducir el impuesto soportado, generando en su caso el derecho a la devolución correspondiente, donde también hay diferencias relevantes entre el IPSI y el IVA.

Lo anterior se aborda siempre, tanto en relación con las operaciones interiores como respecto de las exteriores (básicamente importaciones así como, en su caso, exportaciones) puesto que aquí no cabe plantearse la posibilidad de operaciones intracomunitarias dado que abordamos el IPSI de Melilla y Ceuta; y, desde luego, siguiendo en todo momento de su desarrollo y avance, la premisa o línea marcada desde su inicio, de buscar y precisar la distinción o distinciones existentes entre éste y el IVA, como igualmente también, tal y como según acabamos de señalar, introduciendo siempre que resulte preciso por ser esencial, la diferenciación que pueda existir entre el impuesto vigente en una u otra Ciudad Autónoma, cuando procede, al no ser plenamente coincidentes. Todo ello cerrado, como broche final muy clarificador, con un capítulo que pretende sintetizar todas esas divergencias estudiadas, analizadas y explicadas con detalle a lo largo de la obra, a lo que se une además el abordaje de ciertas operaciones que representan actualmente situaciones de gran complejidad en relación a la posible interacción o confrontación entre el IPSI y el IVA, que hoy en día destacan por su gran expansión y consolidación en la realidad vigente.

Evidentemente se podrá compartir o no el planteamiento y conclusiones a las que se llega en los diversos aspectos de su contenido, se podrá discrepar fundadamente del criterio interpretativo y consiguientemente aplicativo asumido, es decir, se podrá estar de acuerdo o no con su autora en ciertos aspectos de su análisis; pero como de todos es sabido, precisamente esa es una de las grandes riquezas del Derecho, argumentar, justificar y sostener opiniones diversas sobre cómo interpretar y aplicar nuestras normas, en este caso, relativas a la diferenciación entre el IVA y el IPSI, y no sólo desde un punto de vista estrictamente académico o de estudiosos de la norma, sino también desde la perspectiva práctica de su exigencia, tan importante y trascendente para ambas Ciudades Autónomas, en cuanto este impuesto propio es una de sus principales, si no la que más, fuentes de sustento y desarrollo económico.

Las fronteras impositivas entre el IPSI y el IVA no son nada fáciles de marcar en muchos supuestos, es más, en demasiadas ocasiones no se aplican correctamente por exigir el gravamen que no corresponde o, en otras situaciones, no exigir ninguno de ellos, con gran perjuicio financiero para la Ciudad Autónoma correspondiente; pero es que incluso, lo cual es muy perjudicial ahora para sus ciudadanos, se llegan a aplicar ambos impuestos a la vez sobre una misma operación económica y, todo esto, sin que ninguna de estas anomalías obedezca necesariamente a un intencionalidad deliberada y flagrante de incumplir la normativa, ni tan siquiera, a una negligencia fácilmente corregible con un mínimo de voluntad o interés.

El presente trabajo ha pretendido contribuir precisamente a arrojar luz sobre esta necesaria delimitación, a comprender mejor el porqué de las diferencias existentes entre ambos tributos obligatoriamente alternativos en su aplicación, y a tomar decisiones más ajustadas a Derecho cuando se trata de exigir la imposición sobre el consumo que ha de gravar dichas operaciones; y todo ello, para que el resultado sea más justo para los vecinos de ambas localidades que deban pagarlos, también para que implique mayor tranquilidad y acierto en su utilización y aplicación por los operadores económicos, empresarios y profesionales que intervienen en ellas e, igualmente, para que los entes públicos que necesitan de los recursos que puedan reportar dichas operaciones con su gravamen, obtengan los ingresos necesarios para financiar sus gastos públicos sobre la base del deber de contribuir constitucional que a todos alcanza, y que lleguen en concreto a aquella entidad a la que corresponden dichos recursos.

Sería un poco absurdo pretender ignorar que, de entrada, a nadie gusta demasiado tener que pagar impuestos; pero aun asumiendo esto como premisa de partida, somos conscientes también en nuestro foro interno de que todos los servicios públicos, las infraestructuras existentes, las actividades realizadas y demás prestaciones y actuaciones recibidas o desarrolladas por los entes públicos han de financiarse con tributos, fundamentalmente con impuestos. Esa realidad es innegable, de igual forma que nuestro Estado de bienestar requiere de un reparto más justo y equilibrado entre los ciudadanos de las cargas públicas, para lo que debe ajustarse dicho gravamen a nuestra capacidad económica, su exigencia a la realidad económica que subyace a la operación realizada, pero también su destino y recaudación al ente público que ha de percibir el ingreso porque le corresponde, y porque sólo de esta manera podrá atender a esas tareas que le impone dicho Estado del bienestar en función del reparto competencial establecido.

Desde esta perspectiva, ha de pagarse el IVA cuando deba hacerse, pero del mismo modo, ha de ingresarse el IPSI a la Ciudad Autónoma que corresponda cuando así esté establecido por su regulación; no debemos pagar de más los ciudadanos, por supuesto, pero tampoco ha de privarse de los ingresos tributarios que le corresponden a ninguna de ellas. Y aunque a nadie se le puede escapar que la delimitación de dicha frontera impositiva en el IPSI y el IVA es una cuestión muy técnica, de suma complejidad en muchos casos y que requiere de la toma en consideración de diferentes factores a valorar; consideramos sinceramente que ello se ha logrado en muy alta medida con este trabajo, que contribuirá sin duda al esclarecimiento y mejor comprensión de las diferencias entre sendas figuras impositivas.

Aunque el origen de esta obra inicialmente parte de un trabajo de investigación enmarcado en el mundo académico y, además, del máximo nivel universitario, el doctoral; desde esa génesis hasta el resultado ahora presentado hay un largo camino de corrección, revisión, transformación y aún metamorfosis final para ofrecer una publicación útil, necesaria y valiosa como referente y consulta en el desarrollo de las operaciones económicas donde hay alguna implicación de las Ciudades Autónomas de Ceuta y Melilla. Su entonces máxima calificación otorgada de manera secreta por quienes compusieron la Comisión que juzgó dicha Tesis (los doctores Collado Yurrita Jabalera Rodríguez, Sánchez Galiana, Arana Landín y Bueno Gallardo), auguraba un prometedor desenlace que, creemos firmemente, se ha plasmado como realidad final de la máxima calidad y nivel científico contrastable en esta obra; lo que no es óbice en absoluto de su pragmatismo, enfoque realista y tratamiento práctico de los problemas y soluciones aportadas, para marcar con mayor claridad y precisión, las fronteras aplicativas existentes entre el IPSI y el IVA en la actualidad.

Esperamos que el lector comparta esta visión de la obra que se le ofrece, que llegue a entenderla como una herramienta cotidiana en la solución de sus problemas habituales en cuanto a la delimitación y aplicación del impuesto que corresponda y que, fundamentalmente, valore el esfuerzo realizado para obtener este resultado final como libro de consulta y referencia para ello, sin que por esto pierda un ápice de rigor conceptual y analítico sobre esta difusa y compleja frontera impositiva de nuestro sistema tributario. Y, para terminar, esperamos y confiamos igualmente en que este trabajo sea solamente el inicio de una larga, fructífera y provechosa carrera profesional para su prometedora autora, pues las cualidades demostradas a lo largo de estos años se han visto plasmadas con nitidez en la presente obra, que seguro le reportará una más que merecida satisfacción personal, profesional y científica como corresponde al resultado obtenido.

Dra. **María José Fernández Pavés**
Catedrática de Derecho Financiero y Tributario
Universidad de Granada

INTRODUCCIÓN

Ceuta y Melilla presentan particularidades significativas en cuanto a su régimen aduanero y fiscal. Esta decisión histórica buscó atraer inversiones y promover el comercio internacional, fortaleciendo su economía local. Por un lado, no pertenecen a la Unión Aduanera y conservan su posición de territorio franco, lo que implica que en la entrada de mercancías a Ceuta y Melilla no rija el arancel común y que estas no puedan ser gravadas por derechos de aduana o exacciones de efecto equivalente. Por otro lado, en estas ciudades resultó de inaplicación el IVA, imponiéndose el IPSI, impuesto que desde sus antecedentes directos, contaba con una fuerte oposición por hacer inoperable el carácter de puerto franco, pero nunca dejó de recaudarse por ser una de las principales fuentes de financiación.

La importancia de este estudio reside en la singularidad del IPSI, que lo convierte en un régimen tributario excepcional en comparación con el sistema impositivo, tanto español como comunitario. Sin embargo, este impuesto es en gran medida desconocido, debido a su limitado ámbito espacial, ya que se aplica exclusivamente en las ciudades de Ceuta y Melilla, y ha resultado en un menor interés por parte de aquellos que no residen o hacen negocios en estas regiones, lo que se refleja en la escasa producción documental y en la falta de atención hacia este impuesto en comparación con su paralelo, el IVA, aplicable por contraposición en la Península y Baleares.

Asimismo, la coexistencia del IPSI y el IVA en el sistema tributario español, operando simultáneamente en distintos ámbitos territoriales, introduce una complejidad significativa con importantes implicaciones para las transacciones comerciales. En primer lugar, resaltar que pese a las continuas remisiones del IPSI a la normativa del IVA, estos impuestos presentan diferencias significativas en cuanto a su configuración y efectos económicos, por lo que sus implicaciones pueden diferir en ambos impuestos. En segundo lugar, apreciar que resultan frecuentes las transacciones con puntos de conexión en los ámbitos territoriales IVA e IPSI, por lo que resulta necesario determinar el impuesto que se devenga. En tercer lugar, subrayar que existen diferencias en el tratamiento tributario que reciben determinadas transacciones en los mencionados impuestos sobre el consumo.

Conforme a lo anterior, este estudio emerge como una oportunidad para arrojar algo de luz y llenar el vacío existente en la literatura sobre el IPSI, así como para clarificar la relación compleja entre estos impuestos sobre el consumo, IVA e IPSI. De este modo, el objetivo perseguido es realizar un análisis exhaustivo de los elementos que conforman el IPSI en contraste con el IVA, a fin de determinar el alcance y extensión de las remisiones del IPSI a la normativa del IVA y sus implicaciones en las transacciones comerciales, la correcta aplicación de las reglas de localización en las operaciones que cruzan estas fronteras impositivas IPSI e IVA, así como las diferencias y semejanzas existentes entre ambos impuestos.

Capítulo 1
EVOLUCIÓN DEL RÉGIMEN TRIBUTARIO EN CEUTA Y MELILLA

1.1. ANTECEDENTES TRIBUTARIOS

Las primeras manifestaciones de tributación en Melilla reflejan una tendencia al gravamen por la entrada de mercancías en la Ciudad, lo cual evidencia su recaudación desde sus orígenes y la preocupación de sus dirigentes por la necesidad de financiación para el sostenimiento de los gastos. Por el año 1561 se comenzaron a percibir unos derechos denominados "Derechos de puertas e hierros", considerados los precedentes más remotos del actual impuesto sobre entrada de mercancías; posteriormente señala Mir Berlanga que se estableció "una renta fija y permanente sobre las mercancías que traían los moros, consistente en ocho maravedíes sobre cada ferral y cuatro reales de plata por cada quintal de cera. Una Real Cedula de 1668 confirma estos privilegios, mantenidos posteriormente por las Reales Cedulas de Carlos II, Felipe V y por las Reales Órdenes de Fernando VII y de Isabel II"[1]; en 1859 se estableció un arbitrio de cinco reales por cada barco que llegara a la plaza con mercancías, y un cuarto por cada cuartillo de vino y aguardiente que se introdujera, con cuyo importe se hacía frente a los gastos de la limpieza pública y haberes de los serenos, a cargo una y otros de confinados que percibían escasísimas gratificaciones, haciéndolo extensivo más tarde a los de material de la escuela, pues el sueldo del maestro lo abonaba el Estado[2]; y en 1938 ya se estableció una tarifa *Ad Valorem* a la importación de mercancías marítimas y terrestres del 5% fijada por Ordenanza del Alto Comisario de 12 diciembre de 1938, aunque no se empezaría a cobrar hasta 1939[3]. El

---

1 MIR BERLANGA, F. (1978) "Melilla en los pasados siglos y otras historias", Ayuntamiento de Melilla.

2 ABELLÁN GARCÍA, C. (1943). "La ciudad de melilla y su ayuntamiento". *Revista de Estudios de la Administración Local y Autonómica*, (12).

3 MUÑOZ DOMÍNGUEZ, J. M. (1986). "La fiscalidad de los territorios de Ceuta y Melilla". *Aldaba: revista del Centro Asociado a la UNED de Melilla*, (6). Pg. 27.

origen de la tributación en Melilla procede de estos arbitrios que recaían sobre los actos de comercio exterior y la mayor financiación provenía de ellos, hasta el punto de que un incremento o disminución de las exportaciones se traducía en un aumento o disminución de los recursos de la ciudad.

Asimismo, la Ley de 18 de mayo de 1863, por la cual se declararon puertos francos los de las plazas de Ceuta, Melilla e Islas Chafarinas, disponía:

> *«Artículo 1°: se declaran puertos francos los de las plazas de Ceuta, Melilla e Islas Chafarinas, quedando en consecuencia libres de derechos y arbitrios en favor del tesoro público todos los géneros, frutos y efectos que en ellas se introduzcan, incluso los que hallan estancados en la Península, únicamente satisfarán derechos de puerto y sanidad los buques conductores de las mercancías. Queda el gobierno autorizado para extender igual franquicia al Peñón de la Gomera y Alhucemas, o para permitir el abastecimiento de estas plazas de los artículos libremente introducidos en Ceuta, Melilla y Chafarinas.*
>
> *Artículo 2: Los géneros, frutos y efectos de producción nacional, que los de la península e islas adyacentes, serán considerados como extranjeros, y sujetos por tanto al pago de los derechos que establezca el arancel. Se exceptúan únicamente el pescado, producto y procedente de las almendrabas que existen o se establezcan en los referidos puertos».*

Conforme a lo anterior, podemos señalar como principales indicios para la concesión de tal privilegio, la imperiosa necesidad de garantizar el abastecimiento de Ceuta y Melilla, dada su gran dependencia con la Península, además de dotarla con un mecanismo que impulsasen su desarrollo económico y fomentase el ejercicio de la actividad comercial. Las consecuencias de incluir a estas ciudades como puerto franco suponen una ausencia total de aranceles a la importación, por lo que se potenciaría la actividad comercial, aumentando su atractivo e incentivando las transacciones con Marruecos, hecho que obtuvo los resultados esperados en Melilla, ya que se establecieron nuevas líneas marítimas con tal finalidad e implicó el comienzo de las relaciones económicas con Marruecos para lo que se precisó de la creación de una aduana comercial a través del Tratado de 31 de julio de 1866 celebrado en Fez, el cual señala en su artículo 4º:

> *«Por la aduana de Melilla se podrán importar y exportar todos los artículos de comercio que se exportan é importan por los puertos marroquíes. Los artículos de comercio prohibidos por los puertos marroquíes se considerarán también prohibidos por la aduana de Melilla. Las mercancías pagarán los mismos derechos que se abonan en dichos puertos, conforme á lo establecido por los tratados».*

Sin embargo, y en contraste con lo anterior, en Ceuta nunca se estableció una aduana comercial con Marruecos.

La declaración de puerto franco tenía por finalidad garantizar el desarrollo económico por la supresión de aranceles; aunque este arbitrio de 1938 establecido en Melilla estaba dotado de un efecto equivalente a los gravámenes aduaneros, y ya en aquella época contaba con la contraposición de la población por enmascarar la inoperancia de la ley de puertos francos. Sin embargo, el crecimiento demográfico que experimentó Melilla conllevaba el incremento de servicios públicos, destacando el abastecimiento de agua potable, alumbrado de la ciudad, alcantarillado, construcciones de escuelas, mercados...[4] por lo que las necesidades de financiación de la ciudad resultaron más que evidentes, siendo el gravamen a la importación la principal fuente de recaudación. Es por ello que los arbitrios locales tomaron cada vez más peso en Melilla, repercutiendo negativamente en el comercio, pues al instaurarse los arbitrios no se traduciría en una ventaja económica el ser puerto franco, a pesar de lo cual, no dejaron nunca de recaudarse por ser la principal fuente de financiación.

El primer antecedente directo al actual régimen tributario de Ceuta y Melilla aparece con Ley de 30 de diciembre de 1944[5], la cual inicia un régimen tributario especial para Ceuta y Melilla, autorizando a los ayuntamientos de Ceuta y Melilla a establecer un arbitrio sobre la importación de mercancías mediante el establecimiento de una tarifa *Ad Valorem*, siendo los tipos máximos aplicables hasta el 4% para artículos de comer, hasta el 10% para todo tipo de bebidas y artículos de lujo y hasta el 7% para el resto de las mercancías. El establecimiento del arbitrio se realizaría a través de las respectivas Ordenanzas Fiscales de estas dos ciudades. Si bien la implantación de este arbitrio en Ceuta sería algo novedoso, en Melilla supondría la continuación en su tradición de recaudación por la introducción de mercancías vía marítima o terrestre en su territorio, por lo que incluso la propia ley establecía referencias a ello disponiendo que «*el arbitrio sobre la importación de mercancías que en la actualidad hace efectivo, en virtud de autorización del gobierno general de las plazas de su soberanía, la segunda de las corporaciones municipales*», en referencia a Melilla, e incluso remitiendo a que la

4 IMBRODA ORTIZ, B. J. (2015) "la posición de Melilla en la historia constitucional española". *Tesis doctoral. Universidad de Málaga*. Pg. 210

5 Ley de 30 de diciembre de 1944, por la que se autoriza a los Ayuntamientos de Ceuta y Melilla para percibir como recurso de su Presupuesto ordinario el "Arbitrio sobre importación de mercaderías". "*Boletín Oficial del Estado*", nº 2, el 2 de enero de 1945.

Ordenanza Fiscal que regule este arbitrio «*incluirá las mismas exacciones contenidas en la que actualmente rige en Melilla*»[6].

Por su parte, la Ley 22 de diciembre de 1955[7], sentaba las bases del régimen económico y financiero de Ceuta y Melilla, con una rica Exposición de Motivos que pone de manifiesto que las particularidades de estos territorios difieren de la realidad de la Península y por ende deben ser tenidas en cuenta para el asentamiento de las bases del régimen tributario. El objetivo de esta ley no era solo proporcionar a Ceuta y Melilla el impulso necesario para su desarrollo económico atendiendo a las especiales circunstancias de estos territorios, sino convertirlos en modernos centros económicos, dando una solución a futuro sin obviar la situación geográfica y las relaciones con el país vecino como una oportunidad de crecimiento económico. En este sentido, la mencionada ley contempla la sustitución del arbitrio por una compensación equivalente, es decir por otro arbitrio pero que, en este caso, sería administrado por el Estado, y cuya vigencia sería transitoria hasta la reducción del déficit de los presupuestos locales. Sin embargo, este arbitrio nunca llegó a aplicarse, manteniéndose el de 1944 hasta la aprobación de la Ley 8/1991, de 25 de marzo, por la que se aprueba el Arbitrio sobre la Producción y la Importación en las ciudades de Ceuta y Melilla, por lo que aquel constituye el soporte jurídico de este último.

1.2. INFLUENCIA DE LA ADHESIÓN DE ESPAÑA A LA COMUNIDAD ECONÓMICA EUROPEA

La adhesión de España a la Comunidad Económica Europea, antecesora de la actual Unión Europea (en adelante UE), se produjo con la firma del Tratado de Adhesión en Madrid el 12 de junio de 1985, a través de la Decisión del Consejo de las Comunidades Europeas de 11 de junio de 1985 relativa a la adhesión del Reino de España y de la República Portuguesa a la Comunidad Europea del

---

6 Vid. Art. Segundo de la Ley de 30 de diciembre de 1944, por la que se autoriza a los Ayuntamientos de Ceuta y Melilla para percibir como recurso de su Presupuesto ordinario el "Arbitrio sobre importación de mercaderías".

7 Ley de 22 de diciembre de 1955 de bases sobre el régimen económico, y financiero de Ceuta y Melilla. "*Boletín Oficial del Estado*" nº 359, el 25 de diciembre de 1995.

Carbón y del Acero[8], que implicaba que "hubieran de suprimirse las limitaciones cuantitativas y los derechos arancelarios y exacciones equivalentes en las transacciones comerciales de nuestro país y el resto de los Estados miembros, así como establecer un arancel común en las transacciones con terceros Estados y el IVA"[9], pues la libre circulación de mercancías supuso la creación de la Unión Aduanera y la libre competencia exigía idéntico tratamiento fiscal entre las producciones interiores y los productos procedentes de los demás Estados miembros.

Lo anterior colisionó con el régimen económico y fiscal de Ceuta y Melilla dado su carácter de puerto franco y la aplicación del arbitrio que recaía únicamente sobre los actos de comercio exteriores. Las opciones planteadas para adecuar estos territorios a los requisitos de Europa fueron cuatro: incorporación a la Unión aduanera y aplicación de la normativa comunitaria; integración en la Comunidad, manteniendo el régimen actual; aplicación del régimen anterior e introducción del IVA con tipos impositivos reducidos; y la exclusión de Comunidad[10].

El tratado de Adhesión y el Protocolo Nº 2 fijaron las condiciones de la integración de Ceuta y Melilla en la Comunidad Europea atendiendo a las particularidades de estos territorios y contemplando la no integración en el territorio aduanero, por lo que estas ciudades continúan ostentando la condición de territorio franco y la entrada de mercancías en estos territorios constituirá una importación sin que se produzca el devengo del arancel comunitario, en cambio sí lo harán las exportaciones entendidas como la introducción de mercancía en la Unión aduanera procedente de Ceuta y Melilla, salvo que esta tenga condición de producto originario por reunir los requisitos contemplados en el Reglamento (CE) nº 82/2001 del Consejo, de 5 de diciembre de 2000, relativo a la definición de la noción de "productos originarios" y a los métodos de cooperación administrativa en el comercio entre el territorio aduanero de la Comunidad y Ceuta y Melilla. Asimismo, se excluye a Ceuta y Melilla de la aplicación de la Sexta Directiva del Consejo, de 17 de mayo de 1977, en materia de armonización de las le-

---

8 Publicado en el Diario Oficial de las Comunidades Europeas nº 302, de 15 de noviembre de 1985.

9 MORÓN PÉREZ, M. D. C. (2014) *El Impuesto sobre la Producción, los Servicios y la Importación de las Ciudades Autónomas: Análisis Práctico y propuesta de reforma.* Aranzadi. Pg. 24.

10 GONZÁLEZ SÁNCHEZ, E. (1983) "Canarias, Ceuta y Melilla ante la CEE". *Documentación Administrativa*, (197). Pg. 205.

gislaciones de los Estados miembros relativas a los impuestos sobre el volumen de negocios - Sistema común del Impuesto sobre el Valor Añadido; base imponible uniforme, lo cual supuso la continuación en Ceuta y Melilla del sistema de aforos establecido en la Ley de 31 de diciembre de 1944, hasta la aprobación de la Ley 8/1991, de 25 de marzo, por la que se aprueba el Arbitrio sobre la Producción y la Importación en las ciudades de Ceuta y Melilla.

La sustitución de este arbitrio tenía por motivación la conservación del tradicional arbitrio ampliando el hecho imponible a la producción interna además de a la importación, con objeto de adaptarse a las directrices impuestas por la Comunidad y suprimir los derechos de aduana o exacciones de efecto equivalente existentes en Ceuta y Melilla[11]. Sin embargo, la implantación de este fue objeto de profundo debate con la interposición de recurso contencioso-administrativo de la Cámara de Comercio, Industria y Navegación de Ceuta ante el Tribunal Superior de Justicia de Andalucía frente a la Ordenanza ceutí de 24 de septiembre de 1991 por la que se complementaba la presente ley, y que conllevó a elevar al Tribunal de Justicia (en adelante TJUE) la siguiente cuestión prejudicial, con objeto de determinar si el Arbitrio sobre la Producción e Importación se trataba de una exacción de efecto equivalente o de un tributo interno.

> *«¿El artículo 25, apartado dos, del Acta relativa a las Condiciones de Adhesión del Reino de España a las Comunidades Europeas así como el Protocolo número dos de la misma, en relación con las disposiciones de los Tratados CEE y CECA sobre la libre circulación de mercancías, permiten después de 1991 la existencia de una exacción como la regulada por la Ley española 8/1991, de 25 de marzo, que aprueba el Arbitrio sobre la Producción y la Importación en las Ciudades de Ceuta y Melilla, configurada de modo que se produce a través del mismo "la casi absoluta ausencia de carga tributaria adicional para las operaciones interiores" a la vez que mantiene la simultánea imposición efectiva sobre las importaciones procedentes del territorio aduanero de la Comunidad?».*

---

11 Artículo 6 del Protocolo nº 2 del Tratado de Adhesión disponía que «*Los derechos de aduana existentes en las Islas Canarias y en Ceuta y Melilla así como la exacción denominada «arbitrio insular - tarifa general» existente en las Islas Canarias, serán suprimidos progresivamente*». De este modo, el arbitrio de 1944 constituía una exacción de efecto equivalente a los derechos de aduanas al gravar únicamente la importación de mercancías, alterando los principios de libre mercado europeo y libre competencia al favorecer la producción nacional respecto a la importada, pues únicamente sometía a gravamen este última, y por ende, se establecían distinciones en atención de su origen.

En este sentido, la Sentencia del Tribunal de Justicia (Sala Quinta) de 7 de diciembre de 1995[12] determinó que dicho arbitrio constituirá una exacción de efecto equivalente a los derechos de aduana si conlleva discriminación que arrojase ventaja competitiva a los productos nacionales frente a los importados. En cambio, constituirá un tributo interno compatible con el derecho comunitario cuando la producción interna y la importación recibieran el mismo tratamiento fiscal, pudiendo existir distinciones basadas en la categoría de los bienes, pero no en cuanto a su origen. En consonancia con lo anterior, la adopción de sistemas tributación interno por parte de los Estados miembros tiene por límite el artículo 95[13] del Tratado Constitutivo de la Comunidad Económica Europea, el cual disponía que:

> *«Ningún Estado miembro gravará directa o indirectamente los productos de los demás Estados miembros con tributos internos, cualquiera que sea su naturaleza, superiores a los que graven directa o indirectamente los productos nacionales similares. Asimismo, ningún Estado miembro gravará los productos de los demás Estados miembros con tributos internos que puedan proteger indirectamente otras producciones».*

A su vez, el concepto de exacción equivalente y de tributo interno ha sido perfilado por la jurisprudencia del Tribunal de Justicia[14], por lo que se extraen las siguientes definiciones e implicaciones de tales conceptos en el contexto del Derecho Comunitario y actual Derecho de la Unión:

- Una exacción de efecto equivalente a un arancel aduanero es cualquier tipo de carga impuesta a las mercancías que cruzan una frontera, que no sea un arancel aduanero en sí, pero que tenga el mismo efecto restrictivo

---

12 Sentencia del Tribunal de Justicia (Sala Quinta), de 7 de diciembre de 1995. En el asunto C-45/94. ECLI:EU:C:1995:425

13 Actualmente el contenido del precitado artículo se encuentra recogido en el artículo 110 del Tratado de Funcionamiento de la Unión Europea (versión consolidada). (*Tol 3711558*)

14 Destacando las siguientes sentencias: SENTENCIA DEL TRIBUNAL DE JUSTICIA, de 5 de febrero de 1976. En el asunto 87/75, ECLI:EU:C:1976:18, SENTENCIA DEL TRIBUNAL DE JUSTICIA, de 18 de junio de 1975. En el asunto 94/74, ECLI:EU:C:1975:81, SENTENCIA DEL TRIBUNAL DE JUSTICIA, de 7 de mayo de 1987. En el asunto 193/85, ECLI:EU:C:1987:210 y SENTENCIA DEL TRIBUNAL DE JUSTICIA, de 16 de julio de 1992. En el asunto C-163/90. ECLI:EU:C:1992:326

sobre el comercio. La característica definitoria de estas exacciones es que únicamente gravan la entrada de productos por la frontera, excluyendo de este modo a los productos producidos internamente. El TJUE ha establecido que tales exacciones son, en principio, incompatibles con el Derecho comunitario, ya que interfieren con el principio de libre circulación de mercancías dentro de la UE, al tratar de manera diferente a los productos importados en comparación con los productos locales, creando así una barrera al comercio.

- Un tributo interno es un impuesto que se aplica de manera uniforme a productos específicos, sin importar su origen, ya sean producidos internamente o importados. Este tipo de tributo es compatible con el derecho comunitario siempre y cuando cumpla con el principio de no discriminación, es decir, que la carga fiscal que soporten los productos importados sea idéntica a la que soporten los productos locales. El objetivo es garantizar que no se otorgue una ventaja competitiva injusta a los productos nacionales sobre los importados, preservando así la igualdad de condiciones en el mercado interno. De este modo, la compatibilidad de un tributo interno con el Derecho comunitario depende, por tanto, de su neutralidad en términos de origen de los productos. Esto se examina no solo con atención a la legislación formal sino también en su aplicación práctica, para asegurar que no exista una carga fiscal indirectamente discriminatoria contra los productos importados. Si un tributo interno cumple con estos criterios, se considera una herramienta legítima de política fiscal que los Estados miembros pueden emplear sin contravenir los principios fundamentales del mercado único europeo.

Volviendo al tema que nos ocupa, si bien el Arbitrio sobre la Producción e Importación recaía tanto en la importación como la producción, esta última quedaba exenta, pues la propia ley contemplaba amplias exenciones a la producción, a la vez que contemplaba la posibilidad de que Ceuta y Melilla exoneraran otras actividades productivas[15], de ahí que el Tribunal Supremo (en adelante TS)

---

15 El artículo 7 de la redacción inicial de la Ley 8/1991 disponía: «1. *Están exentas del Arbitrio: a) La producción y elaboración de bienes naturales, por agricultores, ganaderos, acuicultores o armadores de buques de pesca, obtenidos directamente de los cultivos, explotaciones o capturas, cuando se vendan, transmitan o entreguen sin que hayan sido sometidos con carácter previo a su transmisión a ningún proceso de transformación. b) Las pinturas, dibujos, acuarelas, grabados, estampas, litografías y esculturas originales realizadas por sus*

en su sentencia de 11 de Julio de 1995[16] determinara que el arbitrio constituía una exacción de efecto equivalente a un derecho de aduana a la importación, reiterando lo anterior en su sentencia de 12 de Julio de 1995[17], concluyendo que:

> *«lo gravado es la pura entrada en el territorio de Ceuta de toda clase de mercaderías por el hecho de tal entrada y sin atender a finalidad alguna de consumo (dado que son también gravadas las mercancías en tránsito); no se extiende el gravamen —y este elemento es decisivo— a las mismas mercancías cuando son producidas en el territorio del Ayuntamiento ceutí, de tal manera que no se trata de un tributo interno perteneciente a un sistema fiscal general, de imposición indirecta, que grave sin distinción alguna y por criterios puramente objetivos a categorías de bienes o productos, sino que, insistimos, lo gravado es el puro hecho de la entrada de mercancías foráneas, no originarias del territorio de Ceuta, sin que pueda por ello encuadrarse en el art. 95 del Tratado, según pretende el Ayuntamiento exactor».*

Conforme a lo anterior, el arbitrio de 1944 constituía claramente una exacción de efecto equivalente a un arancel aduanero al gravar exclusivamente la importación de productos, y aunque el Arbitrio sobre la Producción y la Importación fue un intento por alinear la política fiscal con el Derecho Comunitario, continuó creando una discriminación entre la producción nacional y la importación, al quedar exenta determinadas actividades productivas y posibilitar que Ceuta y Melilla exoneraran otras a través de sus Ordenanzas, favoreciendo así la escasa producción nacional, aunque lo relevante no es terminos cuantitativos sino la desigualdad generada con ello. En definitiva, este arbitrio continúo siendo incompatible con el Derecho Comunitario, aunque de una manera me-

autores. c) La producción o elaboración de artículos de primera necesidad destinados a la alimentación que reglamentariamente se determinen. c) La construcción de buques afectos esencialmente a la navegación marítima internacional y los dedicados exclusivamente al salvamento, a la asistencia marítima o a la pesca costera, así como los objetos incorporados a los mismos necesarios para su explotación incluso el armamento de pesca, siempre que se matriculen en las ciudades de Ceuta y Melilla. 2. Podrán concederse exenciones totales o parciales con carácter temporal a los bienes producidos o elaborados por las industrias instaladas en el ámbito territorial en las ciudades de Ceuta y Melilla pertenecientes a los sectores económicos protegidos por la Ley 50/1985, de 27 de diciembre, de Incentivos Regionales para la corrección de los desequilibrios económicos interterritoriales».

16 SENTENCIA DEL TRIBUNAL SUPREMO 4091/1995, de 11 de Julio de 1995. ECLI:ES:TES:1995:4091.

17 SENTENCIA DEL TRIBUNAL SUPREMO 4143/1995, de 12 de Julio de 1995. ECLI:ES:TS:1995:4143. (*Tol 513167*)

nos directa que su predecesor. De este modo, la declaración del Arbitrio sobre la Producción y la Importación como exacción de efecto equivalente provocó la solicitud masiva de devolución de ingresos indebidos, apreciando el TS[18] el potencial daño a las arcas municipales, por ser este impuesto el soporte básico de la financiación local. En este sentido, no dejaron de estimarse ante el Tribunal Superior de Justicia[19] (en adelante, TSJ) devoluciones de ingresos indebidos pese a que el Ayuntamiento se opusiera sistemáticamente a ello.

Como consecuencia de las mencionadas sentencias, se dictó el Real Decreto-ley 14/1996, de 8 de noviembre, por el que se modifica la Ley 8/1991, de 25 de marzo, por la que se aprueba el Arbitrio sobre la Producción y la Importación en las ciudades de Ceuta y Melilla, atajando la distinción entre la importación y la producción interior a través de la remisión de las exenciones para estas dos actividades a la normativa del IVA, siendo este el comienzo de la técnica legislativa de la remisión que caracteriza a este impuesto, y siendo esta, a su vez, la solución proporcionada para adecuar el arbitrio al Derecho Comunitario, pues de este modo al quedar exentas en el IPSI e IVA las mismas operaciones no se produciría distinciones entre la producción originaria y las importaciones, pues si el IVA era respetuoso con el Derecho Comunitario, de este modo se garantizaba que el IPSI también lo fuera.

Por su parte, el Reglamento (CEE) n° 1135/88 del Consejo, de 7 de marzo de 1988, relativo a la definición del concepto de "productos originarios" y a los métodos de cooperación administrativa en el comercio entre el territorio aduanero de la Comunidad, Ceuta y Melilla y las Islas Canarias determinó las condiciones para la adquisición de la condición de producto originario, siendo estas modificadas por el Reglamento (CE) nº 82/2001 del Consejo, de 5 de diciembre de 2000, relativo a la definición de la noción de "productos originarios"

18 SENTENCIA DEL TRIBUNA SUPREMO 3349/1995, de 14 de junio de 1995. ECLI:ES:TS:1995:3449.

19 Destacamos las siguientes sentencias: SENTENCIA DEL TRIBUNAL SUPERIOR DE JUSTICIA DE ANDALUCIA 425/1997, de 14 de octubre de 1997. ECLI: ES:TSJAND:1997:425. SENTENCIA DEL TRIBUNAL SUPERIOR DE JUSTICIA DE ANDALUCIA, 1354/1997, de 8 de noviembre de 1997. ECLI:ES:TSJAND:1997:1354. SENTENCIA DEL TRIBUNAL SUPERIOR DE JUSTICIA DE ANDALUCIA, 1350/1997, de 8 de noviembre de 1997. ECLI:ES:TSJAND:1997:1350. SENTENCIA DEL TRIBUNAL SUPERIOR DE JUSTICIA DE ANDALUCÍA 199/1998, de 12 de enero de 1998. ECLI:ES:TSJAND:1998:199.

y a los métodos de cooperación administrativa en el comercio entre el territorio aduanero de la Comunidad y Ceuta y Melilla, introduciendo un trato de favor para las Ciudades Autónomas ampliando los supuestos determinantes de la condición de producto originario. La adquisición de la condición de producto originario conlleva la supresión de arancel comunitario por la entrada de productos procedentes de Ceuta y Melilla en el territorio aduanero, lo que indudablemente constituye un aliciente al desarrollo de la actividad productiva de estas ciudades, promoviendo así el intercambio comercial y la integración económica de Ceuta y Melilla.

El artículo 2 del precitado Reglamento establece 3 vías para la obtención de la condición de productos originarios de Ceuta y Melilla. En este sentido, para ostentar la condición de producto originario se debe cumplir alguno de estos tres supuestos: "el producto haya sido enteramente obtenido en Melilla, el producto haya sido obtenido a partir de materia no originaria, que sin embargo haya sido objeto de transformación en Melilla, o que el proceso de elaboración o transformación del producto concluya en Melilla, siempre que el mismo proceda de un país con el que se permita la acumulación de origen"[20].

1. Productos enteramente obtenidos en Ceuta y Melilla, a tales efectos se establece una lista cerrada en el artículo 5 del Reglamento (CE) nº 82/2001.

> *«Se considerarán enteramente obtenidos en la Comunidad o en Ceuta y Melilla:*
>
> *a) los productos minerales extraídos de su suelo o del fondo de sus mares u océanos;*
>
> *b) los productos vegetales recolectados en ellos;*
>
> *c) los animales vivos nacidos y criados en ellos;*
>
> *d) los productos procedentes de animales vivos criados en ellos;*
>
> *e) los productos de la caza y de la pesca practicadas en ellos;*
>
> *f) los productos de la pesca marítima y otros productos extraídos del mar fuera de las aguas territoriales de la Comunidad o de Ceuta y Melilla por sus buques;*
>
> *g) los productos elaborados en sus buques factoría a partir, exclusivamente, de los productos mencionados en la letra f);*

20 PROMESA. "Melilla, destino de inversión". 2021. Pg. 17. Disponible en https://www.melilla.es/melillaportal/RecursosWeb/DOCUMENTOS/1/1_801_1.pdf (fecha de última consulta 11/4/2024)

h) los artículos usados recogidos en ellos, aptos únicamente para la recuperación de las materias primas, entre los que se incluyen los neumáticos usados que sólo sirven para recauchutar o utilizar como desecho;

i) los desperdicios y desechos procedentes de operaciones de manufactura realizadas en ellos;

j) los productos extraídos del suelo o del subsuelo marinos fuera de sus aguas territoriales siempre que tengan derechos de suelo para explotar dichos suelo y subsuelo;

k) las mercancías obtenidas en ellos a partir exclusivamente de los productos mencionados en las letras a) a j)».

2. Productos suficientemente transformados o elaborados, contemplándose en el anexo B del Reglamento (CE) nº 82/2001 un amplio listado de productos y de las actividades de elaboración o transformación necesarias para la adquisición de origen de ese determinado producto, por lo que no existe un criterio general, sino que atendiendo al producto final se contemplan requisitos específicos, lo cual en ocasiones se traduce en un amplio margen al establecer el concepto de transformación suficiente como *«fabricación a partir de materiales de cualquier partida»*, y en otras de forma restrictiva como *«fabricación en la que todas las materias deben ser obtenidas en su totalidad»*. Asimismo, podrán emplearse otras materias que no sean las propias de la elaboración o transformación suficiente siempre y cuando no superen en composición determinados porcentajes o en valor un 10% del franco fabrica.
3. Acumulación de origen, lo cual implica la concurrencia de tres requisitos: que se trate de materias originarias de países con acuerdo con la Comunidad y disposiciones específicas para Ceuta y Melilla, que la transformación no sea considerada insuficiente a efectos del artículo 7 del Reglamento (CE) nº 82/2001[21] o que el valor añadido consecuencia de la

21 Se considerarán transformaciones insuficientes para conferir el carácter de productos originarios *«a) las manipulaciones destinadas a garantizar la conservación de los productos en buen estado durante su transporte y almacenamiento (ventilación, tendido, secado, refrigeración, inmersión en agua salada, sulfurosa o en otras soluciones acuosas, separación de las partes deterioradas y operaciones similares); b) las operaciones simples de desempolvado, cribado, selección, clasificación, preparación de surtidos (incluso la formación de juegos de artículos), lavado, pintura y troceado; c) i) los cambios de envase y las divisiones o agrupaciones de bultos, ii) el simple envasado en botellas, frascos, bolsas, estuches y cajas o la colocación sobre cartulinas o tableros, etc., y cualquier otra operación sencilla de envasado; d) la colocación de marcas, etiquetas y otros signos distintivos similares en los productos o*

transformación o elaboración realizada en Ceuta o Melilla sea mayor que el de las materias empleadas.

Pese a lo anterior, Ceuta y Melilla carecen de productos originarios debido a la ausencia de materias primas y del sector industrial. Sin embargo, Ruiz Ruiz y Ruiz-Rico Ruiz aludiendo a los Presupuestos Generales de 2017 afirman que "se bonificará el transporte de toda mercancía que entre o salga de Ceuta y Melilla en barco o en avión, mientras que, en Canarias, donde ya se aplicaba una bonificación del 50% que ahora subirá al 100%, es únicamente para productos originarios, fundamentalmente agrarios. Esta diferencia se debe a que Ceuta y Melilla carecen de productos originarios y el sector comercio es su industria, por lo que la bonificación del 50% para el transporte de mercancías es "una cosa muy positiva para la economía de la ciudad". La bonificación de las mercancías, además, especialmente beneficioso en una época como la actual, en la que se avecinan "grandes obras públicas", como la construcción del Hospital Universitario, la ampliación del puerto comercial y nuevos centros educativos, cuyas materias primas procedentes de Europa también verán bonificadas su transporte hasta Melilla"[22].

No obstante, el Real Decreto 332/2023, de 3 de mayo, por el que se regula la compensación al transporte marítimo y aéreo de mercancías con origen o destino en Ceuta y Melilla determina que esta bonificación del 50% afecta a productos originarios o transformados en Ceuta o en Melilla, las materias primas y productos intermedios necesarios para la producción, devolución de mercancías en stock de pequeñas y medianas empresas, mercancías peligrosas y residuos generados.

1.3. LA FINANCIACIÓN DE CEUTA Y MELILLA

La Constitución Española de 1978 (en adelante CE), divide el Estado en municipios, provincias y Comunidades Autónomas, quedando Ceuta y Meli-

en sus envases; e) la simple mezcla de productos, incluso de clases diferentes si uno o más componentes de la mezcla no reúnen las condiciones establecidas en el presente Reglamento para considerarlos productos originarios de la Comunidad o de Ceuta y Melilla; f) el simple montaje de partes de artículos para formar un artículo completo; g) la combinación de dos o más de las operaciones contempladas en las letras a) a f); h) el sacrificio de animales».

22 RUIZ RUIZ, J. J. y RUIZ-RICO RUIZ, G. (2021) "Ceuta y Melilla". *Informe Comunidades Autónomas*. Pg. 326.

lla en una situación peculiar al constituirse como Ciudades Autónomas. La CE abre la posibilidad a los territorios de Ceuta y Melilla de participar en la organización territorial del territorio español mediante dos vías, en atención a la iniciativa proveniente del Estado o de los Ayuntamientos, "lo que diferencia al artículo 144.b) CE de la Disposición Transitoria quinta es la unilateralidad o la bilateralidad de la iniciativa para el comienzo del proceso autonómico". Por un lado, el artículo 144.b CE dispone que: «*Las Cortes Generales, mediante ley orgánica, podrán, por motivos de interés nacional... b) Autorizar o acordar, en su caso, un Estatuto de autonomía para territorios que no estén integrados en la organización provincial*». Por otro lado, la Disposición Transitoria Quinta contempla que «*Las ciudades de Ceuta y Melilla podrán constituirse en Comunidades Autónomas si así lo deciden sus respectivos Ayuntamientos, mediante acuerdo adoptado por la mayoría absoluta de sus miembros y así lo autorizan las Cortes Generales, mediante una ley orgánica, en los términos previstos en el artículo 144*».

Conforme a lo anterior, Ceuta y Melilla se configuran como Ciudades Autónomas en virtud del artículo 144.b) de la CE, pues ninguna de las propuestas de los Ayuntamientos de Ceuta y Melilla para convertirse en Comunidades Autónomas fructífero ante la falta de autorización de las Cortes, surgiendo así las Ciudades Autónomas diferenciadas de las Comunidades Autónomas con la Ley Orgánica 1/1995 y 2/1995 relativa al Estatuto de Autonomía de Ceuta y Melilla respectivamente.

"La única distinción constitucionalmente lícita que les separa de los Estatutos de otras Comunidades Autónomas es que, mientras éstos son muestra de autoorganización, porque son los propios territorios quienes convierten lo posible en necesario, activando el acceso a la autonomía y prefigurando qué modelo organizativo y competencial quieren asumir, los actuales Estatutos de Ceuta y Melilla son normas de heteroorganización, al estar impulsados y materialmente determinados por el Estado sin contar con los Ayuntamientos, por aconsejarlo razones de interés general, como puede ser la necesidad de una cierta homogeneidad". Además, "su diferenciación no está tanto en las competencias que se asumen cuanto en el tipo de potestades normativas concretas que incorpora, en su propia capacidad legislativa, de ahí que si como municipios están dotados de autonomía administrativa, como Ciudades Autónomas cuentan con Estatuto de Autonomía con sistema institucional propio de las Comunidades Autónomas pero sin la capacidad de decisión política que tienen aquéllas" y "es que al no habérseles asignado la potestad legislativa, Ceuta y Melilla sólo pueden ejercer una potestad reglamentaria que, en ocasiones, tendrá una proyección «ad extra», en el marco previamente determinado por la legislación del Estado; mientras que, en otros casos, únicamente, repercutirá «ad intra», contrayéndose al dictado de normas estatutarias de autoorganización". Conforme a lo anterior, Ceuta y Melilla al constituirse como Ciudad Autónoma se configura como una cuarta entidad organizacional, entre la Comunidad Autónoma y las Entidades Locales, sin capacidad legislativa por estar esta reservada a las Comunidades Autónomas y regulándose la relación entre Ceuta, Melilla y el Estado a través de mecanismos de colaboración y coordinación.

Asimismo, la CE no concreta el sistema de financiación territorial, aunque si contiene referencias al respecto en cuanto a la administración local[23] y a la financiación autonómica[24], a la vez que consagra los principios de autonomía financiera, suficiencia y solidaridad. De este modo, el peculiar estatus jurídico-administrativo de las Ciudades Autónomas les hace participar en la financiación local y autonómica.

El Real Decreto Legislativo 2/2004, de 5 de marzo, por el que se aprueba el Texto Refundido de la Ley Reguladora de las Haciendas Locales (en adelante TRLRHL) dispone que:

> *«La participación de Ceuta y de Melilla en los tributos del Estado se determinará aplicando las normas contenidas en la sección 2.ª del capítulo IV del título II de esta ley por lo que se refiere a los municipios. A estos efectos, el esfuerzo fiscal a que se refiere el artículo 124.1.b) de esta ley se calculará tomando en consideración las cuotas íntegras de los impuestos municipales determinadas antes de aplicar la bonificación prevista en el apartado anterior. Asimismo, aquella participación se determinará aplicando las normas recogidas en la sección 3.ª del capítulo IV del título III de esta ley por lo que se refiere a las provincias»*[25].

La Ley Orgánica 7/2001, de 27 de diciembre, de modificación de la Ley Orgánica 8/1980, de 22 de septiembre, de Financiación de las Comunidades Autónomas y la Ley 21/2001, de 27 de diciembre, por la que se regulan las medidas fiscales y administrativas del nuevo sistema de financiación de las Comunidades Autónomas de régimen común y Ciudades con Estatuto de Autonomía, mar-

---

23 Vid. Art. 142 CE. (*Tol 173304*)

24 Vid. Arts. 156 al 158 CE. (*Tol 173304*)

25 Vid. Art. 159.3 TRLRHL. (*Tol 346505*)

caron un hito en la financiación de las Ciudades de Ceuta y Melilla. Estas leyes introdujeron la participación de las Ciudades Autónomas en el Fondo de Compensación Interterritorial[26], establecido por la Ley 22/2001. Además, se incluyó a estas Ciudades en el Fondo de Suficiencia[27], diseñado para garantizar recursos suficientes para los servicios transferidos. También se contempló la posibilidad de que las Ceuta y Melilla pudieran recibir la cesión de la recaudación de ciertos tributos[28], aunque esta cesión no se haya efectuado en la práctica. Estas medidas buscaban mejorar la autonomía financiera y la equidad en la distribución de recursos.

La Ley 22/2009, de 18 de diciembre, por la que se regula el sistema de financiación de las Comunidades Autónomas de régimen común y Ciudades con Estatuto de Autonomía y se modifican determinadas normas tributarias, juega un papel fundamental en el marco de financiación, destacando las especialidades en la aplicación del sistema de financiación para Ceuta y Melilla, reconociendo sus necesidades específicas de financiación y su inclusión en el sistema financiero español de una manera que refleje sus competencias autonómicas y circunstancias particulares[29]. Los puntos clave de esta disposición incluyen el fondo de suficiencia global, la participación en recursos adicionales, la evolución del fondo de suficiencia y la participación en el fondo de cooperación. Esta estructura financiera detallada subraya el compromiso de proporcionar a Ceuta y Melilla los recursos necesarios para administrar sus competencias de manera efectiva, reflejando su estatus único dentro del siste-

---

26 Vid. Art. Cuarto de la Ley Orgánica 7/2001, de 27 de diciembre, de modificación de la Ley Orgánica 8/1980, de 22 de septiembre, de Financiación de las Comunidades Autónomas. (*Tol 145895*)

27 Vid. Art. 15 de la Ley 21/2001, de 27 de diciembre, por la que se regulan las medidas fiscales y administrativas del nuevo sistema de financiación de las Comunidades Autónomas de régimen común y Ciudades con Estatuto de Autonomía. (*Tol 147478*)

28 Vid. Disposición Transitoria Primera de la Ley 21/2001, de 27 de diciembre, por la que se regulan las medidas fiscales y administrativas del nuevo sistema de financiación de las Comunidades Autónomas de régimen común y Ciudades con Estatuto de Autonomía. (*Tol 147478*)

29 Vid. Disposición Adicional Primera de la Ley 22/2009, de 18 de diciembre, por la que se regula el sistema de financiación de las Comunidades Autónomas de régimen común y Ciudades con Estatuto de Autonomía y se modifican determinadas normas tributarias. (*Tol 1725006*)

ma de financiación español y promoviendo la equidad en el tratamiento financiero de las Comunidades y Ciudades Autónomas.

Asimismo, la Ley 53/2002, de 30 de diciembre, de Medidas Fiscales, Administrativas y del Orden Social introdujo las bonificaciones en los impuestos estatales, que fueron incorporadas en las correspondientes figuras tributarias que componían el sistema tributario estatal en aquel momento y que actualmente continúan vigentes. Además, estableció la compensación por la que se garantiza la evolución de la recaudación por el Impuesto sobre la Producción, los Servicios y la Importación de las ciudades de Ceuta y Melilla con el fin de mantener la suficiencia financiera de las Ciudades[30]. Conforme a lo anterior, se establece que la recaudación de las importaciones del IPSI, debe ser al menos equivalente a la recaudación de 2001, ajustada por la variación del Producto Interior Bruto nominal al coste de los factores. Si la recaudación líquida por estos conceptos en un ejercicio determinado no alcanza el monto garantizado, se compensará a Ceuta y Melilla con fondos de los Presupuestos Generales del Estado en el ejercicio siguiente, cubriendo la diferencia según el cálculo establecido. Este mecanismo de compensación asegura que Ceuta y Melilla mantengan su capacidad financiera para proveer servicios y realizar inversiones, independientemente de las fluctuaciones en la recaudación del IPSI.

El IPSI es la primera y mayor fuente de recaudación y, en especial, el IPSI a la importación; esto indica que la entrada de mercancías tiene un gran impacto en la economía de la ciudad y en la recaudación de impuestos[31]. Sin embargo, la anterior situación ha experimentado modificaciones, adquiriendo mayor peso en la financiación de las Ciudades Autónomas las transferencias corrientes, aunque se hace innegable la importancia recaudatoria del IPSI, tal y como se refleja en los presupuestos consolidados de las Ciudades Autónomas de Ceuta y Melilla[32]. Por lo que aunque la financiación de Ceuta y de Melilla, dependa en gran medida

30 Vid. Art. 11 de la Ley 53/2002, de 30 de diciembre, de Medidas Fiscales, Administrativas y del Orden Social. (*Tol 224709*)

31 PÉREZ CASTRO, M. Á. (2007) *Modelo de Financiación de las Ciudades con Estatuto de Autonomía y peculiaridades del Régimen Económico-Fiscal de Melilla.* Consejería de Economía, Empleo y Turismo. Pg. 119.

32 CIUDAD AUTÓNOMA DE CEUTA. Presupuestos de la Ciudad Autónoma. Disponible en https://www.ceuta.es/ceuta/37-paginas/paginas/institucionales?start=8 y CIUDAD AUTÓNOMA DE MELILLA. Presupuestos de la Ciudad Autónoma. Disponible en: https://www.melilla.es/melillaPortal/contenedor.jsp?seccion=s_fdes_

de las contribuciones estatales y fondos europeos[33], el IPSI constituye la columna vertebral de su sistema financiero.

d4_v1.jsp&contenido=24461&tipo=6&nivel=1400 (fecha de última consulta 25 de septiembre de 2024).

33 GALERA VICTORIA, A. (2023) "Las relaciones de colaboración de Ceuta y Melilla con el Estado, las Comunidades Autónomas y la Unión Europea". *Revista de Derecho Político,* (118). Pg. 191. "La prestación de los servicios públicos fundamentales que se mantienen dentro de las competencias estatales por un lado, y el factor fronterizo y las consecuencias derivadas de la presión migratoria en materia de protección social, atención a menores, educación, sanidad o seguridad por otro lado, marcan de forma determinante las relaciones del Estado con las ciudades autónomas y su consideración singular en materia financiera".

Capítulo 2
APROXIMACIÓN AL IPSI Y DELIMITACIÓN CON EL IVA

2.1. MARCO NORMATIVO

El IVA es un impuesto armonizado a nivel comunitario por las Directivas de la Unión Europea. Este impuesto fue establecido en la Sexta Directiva 77/388/CEE, adoptada por el Consejo de la Comunidad Europea el 17 de mayo de 1977, y posteriormente refundida en la Directiva 2006/112/CE del Consejo, de 28 de noviembre de 2006, relativa al sistema común del Impuesto sobre el Valor Añadido. De este modo, se estableció un marco regulatorio que garantizara la uniformidad y evitara distorsiones en el mercado único de los Estados Miembros. La Directiva IVA establece el marco normativo general, aunque debe ser transpuesta a los ordenamientos jurídicos internos para su aplicación y eficacia. Sin embargo, los Reglamentos de ejecución (UE) del IVA, detallan su aplicación siendo de aplicación directa en los Estados miembros.

De este modo, en el Derecho interno español el IVA se encuentra regulado en la Ley 37/1992, de 28 de diciembre, del Impuesto sobre el Valor Añadido (en adelante LIVA), y posteriormente desarrollado en el Real Decreto 1624/1992, de 29 de diciembre, por el que se aprueba el Reglamento del Impuesto sobre el Valor Añadido y se modifica el Real Decreto 1041/1990, de 27 de julio, por el que se regulan las declaraciones censales que han de presentar a efectos fiscales los empresarios, los profesionales y otros obligados tributarios; el Real Decreto 338/1990, de 9 de marzo, por el que se regula la composición y la forma de utilización del número de identificación fiscal, el Real Decreto 2402/1985, de 18 de diciembre, por el que se regula el deber de expedir y entregar factura que incumbe a los empresarios y profesionales, y el Real Decreto 1326/1987, de 11 de septiembre, por el que se establece el procedimiento de aplicación de las Directivas de la Comunidad Económica Europea sobre intercambio de información tributaria (en adelante Reglamento del IVA).

Por el contrario, el IPSI es un impuesto de creación estatal a través de la Ley 8/1991, de 25 de marzo, por la que se aprueba el Arbitrio sobre la

Producción y la Importación en las ciudades de Ceuta y Melilla (en adelante LIPSI), pero de carácter municipal, pues se habilita a las ciudades de Ceuta y Melilla para su desarrollo normativo a través de sus respectivas Ordenanzas Fiscales. Además, corresponde a estas su gestión, liquidación, recaudación, inspección y revisión.

Conforme a lo anterior, el IVA es un impuesto armonizado a nivel comunitario, pero recaudado y administrado a nivel nacional por la Agencia Estatal de la Administración Tributaria (en adelante AEAT) en España, mientras que el IPSI es un impuesto de creación estatal, pero de carácter municipal, cuyo desarrollo normativo le corresponde a las Ciudades Autónomas de Ceuta y Melilla a través de sus respectivas Ordenanzas Fiscales. En este sentido, en los siguientes epígrafes profundizaremos aún más en la regulación del IPSI.

2.1.1. REGULACIÓN ESTATAL

El artículo 133 CE dispone que «*1. La potestad originaria para establecer los tributos corresponde exclusivamente al Estado, mediante ley. 2. Las Comunidades Autónomas y las Corporaciones locales podrán establecer y exigir tributos, de acuerdo con la Constitución y las leyes*», Sin embargo, el artículo 31.3 CE consagra el principio de reserva de ley por lo que solo podrán establecerse prestaciones personales o patrimoniales de carácter público con arreglo a la ley. En virtud de lo expuesto, la creación *ex novo* de un tributo solo puede realizarse mediante ley, careciendo las Ciudades Autónomas de dicha potestad legislativa. Es por ello por lo que el IPSI solo pudo ser configurado a través de una ley estatal, encontrándose la base de su regulación en la Ley 8/1991, de 25 de marzo, por la que se aprueba el Arbitrio sobre la Producción y la Importación en las ciudades de Ceuta y Melilla.

No obstante, se han introducido diversas modificaciones en la LIPSI, entre las cuales destacamos dos por su relevancia. En primer lugar, el Real Decreto-ley 14/1996, de 8 de noviembre, por el que se modifica la Ley 8/1991, de 25 de marzo, por la que se aprueba el Arbitrio sobre la Producción y la Importación en las ciudades de Ceuta y Melilla en lo relativo a las exenciones, quedando remitidas al IVA; comenzando así la técnica ya consolidada de la remisión a la normativa del IVA. En segundo lugar, la Ley 13/1996, de 30 de diciembre, de Medidas Fiscales, Administrativas y del Orden Social añade la prestación de servicios, no solo en su denominación, sino que además extiende su aplicación a la prestación de servicios, a la entrega de bienes inmuebles, al consumo de energía y a los gravámenes complementarios sobre las labores del tabaco, carburantes y combustibles petrolíferos que, junto con la producción o elaboración de bienes muebles y la importación, conforman el hecho imponible del IPSI, quedando por consiguiente estas operaciones sujetas a gravamen. Además, y en relación con lo anterior, cabe destacar que la última modificación de la LIPSI se produjo hace ya más de una década, siendo este un aspecto que contrasta en gran medida con la LIVA.

2.1.2. LAS ORDENANZAS FISCALES

A pesar de que el IPSI sea un impuesto de creación estatal, su carácter es municipal[34]. El carácter municipal del IPSI aparece resaltado en dos aspectos. Por un lado, los órganos de administración de estas ciudades son los responsables de gestionar, liquidar, recaudar, inspeccionar y revisar este tributo[35]. Por otro lado, el desarrollo normativo de este impuesto se realiza a través de las respectivas Ordenanzas Fiscales de Ceuta y Melilla[36]. El respaldo de lo anterior se encuentra en el artículo 159 TRLRHL por el cual «*Las ciudades de Ceuta y Melilla dispondrán de los recursos previstos en sus respectivos regímenes fiscales especiales*» y artículo 15 TRLRHL a través del cual se posibilita la ordenación de los tributos propios a través de las Ordenanzas Fiscales. Asimismo, los Estatutos de Autonomía de Ceuta y Melilla, donde se vertebra su régimen económico y financiero, basados en los principios de autonomía y suficiencia financiera que faculta a los órganos locales, en coordinación con la Hacienda estatal, para la gestión de los recursos financieros suficientes; lo que se materializa en que, entre los recursos económicos de la ciudad se encuentran los rendimientos de sus propios tributos[37]. Es por ello que, de acuerdo con Mata Sierra[38] aunque en ambos territorios se aplique el mismo impuesto, su implementación se verá afectada por lo dispuesto en las Ordenanzas Fiscales correspondientes.

---

34 Vid. Art. 1 LIPSI.

35 Vid. Art. LIPSI.

36 Vid. Art. 25 LIPSI.

37 GONZÁLEZ FERNÁNDEZ, V. y LÓPEZ GUZMÁN, T.(2009) "Melilla: fiscalidad local y actividad comercial. Una reflexión". *Boletín económico de ICE*, (2958). Pg. 40.

38 MATA SIERRA, M. T. (2018) "La armonización fiscal de los Impuestos Especiales". *Revista jurídica de la Universidad de León*, (5). Pg. 47.

La capacidad de Ceuta y Melilla para adaptar el IPSI a sus contextos locales mediante Ordenanzas Fiscales es una manifestación de la autonomía fiscal que disfrutan estas Ciudades Autónomas. Esta flexibilidad responde a las necesidades y desafíos específicos de cada territorio. De este modo, Ceuta y Melilla pueden implementar políticas fiscales que reflejen sus realidades económicas y sociales únicas, tales como incentivar sectores estratégicos. Aunque no es menos cierto que la autonomía fiscal en la regulación del IPSI puede llevar a diferencias significativas entre Ceuta y Melilla, lo cual podría resultar en una competencia fiscal que, si bien puede ser beneficiosa para atraer más negocios, también podría provocar tensiones al ver cómo se desvían inversiones debido a un régimen fiscal más favorable en una de estas ciudades, lo que condiciona, en cierta medida, la autonomía de ambas ciudades.

En la actualidad las vigentes Ordenanzas Fiscales de aplicación en el territorio de Ceuta y Melilla son las siguientes:

- En Ceuta: Ordenanza del Impuesto sobre la Producción, los Servicios y la Importación en la Ciudad Autónoma de Ceuta y anexos informativos[39].
- En Melilla: el Decreto nº 584 de fecha 30 de abril de 2021, relativa a la aprobación definitiva de la modificación de la Ordenanza Fiscal reguladora del impuesto sobre la producción, los servicios y la importación (operaciones interiores) en la Ciudad Autónoma de Melilla[40] y el Decreto nº 1344 de fecha 17 de diciembre de 2021, relativo a la aprobación definitiva de la Ordenanza Fiscal reguladora del impuesto sobre la producción, los servicios y la importación (modalidad importación y gravámenes complementarios aplicables sobre las labores del tabaco y ciertos carburantes y combustibles) de la Ciudad Autónoma de Melilla[41].

39 Versión consolidada de la Ordenanza Fiscal de Ceuta disponible en: https://www.2006.isotools.org/centros/27/gdocumental/l30_a51_c1/4._ORDENANZA_FISCAL_REGULADORA_IPSI_-_2024_reformado.pdf

40 Publicado en el Boletín Oficial de Melilla, nº 5857, de 4 de marzo de 2021.

41 Publicado en el Boletín Oficial de Melilla extra nº 4, de 31 de enero de 2022.

2.1.2.1. Incidencia del principio de reserva de ley

El principio de reserva de ley implica que la creación *ex novo* de un tributo solo puede realizarse mediante ley. En este sentido, el artículo 8 de la Ley 58/2003, de 17 de diciembre, General Tributaria (en adelante, LGT) materializa esta exigencia constitucional estableciendo una reserva de ley que afecta a los elementos esenciales de los tributos, tales como el hecho imponible, devengo, base imponible, el tipo de gravamen o los obligados tributarios entre otros.

La clasificación más comúnmente aceptada de la reserva de ley es aquella que diferencia entre reserva absoluta y relativa, basándose en el grado de control que se atribuye a cada tipo de reserva sobre una materia específica. En el caso de la reserva absoluta, solo las leyes, es decir, las normas primarias, tienen la autoridad para regular la materia reservada, por lo que cualquier intento de regulación a través de normas secundarias, sería considerado ilegítimo. Por otro lado, la reserva de ley relativa no siempre requiere la intervención directa de normas primarias; en su lugar, puede ser suficiente que una norma primaria establezca los principios generales o básicos, dejando los aspectos detallados para normativas secundarias[42]. Coincidiendo con Alías Cantón[43] "la intensidad de la reserva depende de si la intervención de la Ley debe ser más o menos exclusiva, dejando un ámbito mayor o menor a la presencia subordinada del reglamento. Así la Reserva de Ley en materia tributaria no se traduce en la existencia de una legalidad tributaria de carácter absoluto, sino en la exigencia de que sea la Ley la que ordene los criterios o principios con arreglo a los cuales se ha de regir la materia tributaria y, concretamente, la creación *ex novo* del tributo y la determinación de los elementos esenciales o configuradores del mismo".

Conforme a lo anterior, en materia tributaria la reserva de ley es relativa, pues si bien opera de forma contundente en la creación *ex novo* del tributo, no excluye la colaboración de normas secundarias en funciones de desarrollo y complemento; por lo que incluso la propia norma legal podrá delegar el desarrollo y complemento de su normativa, pero deberá prever un mínimo de regulación

42 ALVARADO ESQUIVEL. M. D J. (2000) "El hecho imponible y su cobertura por el principio constitucional de legalidad tributaria". *Revista de derecho financiero y de hacienda pública*, (256). Pg. 338.

43 ALÍAS CANTÓN, M. (2013) "Los beneficios fiscales en el ámbito del derecho tributario local". *Tesis Doctoral, Universidad de Almería*. Pg. 111.

material que fijará los límites de su desarrollo[44]. De este modo, "el Estado, que es el encargado de crear mediante leyes los impuestos y configurar sus elementos esenciales, tendrá que permitir a los ayuntamientos, a través de sus ordenanzas fiscales, que puedan intervenir en la configuración de determinados aspectos de cada impuesto de acuerdo con las previsiones contenidas en las leyes, aunque sea con distinta intensidad"[45], pues la reserva de ley no afecta por igual a todos los elementos esenciales, siendo más rígida en cuanto al hecho imponible y el establecimiento de beneficios fiscales, y más flexible en cuanto al gravamen y la base imponible[46].

El Tribunal Constitucional[47] (en adelante, TC) concluye que la reserva de ley «*no excluye ciertamente, la posibilidad de que las Leyes contengan remisiones a normas reglamentarias, pero sí que tales remisiones hagan posible una regulación independiente a la Ley, lo que supondría una degradación de la reserva formulada por la Constitución en favor del legislador*». En esta misma línea, otra sentencia del TC[48] recoge el siguiente pronunciamiento relativo a la reserva de ley en materia tributaria:

> *«La reserva de ley en materia tributaria exige que "la creación ex novo de un tributo y la determinación de los elementos esenciales o configuradores del mismo" debe llevarse a cabo mediante una ley (SSTC 37/1981, 6/1983, 179/1985, 19/1987). También hemos advertido que se trata de una reserva relativa en la que, aunque los criterios o principios que han de regir la materia deben contenerse en una ley, resulta admisible la colaboración del reglamento, siempre que "sea indispensable por motivos técnicos o para optimizar el cumplimiento de las finalidades propuestas por la Constitución o por la propia Ley" y siempre que la colaboración se produzca "en términos de subordinación, desarrollo y complementariedad" (entre otras, SSTC*

---

44 ROMERO FLOR, L. M.(2013) "La reserva de ley como principio fundamental del derecho tributario". *DIXI*, (18). Pgs. 55-56.

45 ANGLÈS JUANPERE, B.(2020) "Medidas fiscales locales para ayudar a la economía y el empleo, también en tiempos de COVID-19". *Crónica tributaria*, 177- (4).

46 FERNÁNDEZ PAVÉS, M. J. y JABALERA RODRÍGUEZ, A. (2006)."Poder tributario local y reserva de ley ante la próxima reforma del Gobierno Local". *Revista De Estudios De La Administración Local Y Autonómica*, (300-301). Pg. 430-431.

47 SENTENCIA DEL TRIBUNAL CONSTITUCIONAL 83/1984, de 24 de julio 1984. Publicado en el *Boletín Oficial del Estado*, nº 203, de 24 de agosto de 1984. (*Tol 79372*)

48 SENTENCIA DEL TRIBUNAL CONSTITUCIONAL 185/1995, de 14 diciembre 1995. Publicado en el Boletín Oficial de Estado, nº . 11, de 12 de enero de 1996.

37/1981, 6/1983, 79/1985, 60/1986, 19/1987, 99/1987). El alcance de la colaboración estará en función de la diversa naturaleza de las figuras jurídico-tributarias y de los distintos elementos de las mismas (SSTC 37/1981 y 19/1987)».

En cuanto al papel de las Ordenanzas Fiscales destacamos la sentencia del TC[49] por la cual se establece que son una manifestación de la autonomía local y que existe una especial flexibilidad que en ningún caso implica un desapoderamiento del principio de reserva de ley, pues estas pueden estar afectadas por vicios de inconstitucionalidad sino se garantiza el mencionado principio. El TC señala que las Ordenanzas Fiscales tienen una posición diferente en el ordenamiento jurídico tributario en comparación con los reglamentos, pues aunque comparten el mismo rango, no se pueden equiparar, ya que las Ordenanzas provienen de órganos democráticos representativos, siendo esta particularidad la que justifica una mayor flexibilidad en el principio de reserva de ley en el ámbito local[50]. Así, aunque las Ciudades Autónomas no puedan crear tributos propios, su autonomía les permite contar con tributos propios y poder intervenir en su establecimiento o exigencia, pues el principio de autonomía y el de reserva de ley requiere de un equilibrio[51].

Las Ordenanzas Fiscales deben reproducir el contenido establecido en la ley, regulando aquellos aspectos que se les confiera, y complementado aquellos otros que no contravengan lo establecido en la ley, sin que en ningún caso los elementos esenciales establecidos por ley puedan ser modificados por las Ordenanzas Fiscales[52]. De este modo, aunque se admita mayor flexibilidad normativa a las Ordenanzas Fiscales, la reserva de ley opera como límite, por lo que la autonomía permitida dependerá en gran medida del margen de maniobra permitido en la ley. Así, las Ordenanzas pueden regular aspectos específicos que no están detallados exhaustivamente por la ley, pero siempre respetando los principios y directrices establecidos por la misma

49 SENTENCIA DEL TRIBUNAL CONSTITUCIONAL 233/1999, de 16 de diciembre. Publicado en el Boletín Oficial de Estado, nº 17, de 20 de enero de 2000. ECLI:ES:TC:1999:233. (*Tol 56866*)

50 Op. Cit. FERNÁNDEZ PAVÉS, M. J. y JABALERA RODRÍGUEZ, A.

51 Op. Cit. ANGLÈS JUANPERE, B.

52 GARCÍA-FRESNEDA GEA, F. (2008) "El poder impositivo de los gobiernos locales". *Revista de Estudios de la Administración Local y Autonómica*, (306).

En definitiva, la LIPSI estableció los elementos esenciales del impuesto, abriendo la posibilidad de su desarrollo por Plenos municipales a través de las Ordenanzas Fiscales, encontrando estas limitaciones en lo establecido por la ley y debiendo regular solo aquellos aspectos que la ley les encomienda o, en su defecto, establecer precisiones o aclaraciones que contribuyan a su interpretación acorde con la ley, sin que en ningún caso gocen de potestad para modificar los elementos esenciales que configuran el impuesto.

2.1.2.2. Mecanismos de salvaguarda del principio de reserva de ley

En primer lugar, podrá interponerse en vía administrativa recurso potestativo de reposición frente a las Ordenanzas y los actos que la aplican, contemplado en los artículos 123 y siguientes de la Ley 39/2015, de 1 de octubre, del Procedimiento Administrativo Común de las Administraciones Públicas (en adelante LPAC). El recurso se interpondrá en el plazo de un mes desde su publicación ante el órgano que dictó el acto que se impugna, la Consejería de Hacienda, correspondiendo resolver a este último. En segundo lugar, procede recurso contencioso administrativo, por vía directa, ya que las Ordenanzas son disposiciones de carácter general por vía directa, en el plazo de 2 meses desde la publicación de la Ordenanza o desde la publicación o notificación de la resolución del recurso de reposición, ante el TSJ de Andalucía.

El plazo establecido en las dos vías anteriores señala los límites temporales para la presentación de los recursos de la impugnación contra las Ordenanzas Fiscales. Sin embargo, esto no implica que pasados estos, la Ordenanza se vuelva irrecurrible y se vea avocado el Ordenamiento jurídico a la incorporación de estas aun siendo contrarias al Derecho. Este límite temporal opera frente a la impugnación de las Ordenanzas Fiscales, sin perjuicio de la existencia de otros mecanismos *a posteriori* contra los actos aplicativos de dichas Ordenanzas Fiscales. Aunque existen plazos específicos para impugnar las Ordenanzas Fiscales directamente tras su aprobación, el hecho de que estos plazos expiren no significa que las Ordenanzas se vuelvan inmunes a cualquier forma de recurso o revisión legal. Los actos individuales de aplicación de estas Ordenanzas, pueden ser objeto de impugnación mediante los mecanismos legales disponibles y dentro de los plazos que corresponden para cada tipo de recurso. Esto asegura que, incluso después de la incorporación de las Ordenanzas al ordenamiento jurídico, existen vías para cuestionar su aplicación práctica si se considera que contravienen el Derecho

Adicionalmente, se contempla la posibilidad de interponer recurso potestativo de reposición en vía administrativa, así como el recurso contencioso administrativo por vía indirecta, contra los actos de aplicación de las Ordenanzas Fiscales. En síntesis y de acuerdo con Teso Gamella· "el recurso directo se interpone contra la propia disposición de carácter general"[53], y "el recurso indirecto se interpone contra los actos administrativos de aplicación, fundado en la ilegalidad de la disposición general que proporciona cobertura al acto administrativo impugnado"[54]. Asimismo, la vía indirecta faculta al Juez o Tribunal, en el caso de haber dictado sentencia firme estimatoria, para interponer cuestión de ilegalidad ante el TSJ de Andalucía contra la Ordenanza.

La sentencia que recaiga sobre el recurso contencioso administrativo podrá desestimar o estimar el recurso, en cuyo último caso y conforme al artículo 71 de la Ley 29/1998, de 13 de julio, reguladora de la Jurisdicción Contencioso-administrativa (en adelante LJCA) «*anulará total o parcialmente la disposición o acto recurrido o dispondrá que cese o se modifique la actuación impugnada*». Además, y de acuerdo con el artículo 47 LPAC «*serán nulas de pleno derecho las disposiciones administrativas que vulneren la Constitución, las leyes u otras disposiciones administrativas de rango superior, las que regulen materias reservadas a la Ley, y las que establezcan la retroactividad de disposiciones sancionadoras no favorables o restrictivas de derechos individuales*», por lo que las Ordenanzas Fiscales son nulas de pleno derecho.

En cuanto a los efectos de lo anterior, la impugnación directa, sobre la disposición general, e indirecta, sobre el contenido de una disposición general, traerá diversas consecuencias recogidas en los artículos 72 y 73 de LJCA. En este sentido, Merlo De La Fuente[55] resalta las siguientes diferencias: La nulidad de una disposición general produce efectos erga omnes, extendiéndose a todas las partes afectadas, mientras que la anulación del contenido de una disposición solo tendrá efectos entre las partes; con lo cual la nulidad de la disposición general producirá efectos *ex tunc (retroactivos)*, lo cual implica la retroactividad has el momento en el que se dictó la Ordenanza, mientras que para el contenido de

---

53 TESO GAMELLA, P. T. (2019) "La impugnación de los reglamentos: los efectos de la declaración de nulidad". *Revista de administración pública*, (210). Pg. 76.

54 *Idem.*

55 MERLO DE LA FUENTE, L. G. (2013) "Efectos de la nulidad de una ordenanza fiscal sobre actos de liquidación". *Cuadernos de Derecho Local*, (32). 2013. Pg. 160.

la disposición general serán ex nunc (irretroactivos), a partir del momento de la declaración de nulidad, ya que no se extenderá con carácter general a actos firmes. Se equipara la anulación a la anulabilidad cuando los efectos son ex nunc, aunque solo respecto a los actos firmes, pues en otro caso, la anulación puede hacerse valer en recurso[56].

Añade el artículo 19 del TRLRHL que «*Si por resolución judicial firme resultaren anulados o modificados los acuerdos locales o el texto de las ordenanzas fiscales, la entidad local vendrá obligada a adecuar a los términos de la sentencia todas las actuaciones que lleve a cabo con posterioridad a la fecha en que aquélla le sea notificada. Salvo que expresamente lo prohibiera la sentencia, se mantendrán los actos firmes o consentidos dictados al amparo de la ordenanza que posteriormente resulte anulada o modificadas*», lo cual proclama que la nulidad de una disposición general no afectará a los actos dictados con base a esta, confirmando la irretroactividad de estos salvo que si así lo considerase la sentencia por la que se dicte su anulación.

El TS[57] sienta la siguiente jurisprudencia:

> *«a) la anulación de una ordenanza —como cualquier disposición general— causa efectos erga omnes (desde la publicación en el boletín correspondiente). Obviamente, también para los recurrentes que la impugnaron en la instancia.*
>
> *b) la extensión del fallo a los actos de aplicación consentidos afecta a las partes, pues la regla general (art. 73 LJCA) es que las sentencias firmes no afectarán por sí mismas a la eficacia de las sentencias o actos firmes sobre actos de aplicación.*
>
> *c) El contenido extensivo de la sentencia y la posibilidad de reabrir procedimientos o procesos finalizados con sentencia firme permitiría, en su caso, promover a los destinatarios de la norma, fueran o no parte en este litigio, la acción de nulidad radical del art. 217 LGT o, en su caso, la revocación del art. 219 LGT o, en fin, las iniciativas impugnatorias previstas en el ordenamiento jurídico para los actos firmes, sin que en este asunto pudiera ser opuesta, por sí misma, esa firmeza como obstáculo para la anulación de tales actos, ni tampoco ser declarados nulos eventuales liquidaciones, ajenas por completo al ámbito objetivo de este recurso».*

56 AGOUÉS MENDIZÁBAL, C. (2017) "La modulación de los efectos de la invalidez de los reglamentos. en el alcance de la invalidez de la actuación administrativa". *Actas del XII Congreso de la Asociación española de profesores de Derecho Administrativo*. Pg. 386.

57 SENTENCIA DEL TRIBUNAL SUPREMO 4333/2022, de 15 de noviembre del 2022, ECLI:ES:TS:2022:4333. (*Tol 9307281*)

Por tanto, la anulación de una ordenanza o disposición general tiene implicaciones significativas en el ordenamiento jurídico, destacando la importancia de la legalidad y el derecho de los ciudadanos a impugnar normas que consideren contrarias a derecho. Los efectos *erga omnes* de la anulación garantizan que todos los afectados por la norma ilegal se beneficien de su eliminación, reforzando el principio de igualdad ante la ley. Sin embargo, la protección de la seguridad jurídica y la confianza legítima se refleja en la limitación de los efectos de la anulación sobre actos y sentencias firmes basados en la disposición anulada, salvo mecanismos específicos que permitan su revisión.

En esencia, la sentencia no solo tiene efectos sobre el caso concreto, sino que también puede aplicarse de manera más amplia, pues se permite la posibilidad de revisar y potencialmente reabrir procedimientos o procesos que ya habían concluido con una sentencia firme, basándose en la nulidad declarada de la norma. Los afectados por la norma anulada, independientemente de si fueron parte del litigio original, pueden iniciar una acción de nulidad de pleno derecho para impugnar actos administrativos que se basaron en la norma ahora declarada nula, siempre y cuando sea por los motivos tasados en el artículo 217 LGT. Similarmente, pueden solicitarse la revocación de actos administrativos conforme a lo establecido en el artículo 219 de la LGT. La sentencia abre la puerta a impugnar actos administrativos que se consideraban firmes y definitivos, utilizando los anteriores mecanismos legales disponibles. Aunque la sentencia permite la revisión de actos basados en la norma nula, no implica automáticamente la nulidad de actos o liquidaciones que no estén directamente relacionados con el ámbito de la disputa legal.

Por su parte, la declaración de lesividad contemplada en el artículo 218 LGT recae sobre los propios actos y resoluciones de la Administración. La declaración de lesividad, como mecanismo jurídico, no es aplicable directamente a las Ordenanzas Fiscales, ya que son normas generales y no actos administrativos individuales. Si, en cambio, puede proceder contra los actos administrativos dictados por la Administración en aplicación de las Ordenanzas Fiscales. Sin embargo, la declaración de lesividad no opera cuando procede la nulidad de pleno derecho, siendo este un mecanismo contra los actos anulables que son perjudiciales para el interés público, como así lo declara expresamente el artículo 107 LPAC, siendo ello conforme al artículo 218 de la LGT y el artículo 110 de Ley 7/1985, de 2 de abril, Reguladora de las Bases del Régimen Local. La vulneración del principio de reserva de ley es una causa de nulidad y no de anulabilidad, por lo que no procede esta vía revisora.

Igualmente, el recurso extraordinario de revisión es un mecanismo adicional en el ordenamiento jurídico español para impugnar actos administrativos firmes. El recurso extraordinario de revisión se utiliza para impugnar actos administrativos firmes en casos muy específicos, y tasados en el artículo 125 LPAC y 244 de la LGT, entre los cuales no se contempla la nulidad de la Ordenanza Fiscal que motivo el acto dictado.

En conclusión, la anulación de una Ordenanza o disposición general tiene implicaciones significativas en el ordenamiento jurídico, destacando la importancia de la legalidad y el derecho de los ciudadanos a impugnar normas que consideren contrarias a derecho. Los efectos *erga omnes* de la anulación garantizan que todos los afectados por la norma ilegal se beneficien de su eliminación, reforzando el principio de igualdad ante la ley. Sin embargo, la protección de la seguridad jurídica y la confianza legítima se refleja en la limitación de los efectos de la anulación sobre actos y sentencias firmes basados en la disposición anulada, salvo mecanismos específicos que permitan su revisión.

Vistas las vías de impugnación para la anulación de la Ordenanza Fiscal o un acto dictado en aplicación de esta, así como sus efectos; más importante parece qué ocurre con lo percibido por la Administración en virtud de estos, los denominados ingresos indebidos. Procederá devolución en lo previsto por el artículo 221 LGT y 15 del Real Decreto 520/2005, de 13 de mayo, por el que se aprueba el Reglamento general de desarrollo de la Ley 58/2003, de 17 de diciembre, General Tributaria, en materia de revisión en vía administrativa, es decir cuando se produzca duplicidad de pago, se ingrese una cantidad superior, se produzcan ingresos por deudas o sanciones prescritas, deriven de la resolución de un recurso de reposición, de una reclamación económico administrativa o de una resolución judicial o por un procedimiento especial de revisión, lo que incluye la revisión de los actos nulos de pleno derecho[58] y la revocación[59], entre otros.

Analizados los mecanismos de defensa, llegamos a las siguientes conclusiones:

- Por un lado, cerrada la vía directa por transcurso de los plazos para interponer recurso, solo queda la opción de acudir a la vía indirecta, por los perjudicados de actos de aplicación de los preceptos que vulneren la reserva de ley, produciendo efectos entre las partes únicamente, sin per-

[58] Vid. Art. 221 LGT. (*Tol 327278*)

[59] Vid. Art. 219 LGT. (*Tol 327278*)

juicio que la resolución que se alcanza pueda hacerse valer contra actos que no hubieran adquirido firmeza. Además, podrán expulsarse estos contenidos de la Ordenanza cuando el juez o Tribunal plante cuestión de ilegalidad y se dicte resolución estimatoria, en cuyo caso sus efectos no se extenderían a los actos de aplicación que ya hubieran recaído firmes, salvo que la sentencia así lo dictaminé, previa valoración del principio de seguridad jurídica.

- Por otro lado, se insta la posibilidad de solicitar revisión de los actos nulos de pleno derecho (art. 221 LGT), el cual procederá por contemplarse la nulidad en el artículo 47 LPAC, y con ello solicitar devolución de ingresos indebidos. El Juzgado de lo Contencioso Administrativo de Segovia[60] advierte de la distinción entre liquidaciones y autoliquidaciones, pues para las primeras el procedimiento a seguir será el recurso extraordinario de revisión regulado en el artículo 244 LGT, y para las segundas la solicitud de rectificación previsto en el artículo 120 LGT.

En definitiva, la importancia de no incurrir en vulneraciones del principio de reserva de ley radica en la necesidad de asegurar que todas las obligaciones tributarias se establezcan mediante una ley formal, garantizando así la seguridad jurídica. Este principio, fundamental en el derecho tributario, establece que solo por ley pueden crearse, modificarse o suprimirse tributos, así como definirse los elementos esenciales de la obligación tributaria. Incurrir en vulneraciones de este principio puede llevar a la nulidad de los actos administrativos que impongan obligaciones tributarias sin el debido respaldo legal, resultando en la obligación de la Administración de devolver los ingresos indebidos recaudados. Esto no solo puede tener un impacto directo en las arcas públicas, debido a la devolución de cantidades recaudadas, sino que también afecta la confianza de los ciudadanos en la Administración. Además, el incumplimiento del principio de reserva de ley puede generar litigiosidad, aumentando los costes administrativos y judiciales. Por tanto, respetar este principio es esencial para la preservación de la legitimidad y eficacia de la actuación administrativa.

---

60 SENTENCIA DEL JUZGADO CONTENCIOSO ADMINISTRATIVO DE SEGOVIA 6272/2021, del 21 de diciembre de 2021, ECLI:ES:JCA:2021:6272 (*Tol 8801902*) y SENTENCIA DEL JUZGADO CONTENCIOSO ADMINISTRATIVO DE SEGOVIA 3367/2021, de 23 de junio de 2021, ECLI:ES:JCA:2021:3367. (*Tol 8689111*)

Conforme a lo anterior, se hace incuestionable la necesaria adecuación de las Ordenanza Fiscales dictados en desarrollo del IPSI a la legalidad, tanto por razones de seguridad jurídica como por los riesgos de incurrir en devolución de ingresos indebidos, y la merma que esto supondría en las arcas públicas con redundancia en el sistema de bienestar, por ser el IPSI un impuesto tan fundamental en la Ciudad.

2.2. ÁMBITO DE APLICACIÓN

El ámbito espacial del IPSI se reduce a las Ciudades de Ceuta y Melilla, mientras que el ámbito territorial del IVA abarca la Península y Baleares, con exclusión expresa de Ceuta y Melilla, que ostentarán la condición de país o territorio tercero, constituyendo las operaciones que involucren a ambos ámbitos territoriales importaciones o exportaciones. Lo anterior trae como consecuencia, por una parte, que son operaciones de importación toda la entrada de bienes en Ceuta y Melilla procedentes de la Península, Islas Baleares, Canarias, país miembro de la UE y país tercero, cualquiera que sea su procedencia, el fin a que se destinen o la condición del importador; y por otra parte, que son operaciones de exportación la salida de bienes del territorio de Ceuta y Melilla con carácter definitivo y destino a la Península, Islas Baleares, Canarias, país miembro de la UE o tercer país.

El ámbito espacial adquiere relevancia a efectos de determinar la aplicación del impuesto que corresponda en base a las reglas de localización del hecho imponible. Asimismo, cabe destacar que las reglas de localización son coincidentes en IVA e IPSI, pues existe una remisión expresa de este último al primero[61]. Esta remisión de las reglas de localización al IVA pretende garantizar y evitar la doble imposición, es decir, que sobre los ciudadanos no recaiga la obligación de pagar doblemente por un mismo hecho imponible; pues al ser comunes las operaciones que involucran ámbitos territoriales IVA e IPSI, dichas operaciones se entenderán localizadas en el ámbito del IVA o del IPSI, sin posibilidad de que una operación quede gravada en los dos territorios y deban de confeccionarse convenios que eviten tal duplicidad. La sujeción a estos impuestos vendrá determinada por dónde se entienda localizado el devengo del impuesto. En este sentido, De la

61 Vid. Art 3 LIPSI.

Peña Velasco, Falcón y Tella y Martínez Lago[62], definen el IPSI como alternativo al IVA, pues en las transacciones que involucran a ambos ámbitos territoriales si no se produce el devengo del IVA, se devengará el IPSI.

2.3. ELEMENTO MATERIAL

El hecho imponible del IPSI en Ceuta y Melilla lo constituyen la producción o elaboración de bienes muebles, la prestación de servicios, la entrega de bienes inmuebles, el consumo de energía y la importación[63].

Por un lado, el hecho imponible del IPSI difiere del IVA al no contemplarse las entregas de bienes muebles, lo que excluirá al comercio minorista y mayorista y, pese a afirmarse un carácter análogo al de este impuesto, esta es una diferencia significativa entre estas dos figuras impositivas; pues si bien el IVA grava la totalidad de la cadena productiva hasta la puesta a disposición de los bienes al consumidor final, es decir, se incluye en su ámbito la distribución de estos, en el IPSI sólo se gravarán las entregas de bienes muebles corporales efectuadas por el productor o fabricante, quedando excluidas de su ámbito de aplicación aquellas entregas de bienes muebles que no sean satisfechas por este, por lo que las entregas solo quedarán gravadas en este único supuesto, excluyéndose las sucesivas y eliminándose todo gravamen que pudiera surgir como consecuencia de la distribución de los bienes. En definitiva, el IVA grava la totalidad de la cadena productiva y distributiva; sin embargo, el IPSI deja sin gravar parte de la cadena distributiva al no contemplarse la entrega de bienes muebles, excluyendo el comercio mayorista y minorista, afirmándose un ámbito de sujeción reducido en comparación con el IVA.

Pese a lo anteriormente expuesto, es importante considerar la limitada actividad productiva de las Ciudades Autónomas y su histórica dependencia de la Península. En este sentido, aunque la entrega de bienes muebles no esté sujeta a gravamen de forma directa, dichos bienes estarán sujetos al IPSI, ya sea por su producción, en casos excepcionales, o por su importación, de manera más habitual. La entrada de mercancías en Ceuta y Melilla estará gravada por el IPSI a causa de la importación, pero no así los movimientos o posteriores entregas

---

62 DE LA PEÑA VELASCO, G; FALCÓN Y TELLA, R. y MARTÍNEZ LAGO, M. A. (2021) *Sistema Fiscal Español.* Iustel. Pg. 474.

63 Vid. Art. 1 LIPSI.

que se realicen con estas mercancías dentro de las ciudades. De lo contrario, si tales entregas estuvieran gravadas, el impuesto soportado se incrementaría considerablemente, dado que estas mercancías estarían sujetas a una doble imposición: primero por la importación y luego por la entrega. Así, aunque el hecho de no gravar el comercio mayorista y minorista pudiera interpretarse como una 'ventaja' fiscal de las Ciudades Autónomas en comparación con la Península y Baleares, lo cierto es que, considerando sus circunstancias particulares —escasa producción, gran dependencia de la Península y el carácter acumulativo del impuesto sin posibilidad de deducción[64]—, no se percibe un beneficio significativo en términos de ausencia de imposición, sino que su verdadera finalidad es evitar un encarecimiento progresivo del valor de las mercancías importadas como consecuencia de los distintos intercambios que puedan tener lugar dentro de las Ciudades Autónomas.

Por otro lado, la LIPSI no presenta mención específica a cerca del título oneroso o gratuito de las actividades comprendidas en su hecho imponible, por lo que la mera realización de estas operaciones se encontrará sujeta a gravamen, con independencia del título oneroso o gratuito por el que se realicen. En contraposición a lo anterior, en el IVA constituyen hecho imponible las entregas de bienes y prestaciones de servicios realizadas a título oneroso, sin perjuicio de que asimilen determinadas operaciones realizadas a titulo gratuito, como son los autoconsumos internos y externos de bienes y los autoconsumos externos de servicios. Por tanto, mientras que en el IPSI resultan sujetas la totalidad de operaciones realizadas a título oneroso o gratuito, en el IVA resultarán sujetas las operaciones realizadas a título oneroso y los mencionados autoconsumos por asimilación. Asi pues, se observa una diferencia clave en la configuración de ambos impuestos en cuanto a su hecho imponible

2.4. ELEMENTO PERSONAL

El IPSI grava las operaciones realizadas por el sujeto pasivo empresario o profesional, persona física o jurídica. De este modo, es requisito necesario que las operaciones interiores las realice el empresario o profesional, no así las importaciones de mercancías que son gravadas con independencia del sujeto que las introduzca. IPSI e IVA no solo coinciden en la exigencia del elemento personal

---

64 Vid. Art. 20 LIPSI.

para entender realizado el hecho imponible en las operaciones interiores, sino que además el concepto de empresario o profesional es idéntico por remisión expresa de la normativa del IPSI a la del IVA[65].

El concepto de empresario o profesional aparece recogido en el artículo 5 de la LIVA, conforme al cual tendrán consideración de empresarios o profesionales quienes realicen actividades empresariales o profesionales, siendo «*actividades empresariales o profesionales las que impliquen la ordenación por cuenta propia de factores de producción materiales y humanos o de uno de ellos, con la finalidad de intervenir en la producción o distribución de bienes o servicios*». De este modo, la actividad empresarial o profesional viene determinada por un carácter objetivo y otro intencional. Siendo el elemento objetivo la gestión conjunta o aislada de elementos materiales y/o humanos; y el intencional el fin de participar activamente en la producción o distribución de bienes y servicios.

Añade la LIVA que «*Se presumirá el ejercicio de actividades empresariales o profesionales: a) En los supuestos a que se refiere el artículo 3.º del Código de Comercio. b) Cuando para la realización de las operaciones definidas en el artículo 4 de esta Ley se exija contribuir por el Impuesto sobre Actividades Económica*». Conforme a lo anterior, las notas de habitualidad y obligación de alta en el IAE son indicativos del ejercicio de tales actividades, y constituyen una presunción *iuris tantum* a cerca de la condición de empresario o profesional; a estos efectos, se presume que existe habitualidad cuando la actividad comercial se anuncie o publicite o se realice en un establecimiento dedicado a tal fin.

El concepto de empresario o profesional está estrechamente vinculado a la realización de actividades económicas. En este sentido, la sujeción al IVA, y por ende al IPSI, viene determinada por qué actividad se desarrolla, cómo se desarrolla y quién la desarrolla, siendo determinantes la onerosidad, el carácter independiente de la forma de realizar la actividad y la indiferencia de los fines o resultados respectivamente[66]. Así pues, no tendrán la consideración de empresario o profesional quienes realicen estas actividades a título gratuito ante la ausencia de elemento intencional, es por tanto la vinculación entre el elemento intencional y la onerosidad determinante en el concepto de empresario o profesional. Sin embargo y pese a lo anterior, el concepto de empresario no podrá ser intermitente

---

65 Vid. Art. 4 LIPSI.

66 MENÉNDEZ MORENO, A. (2016) "El concepto de actividad económica en el IVA, según la reciente jurisprudencia del TJUE" *Quincena Fiscal*, (21). Pg. 17-18.

en el tiempo en función del tipo de operaciones que realice sean a título oneroso o gratuito, conforme a la Dirección General de Tributos[67] (en adelante DGT), pues sostiene que una vez se adquiere la condición de empresario o profesional, esta no se pierde por realizar ocasionalmente operaciones gratuitas. Esto implica que el concepto de empresario es permanente, y debe entenderse por tal quien realiza una actividad empresarial o profesional a título oneroso, con independencia de que alguna de sus actividades se realice a título gratuito, pues el elemento intencional de lucrarse con la actividad que se desarrolla persiste más allá del modo en que se efectúe.

Respecto a la entrega de bienes inmuebles, especifica la LIVA en su artículo 5.Uno.d) que se considerara empresarios o profesiones «*Quienes efectúen la urbanización de terrenos o la promoción, construcción o rehabilitación de edificaciones destinadas, en todos los casos, a su venta, adjudicación o cesión por cualquier título, aunque sea ocasionalmente*». Por último, se establece una incompatibilidad en orden a su concurrencia con otro impuesto estatal, el Impuesto Transmisiones Patrimoniales Onerosas (en adelante ITPO), por lo que el tráfico inmobiliario no tributará, a la vez, por IVA o IPSI y por el ITPO. Esto significa que la misma transmisión o acto jurídico inmobiliario no puede estar sujeto a ambos impuestos al mismo tiempo, y deberá tributar solo por uno de ellos. Pues si el hecho imponible en el IPSI es «*las entregas de bienes inmuebles que radiquen en el ámbito territorial de las Ciudades de Ceuta y Melilla, realizadas por empresarios o profesionales que actúen en el ejercicio de sus actividades*»[68], y en el IVA « *Estarán sujetas al impuesto las entregas de bienes y prestaciones de servicios realizadas en el ámbito espacial del impuesto por empresarios o profesionales a título oneroso, con carácter habitual u ocasional, en el desarrollo de su actividad empresarial o profesional*»[69]. El ITPO grava «*las transmisiones onerosas por actos inter-vivos de toda clase de bienes y derechos que integren el patrimonio de las personas físicas o jurídicas*», luego la transmisión de un bien inmueble supondría la realización del hecho imponible de estos impuestos.

---

67 Consulta Vinculante V0556-17 de la DGT, (*Tol 6047428*), «*no puede predicarse que una persona o entidad tiene la consideración, o no, de empresario o profesional a efectos del Impuesto sobre el sobre el Valor Añadido y, por tanto, de sujeto pasivo de dicho Impuesto, de forma intermitente en el tiempo, en función del tipo de operaciones que realice, sean estas a título gratuito u oneroso*».

68 Vid. Art. 3.c) LIPSI.

69 Vid. Art. 4.Uno LIVA. (*Tol 224743*)

A fin de evitar la doble imposición, se establece en la LIVA que *«Las operaciones sujetas a este impuesto no estarán sujetas al concepto «transmisiones patrimoniales onerosas» del Impuesto sobre Transmisiones Patrimoniales y Actos Jurídicos Documentados»*[70]; de esta manera prevalecerá el IVA frente a este último, al igual que el IPSI, pues su propia normativa establece, en caso de que *«En ningún caso, los actos del tráfico inmobiliario tributarán a la vez por este Impuesto y el que grava las transmisiones patrimoniales onerosas, aplicándose, a efectos de su incompatibilidad, las normas de la legislación común»*[71]

De este modo, "dependiendo de que sea un tipo u otro de sujetos el que realice el acto o se encuentre en la situación sobre la que se estructure el hecho imponible, podrá entenderse este realizado o no. De otro lado, también puede suceder que dependiendo de que el acto lo realice un tipo u otro de sujetos o que la situación se dé con relación a un sujeto que tenga unas u otras características, se podrá entender que se ha realizado el hecho imponible de un impuesto u otro. La consideración material del acto o situación sobre la que se pueden configurar hechos imponibles puede ser similar para dos impuestos, de forma que lo que determine que se realiza el hecho imponible de uno u otro impuesto sea la clase de sujeto que lo realice"[72]. Dictaminando el TS[73] que *«Ha de partirse de la base de que el Impuesto sobre el Valor Añadido es incompatible con la modalidad de Transmisiones Patrimoniales Onerosas del ITP y AJD, razón por la cual resulta relevante averiguar si, una transmisión como la realizada en este caso se encuentra o no sujeta a IVA, por la sola condición de sociedad de la parte transmitente —una sociedad limitada— o, si, por el contrario, su calificación de sujeto pasivo de IVA vendrá integrada por su condición de empresario o profesional»*.

En este sentido, la nota diferencial para la sujeción a IVA/IPSI o ITPO en la entrega de bienes inmuebles es la condición del sujeto pasivo. En suma, IVA e IPSI se diferencian por el ámbito territorial en el que se entienda realizado el hecho imponible, y los anteriores y el ITPO por el sujeto pasivo, empresario o

---

70 Vid. Art. 4.Cuatro LIVA. (*Tol 224743*)

71 Vid. Art. 3.c) LIPSI.

72 LÓPEZ ESPADAFOR, C. (2011). "Nuevos aspectos en el elemento subjetivo del hecho imponible". *Revista española de derecho financiero*, (150), Pg. 365.

73 AUTO DEL TRIBUNAL SUPREMO 6952/2020, de 10 septiembre de 2020, ECLI:ES:TS:2020:6952ª.

profesional. Así, como regla general, la entrega de bienes inmuebles en el ámbito territorial de Ceuta o Melilla por empresario o profesional le será de aplicación lo dispuesto en el IPSI, la entrega de bienes inmuebles en el ámbito territorial de la Península o Baleares por empresario o profesional devengará IVA, y la entrega de bienes inmuebles por quienes no ostenten la condición de empresario o profesional estará sujeta a ITPO con independencia del ámbito territorial. Asimismo, la incompatibilidad IVA/IPSI e ITPO implica que pese a lo anterior, cuando una entrega de bienes inmuebles resulte no sujeta o exenta en el IVA o IPSI, quedará sujeta a ITPO[74].

2.5. NATURALEZA JURÍDICA

2.5.1. IMPUESTO INDIRECTO

Menéndez Moreno[75] afirma que los impuestos directos gravan la renta o patrimonio, mientras que los impuestos indirectos gravan el consumo. En los impuestos directos los destinatarios están fijados de antemano, mientras que los impuestos indirectos contemplan la posibilidad de que su importe sea repercutido. De acuerdo con lo anterior, IVA e IPSI son impuestos de naturaleza indirecta, pues someten a gravamen una manifestación indirecta de la capacidad económica[76]. La calificación de indirecto supone que el impuesto se configura mediante una técnica en virtud de la cual, el sujeto pasivo o deudor de este (empresario o profesional) no es el titular de la capacidad económica que se pretende someter a gravamen, sino que este repercute el importe del IVA o IPSI devengado a aquel para quien realice la operación gravada, siendo este último quien realmente ha de soportar el impuesto. Ortiz Pérez acentúa que el IPSI es "un impuesto indirecto desde un punto de vista económico, en cuanto que en último término grava el

74 Vid. Art. 7.5 Real Decreto Legislativo 1/1993, de 24 de septiembre, por el que se aprueba el Texto refundido de la Ley del Impuesto sobre Transmisiones Patrimoniales y Actos Jurídicos Documentados. (*Tol 224742*)

75 MENÉNDEZ MORENO, A. (2022) "Impuestos directos o indirectos: una elección a la carta". *Quincena fiscal,* (7).

76 RODRÍGUEZ BENIJO, A. (2021) "El principio de capacidad económica en una encrucijada". *Revista española de Derecho Financiero*, (191),

gasto de la renta, como desde un punto de vista jurídico, pues se establece su repercusión obligatoria"[77].

2.5.2. IMPUESTO INSTANTÁNEO

IVA e IPSI son impuestos instantáneos, que se devengan cada vez que se realiza el hecho imponible, sin que exista un periodo impositivo[78]. El hecho imponible se agota en sí mismo, la realización de este no se prolonga en el tiempo, sino que posee carácter inmediato. El carácter instantáneo de un impuesto reviste de especial relevancia ya que lo que se gravan son las operaciones aisladas, por lo que obliga a tener que configurar todos y cada uno de los elementos configuradores del tributo (lugar de realización, sujeto pasivo, exención, base imponible, tipo de gravamen, devengo...) por operación individualizada[79]. Sin embargo, en las operaciones interiores, se trata de un impuesto de declaración periódica que no se liquida por cada operación aislada, sino trimestralmente con carácter general; y mensualmente con carácter residual cuando corresponda por volumen de operaciones. Sin embargo, algunas veces tiene carácter de impuesto ocasional, por ejemplo, en la primera transmisión de bienes inmuebles, en las que debe presentar autoliquidación. En la importación, la recaudación se produce al tiempo de presentar declaración-liquidación o de su efectiva entrada, coincidiendo casi en el tiempo su devengo y liquidación, salvo excepciones.

2.5.3. IMPUESTO PROPORCIONAL, REAL Y OBJETIVO

IVA e IPSI son impuestos proporcionales por la aplicación de un gravamen que se configura como un porcentaje por la realización del hecho imponible, se trata de un impuesto *ad valorem* sobre la base imponible. Además, no se esta-

---

77 ORTIZ PÉREZ, A. (2015) "Fiscalidad de las empresas establecidas en Ceuta y Melilla". *Anales de derecho*, (33). Pg. 19.

78 LUCAS DURÁN, M. (2018). "En torno a la inconstitucionalidad del impuesto catalán sobre la provisión de contenidos por parte de prestadores de servicios de comunicaciones electrónicas: Análisis de la STC 94/2017, de 6 de julio". *Revista De Contabilidad Y Tributación*. CEF, (420). Pg. 137.

79 SÁNCHEZ SÁNCHEZ, A. (2016). "Los servicios de naturaleza compleja en el IVA: prestación única «versus» pluralidad de prestaciones". *Quincena fiscal*, (19), 2016, Pg. 43.

blecen distinciones en función del sujeto que realiza el hecho imponible, ni se tienen en cuenta las circunstancias personales o familiares del sujeto pasivo para su cuantificación, lo que determina su carácter real y objetivo respectivamente.

2.6. EFECTOS ECONÓMICOS

A partir de la siguiente tabla se expone el funcionamiento del IVA y el IPSI, con objeto de contrastar sus diferencias, identificar el funcionamiento de estos impuestos de acuerdo con su configuración y evidenciar los efectos económicos que producen IVA e IPSI. De este modo, la siguiente tabla toma como referencia los siguientes tipos impositivos: el 21% de IVA, y el 10% IPSI para la prestación de servicios y 4% IPSI para la producción e importación.

Funcionamiento IVA/IPSI

	Precio de adquisición				Soportado				Aña.	Precio de Venta		Devengado		A ingresar	
	Bienes		Servicios		Bienes		Servicios								
	IPSI	IVA	IPSI	IVA	IPSI	IVA	IPSI	IVA		IPSI	IVA	IPSI	IVA	IPSI	IVA
Materias	0	0	0	0	0	0	0	0	100	100	100	10	21	10	21
Producción	100	100	50	50	10	21	2	10,5	30	182	180	18,2	37,8	8,2	6,3
Mayorista	182	180	90	90	18,2	37,8	3,6	18,9	54	347,8	324	0	68,04	0	11,34
Minorista	347,8	324	162	162	0	68,04	6,48	34,02	97,2	613,48	583,2	0	122,47	0	20,41
Total			302	302			12,08	63,42	281,2					18,2	59,05

Fuente: elaborada a partir de Morón Pérez (2014)[80].

2.6.1. IMPUESTO MONOFÁSICO Y PLURIFÁSICO

"Los impuestos indirectos que gravan el consumo pueden ser monofásicos o plurifásicos"[81]. Son impuestos plurifásicos aquellos que gravan todas y cada una de las fases de los consumos sometidos a tributación, mientras que son monofásicos cuando solo se grava una o incluso varias fases, pero no todas[82], por lo que

80 Op. Cit. MORÓN PÉREZ, M. D. C. (2014). Pg. 37.

81 RUEDA MANTILLA, D. (2014) "Implicaciones de la creación del impuesto nacional al consumo en los aspectos fiscales y penales". *Revista Derecho Privado*, (51). Pg. 5.

82 SANTOLAYA BLAY, M. (2012) "La neutralidad del Impuesto sobre el Valor Añadido: propuestas para su medición". *Revista De Contabilidad Y Tributación. CEF*, (348). Pg. 11.

"los impuestos monofásicos son aquellos impuestos que se aplican en una única fase o etapa del proceso producción-comercialización"[83] y "los impuestos plurifásicos o multifásicos son aquellos impuestos que se aplican a todas las fases del proceso productivo"[84].

El IPSI, a diferencia del IVA, no se devenga en todas las fases del ciclo productivo y de distribución, pues no se devenga en la actividad comercial, es decir, en el comercio mayorista y minorista, al no constituir hecho imponible la entrega de bienes muebles efectuada por comerciantes, por ello podemos afirmar que es un impuesto monofásico respecto a la producción y elaboración de bienes, y plurifásico respecto a las prestaciones de servicio ya que se devenga en cada transacción, tal y como se contrasta en la tabla anterior.

2.6.2. IMPUESTO QUE NO GRAVA EL VALOR AÑADIDO

El IVA y el IPSI presentan enfoques distintos en su aplicación, pues el IVA se caracteriza por su capacidad para gravar únicamente el valor añadido, debiendo entender este por la diferencia entre el precio de venta y el precio de adquisición, en cada fase del proceso de producción y distribución, asegurando así su neutralidad en el mercado; por el contrario, el IPSI se aplica directamente sobre el precio de venta de los bienes. Siguiendo la tabla anterior se comprueba que la cantidad a ingresar de IVA coincide con la aplicación del tipo de gravamen sobre el valor añadido, de ahí su efecto neutral, en cambio en el IPSI se aplica sobre el precio de venta.

El IVA incide exclusivamente sobre el valor añadido por cada operador económico, pues la carga fiscal será generalmente deducible. Sin embargo, el IPSI ante la falta de un derecho a deducción general y la imposibilidad de que el empresario o profesional pueda deducirse el total de las cuotas soportadas, estas se incorporaran en el precio del bien como coste asociado a la actividad que se desempeñe, pues en ausencia de un mecanismo de deducción para el impuesto previamente soportado en la cadena de suministro, el IPSI se acumula en cada etapa, elevando el precio final para el consumidor.

---

83 YÁÑEZ HENRÍQUEZ, J. (2014) "Impuesto al valor agregado eficiencia y crecimiento". *Revista de estudios tributarios,* (9). Pg. 6.

84 *Idem.*

En definitiva, el IVA grava el valor el añadido y es un impuesto neutral puesto que el derecho a deducción de las cuotas soportadas no incide en el precio final de los bienes. En cambio, el IPSI no es un impuesto neutral, pues el empresario o profesional no pude deducir las cuotas soportadas e incrementa el precio final de los bienes incluyendo estas. Es por ello por lo que mientras para el IVA la base imponible coincide con el valor añadido, para el IPSI la base imponible la constituye el precio del bien. En este sentido, también destacamos que mientras que el IVA hace consumidores a los destinatarios finales debido al mecanismo de deducción, el IPSI hace consumidores también a empresarios o profesionales que deberán soportar las cuotas como parte de sus gastos, lo que influye en la estructura de costos, determinación de los precios y competitividad de las empresas. Por ende, la cantidad a ingresar en Hacienda coincidirá con el valor añadido en el caso del IVA (IVA repercutido-IVA soportado), no en cambio en el IPSI cuyo monto a ingresar coincidirá con el IPSI repercutido salvo deducciones en la elaboración o importación de bienes, además en las sucesivas fases o etapas se irá incluyendo en el precio del bien el valor soportado sin derecho a deducción y por ende en la base imponible.

2.6.3. IMPUESTO PARCIALMENTE NEUTRAL, ACUMULATIVO O EN CASCADA

En el IPSI el sujeto pasivo no puede deducirse las cuotas satisfechas o soportadas por la realización del hecho imponible, lo que implica que el precio final se vea incrementado en sus diversas fases sin posibilidad de deducción, convirtiéndose en consumidores finales a los distintos empresarios que intervienen en la cadena hasta llegar al consumidor final. La ausencia de neutralidad determina un mayor coste, ya que siempre supone la obligación de ingresar sin derecho a deducción de las cuotas satisfechas o soportadas en las transacciones por la realización de cualquiera de los hechos imponibles, a excepción de la producción o elaboración ya que cuando para realizar dichas actividades el sujeto pasivo necesite la adquisición o la importación de bienes, la ley permite que pueda deducirse el IPSI soportado por esas operaciones. De este modo, se observa un tratamiento privilegiado y diferenciado en la producción o elaboración de bienes en el IPSI, al contemplarse este derecho a deducción limitado, el cual encuentra su justificación en la inexistencia de materias primas a partir de las cuales pueda desarrollarse la fabricación y que, de no permitirse dicha deducción, supondría eliminar totalmente la escasa actividad.

Conforme a la tabla anteriormente expuesta realizamos las siguientes afirmaciones:

- Producción o elaboración de bienes: La deducción de impuestos en el sistema del IVA permite a las empresas restar el impuesto soportado del impuesto repercutido, lo cual ayuda a evitar la imposición sucesiva y hace que el impuesto sea neutral desde el punto de vista de las empresas. Sin embargo, en el caso del IPSI, esta neutralidad es parcial porque solo permite la deducción de las cuotas soportadas por la adquisición o importación de bienes, excluyendo los servicios. Esta limitación hace que el IPSI sea parcialmente neutral.
- Prestación de servicios: La no deducibilidad de los servicios en el IPSI significa que cualquier impuesto pagado en servicios se convierte en un costo adicional para la empresa. Esto lleva a un incremento en el precio final del bien o servicio proporcionado, generando un efecto en cascada. Este efecto se agrava en las cadenas de suministro largas, donde intervienen múltiples proveedores de servicios, aumentando el costo final para el consumidor. Los impuestos en cascada trasladan la carga tributaria de una operación a la siguiente, formando parte del costo del bien o servicio, y sobre el cual se vuelve a aplicar el impuesto[85].
- Entrega de bienes y comercio mayorista y minorista: La exclusión en el IPSI de ciertas actividades como la entrega de bienes muebles y por ende, el comercio al por mayor y al por menor puede parecer beneficiosa, pero la imposición del IPSI en la importación de bienes sin posibilidad de deducción resulta en un aumento del costo final de estos bienes. Dado que el IPSI se aplica de manera monofásica y no permite la deducción, el impuesto se suma al precio de venta, creando un efecto acumulativo en lugar de un efecto en cascada, lo cual aumenta el precio final para el consumidor.

La distinción entre los efectos radica en cómo se transmite el impuesto a través de la cadena productiva y distributiva. El efecto parcialmente neutral busca minimizar las distorsiones, pero solo lo logra de forma limitada debido a restricciones en la deducibilidad del impuesto. El efecto acumulativo se refiere a la suma lineal del impuesto sin deducción, aumentando el costo e incidiendo en

85 CHÁVEZ GONZALES, A. M. (2012) "Análisis económico del IGV y su incidencia en el mercado". *Revista de economía y Derecho,* (34). Pg. 84.

el precio del bien. El efecto en cascada causa una acumulación exponencial del impuesto, distorsionando los precios y la competencia al hacer que los bienes y servicios sean más caros de lo que serían con un sistema de impuestos completamente neutral.

Así pues, mientras el IVA solo presenta un efecto neutral, en la medida que la imposición indirecta no recae en las empresas productoras y distribuidoras, sino tan solo en el consumidor final debido a la posibilidad de deducción de las cuotas soportadas[86]; en el IPSI se aprecian tres efectos conforme a lo ya expuesto: parcialmente neutral en la producción o elaboración de bienes, acumulativo en la importación y posterior comercialización, y en cascada respecto a la prestación de servicios. Estos efectos del IPSI redundan directamente en el precio de los bienes y servicios, así pues, el efecto parcialmente neutral se consigue con un derecho a deducción limitado, el acumulativo por la ausencia del derecho a deducción y el carácter monofásico, y el efecto en cascada por la ausencia del derecho a deducción y el carácter plurifásico.

2.7. LA TÉCNICA LEGISLATIVA DE LAS REMISIONES

IPSI e IVA son impuestos simultáneos y paralelos. Simultáneos porque coexisten al mismo tiempo en el marco fiscal del territorio español y paralelos porque cada uno se aplica en diferentes regiones geográficas con sus propias particularidades. Siendo esto último, lo que determina el carácter alternativo IVA-IPSI[87]. Sin embargo, ambos impuestos están estrechamente relacionados, dadas las continuas remisiones del IPSI al IVA, pues "este impuesto se remite a la legislación del IVA para determinar cinco aspectos fiscales: el concepto de empresario o profesional, los supuestos de no sujeción, las exenciones en operaciones interiores, la repercusión del impuesto y la base imponible[88].

---

86 UREÑA PARDO, F.; OLMEDILLA RAMOS, J. N. (1998) "Análisis de la neutralidad del IVA en la viticultura castellano-manchega". *Revista Española de Estudios Agrosociales y Pesqueros*, (184). Pg. 216.

87 Op. Cit. DE LA PEÑA VELASCO, G; FALCÓN Y TELLA, R. y MARTÍNEZ LAGO, M. A. (2021), Pg. 474.

88 BURGOS GOYE, M. D. C., FERNÁNDEZ, V. G., DE VICENTE, F. L., y LÓPEZ GUZMÁN, T. J. (2003). "El sector turístico como alternativa a determinadas áreas periféricas" *XXIX Reunión de estudios regionales*. Pg. 6.

La ausencia de una remisión general del IPSI al IVA determina que este último no es de aplicación supletoria sino solo en aquellos aspectos que así se especifiquen[89]. *A priori* esta técnica parece poder aportar claridad en la regulación y aplicación del IPSI, al ser el IVA un impuesto ampliamente desarrollado, aunque en ningún caso es un impuesto análogo y tampoco similar[90], pues ya se hemos apreciado indicios de diferencias significativas entre estos dos regímenes.

El concepto de reenvío o remisión hace referencia a "cuando un texto legislativo (la llamada norma de remisión) se refiere a otras disposiciones (el denominado objeto de la remisión) de forma tal que esta última debe considerare parte integrante de la normativa que incluye la remisión"[91], siendo esta la técnica legislativa empleada en la configuración del IPSI, así como la de su desarrollo a través de las Ordenanzas Fiscales. Asimismo, respecto a la técnica de remisión, hay que distinguir entre remisión estática o dinámica. La remisión estática se refiere a la redacción que tenga el texto a la entrada en vigor de la 'norma de remisión'; la remisión dinámica se entiende referida al texto que tenga el objeto de la remisión en cualquier momento. En los reenvíos estáticos, si el texto objeto de este cambia, su aplicabilidad cesa, mientras que en los dinámicos se adapta al texto vigente en cada momento, aunque su autor decida cambiarlo[92]. Entendemos la remisión del IPSI al IVA como una remisión dinámica, aun corriendo el riesgo de mermar la estabilidad del IPSI y la posible alteración de la voluntad del legislador en la configuración inicial de este impuesto.

El legislador debe perseguir la claridad y certeza, pudiendo verse dificultada por las remisiones, lo que puede conllevar la vulneración de la seguridad jurídica consagrada en el artículo 9.3 CE, pues lo cierto es que la técnica de las remisiones

---

89 SANZ GÓMEZ, R. (2010) "El Impuesto sobre la Producción, los Servicios y la Importación". *Estudios sobre el régimen Económico y Fiscal de Ceuta: Presente y futuro. Centro Estudios Jurídicos Granada.* Pg. 58.

90 LUQUE CORTELLA, A. (2007) "Financiación Local en España". *Tourism & Management Studies,* (3), Pg. 169. Califica este impuesto específico de las Ciudades Autónomas, el IPSI, como similar al IVA.

91 SALVADOR CODERCH, P. (1984) "La Disposición Final Tercera de la Compilación catalana y la técnica legislativa de las remisiones estáticas". *Anuario de Derecho Civil,* (4). Pg. 979.

92 CARBONELL SÁNCHEZ, M. (1997) "Los objetos de las leyes, los reenvíos legislativos y las derogaciones tacitas: notas de técnica legislativa", *en Boletín mexicano de Derecho Comparado,* (1). Pg. 438.

puede dificultar el conocimiento del derecho vigente[93], por lo que esta técnica de la remisión suscita interrogantes desde el punto de vista de la seguridad jurídica. Conforme al anterior principio se ha pronunciado el TC en su sentencia 46/1990[94] en los siguientes términos:

> *«Esta exigencia relativa al principio de seguridad jurídica implica que el legislador debe perseguir la claridad y no la confusión normativa, debe procurar que acerca de la materia sobre la que se legisle sepan los operadores jurídicos y los ciudadanos a qué atenerse, y debe huir de provocar situaciones objetivamente confusas como la que sin duda se genera dado el complicadísimo juego de remisiones entre normas que en muchas ocasiones se produce. Hay que promover y buscar la certeza respecto a qué es Derecho y no provocar juegos y relaciones entre normas como consecuencia de las cuales se introducen perplejidades difícilmente salvables respecto a la previsibilidad de cuál sea el Derecho aplicable y cuáles las consecuencias derivadas de las normas vigentes, incluso cuáles sean éstas».*

Asimismo, el TC[95] manifiesta que la seguridad jurídica se refiere a la certeza y previsibilidad de las normas legales, garantizando que los ciudadanos puedan anticipar los resultados de su aplicación. Esto incluye tanto una dimensión objetiva (claridad del ordenamiento) como subjetiva (expectativa razonable de cómo actuará el poder). De este modo, el legislador debe evitar la confusión normativa para no infringir este principio. Sin embargo, las deficiencias técnicas o lagunas en una ley no siempre implican inconstitucionalidad si estas pueden ser integradas en el marco jurídico, por lo que solo las imprecisiones que generen una incertidumbre insuperable constituirán una vulneración del principio de seguridad jurídica.

En este sentido, corresponde analizar los anteriores elementos claves fijados respecto al principio de seguridad jurídica: claridad, previsibilidad y coherencia, pues de un análisis específico sobre como estos interactúan en el IPSI, se revelará si este impuesto cumple con el principio de seguridad jurídica.

---

93 VIDAL MARÍN, T. (2013) "Técnica legislativa, inserción de la norma en el ordenamiento jurídico y Tribunal Constitucional". *Teoría y realidad constitucional,* (31). Pg. 18-19.

94 SENTENCIA DEL TRIBUNAL CONSTITUCIONAL 46/1990, de 15 de marzo de 1990. "Boletín Oficial del Estado", nº 85, de 9 de abril de 1990. (*Tol 600513*)

95 SENTENCIA DEL TRIBUNAL CONSTITUCIONAL 135/2018, de 13 de diciembre de 2018. ECLI:ES:TC:2018:135 (*Tol 6977381*)

- Claridad normativa: los reenvíos del IPSI al IVA son fácilmente identificables en el texto legal, además se realizan de manera clara y directa, sin que se produzca ambigüedades entre lo inicialmente pretendido y finalmente regulado.
- Previsibilidad del derecho: las remisiones del IPSI al IVA pueden provocar cambios en el IPSI consecuencia de modificaciones en este último sin que por ello merme su previsibilidad, pues estos cambios son sobrevenidos por igual en ambos impuestos que requieren como toda norma jurídica actualización constante sin que de ello se derive opacidad de las responsabilidades tributarias.
- Coherencia normativa: Los reenvíos lejos de crear conflictos o contradicciones entre ambos impuestos contribuyen a aportar claridad, al ser el IVA un impuesto altamente desarrollado evita situaciones de incertidumbre legal y facilita la comprensión y aplicación del IPSI.

En virtud de lo expuesto, las remisiones del IVA al IPSI, en nuestra opinión, no solo no son contrarias al principio de seguridad jurídica, sino que contribuyen en la armonización entre estos dos impuestos. Pese a lo anterior, no debemos entender que esta técnica de la remisión sea la más adecuada, pues entre las ventajas que ofrece podemos destacar la evolución de estos impuestos en un mismo sentido, pero a la vez conlleva la incorporación automática de disposiciones que pudieran no ser favorables para Ceuta y Melilla. Sin embargo, a la vista de las escasas modificaciones de la LIPSI y la lejanía en el tiempo a la que se remonta la última, no debemos olvidar que es gracias a estas remisiones por las que el IPSI se ha podido adaptar a las circunstancias económicas y sociales del momento y no quedar absolutamente desfasado. En este sentido, Martín González afirma que "el Derecho ha de satisfacer dos exigencias esencialmente contradictorias. Por un lado, ha de ser rígido y estable a fin de garantizar la seguridad de las relaciones jurídicas; por otro, deberá ser móvil, flexible, evolutivo, capaz de adaptarse lo más perfectamente posible a las transformaciones y modificaciones de la vida social"[96].

El origen de estas remisiones es la adaptación del IPSI al Derecho Comunitario, en su intento de no producir discriminación entre la producción local y la importación, adoptando la técnica de la remisión en lo sucesivo por simplicidad

96 MARTÍN GONZÁLEZ, M. (1967) "El grado de determinación legal de los conceptos jurídicos". Revista de administración pública, (54). Pg. 197.

normativa y con objeto de garantizar la evolución de ambos impuestos en consonancia, adelantándose a los cambios normativos que pudieran tener repercusión en la configuración del IPSI. Sin embargo, la búsqueda de claridad y uniformidad no debe ser entendida como un intento de asimilación entre estos dos impuestos. Es por ello por lo que, la cuestión del IPSI *versus* IVA se refleja como un debate complejo sobre cómo equilibrar la armonización de políticas fiscales en España, y por extensión, de la Unión Europea, y la necesidad de un tratamiento diferenciado que reconozca las características únicas de Ceuta y Melilla y su necesidad de impulso económico a través de un régimen fiscal competitivo.

Capítulo 3

ACOTACIÓN DEL HECHO IMPONIBLE

3.1. HECHO IMPONIBLE

El hecho imponible en términos generales lo constituyen la producción de bienes muebles, la prestación de servicios, la entrega de bienes inmuebles y el consumo de energía, todo ello debiendo ser entendido en el ámbito territorial de Ceuta y Melilla. Conforme al artículo 3 LIPSI, constituye el hecho imponible del impuesto:

> *«a) La producción o elaboración, con carácter habitual, de bienes muebles corporales, incluso aunque se efectúen mediante ejecuciones de obra, realizadas por empresarios en el desarrollo de su actividad empresarial, así como la importación de dichos bienes, en el ámbito territorial de las Ciudades de Ceuta y Melilla.*
>
> *A los efectos de este Impuesto se considerarán actividades de producción las extractivas, agrícolas, ganaderas, forestales, pesqueras, industriales y otras análogas. También tendrán esta consideración las ejecuciones de obra que tengan por objeto la construcción o ensamblaje de bienes muebles corporales por el empresario, previo encargo del dueño de la obra. No se considerarán a efectos de este Impuesto, operaciones de producción o elaboración, las destinadas a asegurar la conservación o presentación comercial de los bienes calificadas como manipulaciones usuales en la legislación aduanera.*
>
> *b) Las prestaciones de servicios efectuadas por empresarios o profesionales que actúen en el ejercicio de su actividad, en los términos previstos en la normativa del Impuesto sobre el Valor Añadido, salvo que tales operaciones se consideren de producción o elaboración de bienes en los términos previstos en la letra a) anterior.*
>
> *Estas operaciones se entenderán localizadas en Ceuta o Melilla cuando así resulte de aplicar para estos territorios las reglas establecidas en la Ley del Impuesto sobre el Valor Añadido para localizar las prestaciones de servicios en el territorio peninsular español o Islas Baleares.*
>
> *c) Las entregas de bienes inmuebles que radiquen en el ámbito territorial de las Ciudades de Ceuta y Melilla, realizadas por empresarios o profesionales que actúen en el ejercicio de sus actividades.*

A los efectos de este Impuesto, se considerarán entregas de bienes inmuebles la construcción, ejecución de obras inmobiliarias y transmisión de dichos bienes.

En ningún caso, los actos del tráfico inmobiliario tributarán a la vez por este Impuesto y el que grava las transmisiones patrimoniales onerosas, aplicándose, a efectos de su incompatibilidad, las normas de la legislación común.

d) El consumo de energía eléctrica, que será gravado en fase única, al tiempo de su facturación a los usuarios por las empresas distribuidoras, que repercutirán el Impuesto sobre el importe total facturado. No se someterán al Impuesto la producción ni la importación de energía eléctrica».

No obstante, es preciso ahondar más en estos conceptos con objeto de delimitar el nacimiento de la obligación tributaria, pues resulta importante para la correcta aplicación del IPSI, ya que cualquier vacío que pudiera existir en el IPSI sobre el alcance del gravamen, no podrá resolverse mediante analogía[97]. Por ende, no se pueden utilizar integraciones analógicas en materia tributaria, aunque "existe un amplio consenso doctrinal en el sentido de que, si bien pueden existir en Derecho tributario restricciones a la integración analógica, esas restricciones no resultan aplicables a la interpretación extensiva"[98] , debiendo entender esta como la ampliación del alcance o significado de una norma para abarcar casos que, sin estar expresamente mencionados, se consideran comprendidos dentro de su espíritu o finalidad. Concluyendo el TS[99] que «*una cosa es la analogía y otra la interpretación de las normas jurídicas, pues mientras la primera —proscrita— constituye una actividad de integración del ordenamiento por la que se extiende una norma a presupuestos de hecho no contemplados implícita o explícitamente por ella, la segunda, por el contrario, tiene por objeto conocer el sentido, alcance y finalidad de la norma en el marco de la realidad social en el que la misma se aplica*».

97 Vid. Art. 14 LGT. (*Tol 327278*)

98 MARÍN BENÍTEZ, G. (2012) "La analogía En Derecho Tributario: Tópicos, Controversias Y Algunas Reflexiones críticas". *Revista De Contabilidad Y Tributación*, (350). Pg. 117.

99 SENTENCIA DEL TRIBUNAL SUPREMO 4650/2022, de 19 de diciembre de 2022, ECLI:ES:TS:2022:4650.

3.1.1. OPERACIONES INTERIORES

3.1.1.1. Producción o elaboración de bienes muebles

La propia LIPSI establece una delimitación positiva y negativa del concepto de producción, ya que detalla las actividades incluidas en el concepto, así como las excluidas. De manera que, dentro de las actividades por las que deben entenderse como producción, encontramos las actividades extractivas, agrícolas, ganaderas, forestales, pesqueras y otras análogas, quedando así patente la posibilidad de inclusión de otras actividades, por lo que esta enumeración constituye una lista *numerus apertus*. Paradójicamente las anteriores actividades mencionadas explícitamente no existen en Ceuta y Melilla, aunque la ley se refiera a ellas, pues las actividades mineras, forestales, agrícolas o ganaderas son inexistentes en estas ciudades, por lo que este hecho imponible es de escasa importancia cuantitativa ya que solo se grava la limitada producción existente. Además, debemos entender incluidas en el concepto de producción o elaboración de bienes muebles, por mandato expreso de la LIPSI, las ejecuciones de obra de bienes muebles y aquellas otras actividades que tengan por finalidad construcción o ensamblaje previo encargo por el dueño de la obra. Sin embargo, debemos entender excluidas del concepto de producción o elaboración de bienes muebles, las actividades destinadas a asegurar la conservación o presentación comercial de los bienes, calificadas como usuales en la legislación aduanera[100].

A efectos de ampliar esta lista de actividades y ante la ausencia de una definición jurídica de actividad productiva o de elaboración, debemos acudir a su propio sentido usual[101], que no es otro que la transformación de materias primas y recursos en otros productos destinados a satisfacer las necesidades de los consumidores o, en su defecto, al concepto de transformación establecido en el artícu-

---

100 Vid. Art. 220 del Reglamento (UE) Nº 952/2013 del Parlamento Europeo y del Consejo, de 9 de octubre de 2013, por el que se establece el Código Aduanero de la Unión, (*Tol 3961371*), que «*las mercancías incluidas en un régimen de depósito aduanero o de perfeccionamiento o en una zona franca podrán ser sometidas a las manipulaciones usuales destinadas a garantizar su conservación, mejorar su presentación o su calidad comercial o preparar su distribución o reventa*».

101 Vid. Art. 3 del CC (*Tol 220310*). «*Las normas se interpretarán según el sentido propio de sus palabras, en relación con el contexto, los antecedentes históricos y legislativos, y la realidad social del tiempo en que han de ser aplicadas, atendiendo fundamentalmente al espíritu y finalidad de aquellas*».

lo 10 LIVA: «*Se considerará transformación cualquier alteración de los bienes que determine la modificación de los fines específicos para los cuales eran utilizables*». Así, el concepto de transformación debe ser entendido como el proceso de cambiar o modificar un bien para crear otro diferente, debiendo entender por diferente la alteración del uso del bien. A su vez, ante la falta de concreción en la ley de bien mueble, se debe acudir el concepto de bienes muebles de acuerdo con el artículo 335 CC «*los que se pueden transportar de un punto a otro sin menoscabo de la cosa inmueble a que estuvieren unidos*», teniendo consideración de corporales aquellos perceptibles materialmente, incluyéndose la energía eléctrica, el gas y frio. Aunque, la LIPSI declara la producción de estos últimos exenta.

El hecho imponible de la producción o elaboración de bienes en la LIPSI especifica que deben realizarse con carácter habitual para determinar su sujeción a IPSI, por lo que quedan excluidas del hecho imponible aquellas actividades productivas de carácter ocasional o esporádico. En contraposición, en el IVA resultaran sujetas las operaciones realizadas con carácter habitual u ocasional. De este modo, el TSJ de Murcia determinó que para la sujeción al IVA «*Han de darse los siguientes requisitos: a) que las operaciones se realicen por empresario o profesional; b) que las realice con carácter habitual o ocasional, en el desarrollo de su actividad empresarial o profesional; y c) que tales actividades puedan clasificarse de empresariales o profesionales*»[102]. Es por tanto que mientras que el IVA grava las operaciones realizadas con carácter habitual u ocasional, el IPSI solo grava la actividad de producción o elaboración de bienes muebles realizadas con carácter habitual, por lo que aparentemente el hecho imponible en este último impuesto presenta mayores restricciones.

El carácter de habitual es un concepto jurídico indeterminado, entendido como la repetición regular de la misma actividad de producción o elaboración, pero no precisándose el número de repeticiones requeridas para la consideración como actividad sujeta y gravada por el IPSI. A nuestro juicio, este carácter habitual no debería ser entendido tanto por la repetición de la actividad sino por la intención de reiteración, pues lo relevante es la realización de dichas operaciones con ánimo de lucro con independencia del resultado. Pues cualquier consideración en otro sentido implicaría que la producción solo resultara sujeta en función del número de repeticiones, por lo que si una actividad se realizara previo

102 SENTENCIA DEL TRIBUNAL SUPERIOR DE JUSTICIA DE MURCIA 959/2022, de 30 de marzo de 2002, ECLI:ES:TSUJMU:2002:959.

encargo y lamentablemente no obtuviera el número de pedidos necesarios para considerarla habitual quedaría al margen de tributación en el IPSI.

Asimismo, el devengo del impuesto, cuestión a tratar más adelante, dispone que en el caso de actividad de producción o elaboración este se produce con la entrega de los bienes muebles corporales y, en consecuencia, podemos afirmar que el IPSI grava exclusivamente la entrega de bienes corporales satisfecha por el fabricante o productor. De este modo, la entrega de bienes se asocia con la transmisión de la propiedad, aunque la DGT precisa que «*el concepto de entrega de bienes no se refiere a la transmisión de la propiedad en las formas establecidas por el Derecho nacional aplicable, sino que incluye toda operación de transmisión de un bien corporal efectuada por una parte que faculta a la otra parte a disponer de hecho, como si ésta fuera la propietaria de dicho bien*»[103]. Debemos entender por entrega de bienes toda transmisión del poder de disposición sobre bienes corporales, lo que significa que el receptor tiene la capacidad de usar, disfrutar y disponer del bien como si fuera propietario. La transmisión del poder de disposición no significa únicamente la transmisión de la propiedad, porque la transmisión del poder de disposición puede realizarse por diferentes contratos y, por tanto, no se limita a la compraventa[104].

En suma, la actividad de producción o elaboración de bienes muebles corporales grava las entregas por sus fabricantes; quedando no sujetas las ulteriores y exentas las referidas a la energía eléctrica, gas y frío.

3.1.1.2. Prestación de servicios

En cuanto a las prestaciones de servicio, la LIVA define la prestación de servicios en contraposición con la entrega, adquisición intracomunitaria o importación de bienes. Por consiguiente, toda actividad que no se encuadre en los supuestos mencionados, tendrá la consideración de prestación de servicios, lo cual pudiera llegar a parecer que origina un conflicto interpretativo en la determinación de qué debe entenderse por prestación de servicio, pues el IPSI no grava la entrega de bienes muebles en los mismos términos que el IVA, sino únicamente aquella entrega satisfecha por el productor o fabricante, siendo la actividad ob-

---

103 Consulta Vinculante V0025-17 de la DGT. (*Tol 5974066*).

104 SENTENCIA DEL TRIBUNAL DE JUSTICIA (Sala Sexta) de 8 de febrero de 1990, en el asunto C-320/88. ECLI:EU:C:1990:61.

jeto de gravamen la producción o elaboración, por lo que a excepción de dicha entrega pudiera parecer que el resto serían consideradas prestaciones de servicio. No obstante, atendiendo al sentido literal y funcional de prestación de servicios entendido como la realización de actividades o la ejecución de tareas por parte de una persona física o jurídica a favor de otra, se comprueba que la entrega de bienes muebles no tiene cabida en el concepto de prestación de servicios.

Además este concepto de prestación de servicios, debe restringirse aún más, pues el hecho imponible del IPSI e IVA difiere, no contemplado este último la producción o elaboración de bienes muebles, y si la prestación de servicios se define en contraposición con la entrega de bienes, adquisiciones intracomunitarias e importaciones, estamos obviando la producción o elaboración, pudiendo caer en el error de considerar dicha actividad como una prestación de servicios dada la amplitud en la que esta se define, es por ello que la LIPSI matiza el concepto de prestación de servicios excluyendo adicionalmente la producción o elaboración de bienes muebles. Por ende, no se establece definición de qué debe entenderse por prestación de servicios, sino que esta actividad se delimita en contraposición con las actividades anteriormente descritas. De esta manera para el IPSI se considera prestación de servicios aquellas actividades que no tengan la consideración de producción o elaboración de bienes muebles, entregas de bienes muebles e inmuebles y consumo de energía. Todo ello, atendiendo al concepto usual de prestación de servicios caracterizado por el elemento intangible que son los servicios.

El artículo 11 LIVA[105] recoge algunas de las actividades que tendrán la consideración de prestación de servicios y quedarán sujetas al impuesto, aunque, en

---

105 Vid. Art. 11 LIVA, (*Tol 224743*), son prestaciones de servicios «*1.º El ejercicio independiente de una profesión, arte u oficio. 2.º Los arrendamientos de bienes, industria o negocio, empresas o establecimientos mercantiles, con o sin opción de compra. 3.º Las cesiones del uso o disfrute de bienes. 4.º Las cesiones y concesiones de derechos de autor, licencias, patentes, marcas de fábrica y comerciales y demás derechos de propiedad intelectual e industrial. 5.º Las obligaciones de hacer y no hacer, y las abstenciones estipuladas en contratos de agencia o venta en exclusiva o derivadas de convenios de distribución de bienes en áreas territoriales delimitadas. 6.º Las ejecuciones de obra que no tengan la consideración de entregas de bienes con arreglo a lo dispuesto en el artículo 8 de esta Ley. 7.º Los traspasos de locales de negocio. 8.º Los transportes. 9.º Los servicios de hostelería, restaurante o acampamento y las ventas de bebidas o alimentos para su consumo inmediato en el mismo lugar. 10.º Las operaciones de seguro, reaseguro y capitalización. 11.º Las prestaciones de hospitalización. 12.º Los préstamos y créditos en dinero. 13.º El derecho a utilizar instalaciones deportivas o recreativas. 14.º La explotación de ferias y exposiciones. 15.º Las operaciones de mediación*

cualquier caso, esta lista solo constituye una enunciación de las principales actividades que tendrán tal consideración, no debiendo por tanto excluirse aquellas que no se contemplen en su desglose. Sin embargo, no todas las actividades del artículo 11 LIVA quedan comprendidas dentro del concepto de prestación de servicios del IPSI. Por un lado, la LIPSI señala que, si entre tales actividades mencionadas anteriormente, hubiera alguna actividad de producción o elaboración, prevalecerá esta calificación a la de prestación de servicios; por lo que el alcance de la remisión al IVA no es total, sino subsidiario de lo dispuesto en la LIPSI. En consonancia con lo anterior, véase el caso de un carpintero, que confecciona un mueble a medida por encargo, lo cual implica diseñar, cortar, ensamblar y finalizar el mueble; de este modo, aunque el carpintero esté proporcionando un servicio desde el punto de vista del IVA al realizar el ejercicio independiente de un oficio, para efectos del IPSI será una actividad de producción o elaboración de un bien mueble. Por otro lado, la LIVA sostiene que tendrá consideración de prestación de servicios las ejecuciones de obra que no tengan consideración de entrega de bienes inmuebles. Pues la LIVA diferencia entrega de bienes inmuebles y prestación de servicios en atención a la aportación de material, no así el IPSI por lo que las ejecuciones de obra no tendrán nunca la consideración de prestación de servicios en este impuesto.

Asimismo, merece especial atención la delimitación del hecho imponible de las entregas respecto a las prestaciones de servicio pues, aunque en el IVA tal calificación pueda carecer de trascendencia ya que se gravan estas dos actividades; el IPSI, en cambio, no grava las entregas de bienes muebles efectuadas por quien no ostente la condición de fabricante o productor, y de ello se derivan importantes repercusiones fiscales en atención a la calificación fiscal de la operación. Morón Pérez[106] plantea que existe un vacío, debido a que el concepto de entrega de bienes en el IPSI es mucho más restringido que en el IVA, ya que solo se gravan aquellas entregas de bienes muebles realizadas por el productor o fabricante. Esto significa que una operación que, según la Ley del IVA, se considera una

y las de agencia o comisión, cuando el agente o comisionista actúe en nombre ajeno. Cuando actúe en nombre propio y medie en una prestación de servicios, se entenderá que ha recibido y prestado por sí mismo los correspondientes servicios. 16.º El suministro de productos informáticos cuando no tenga la condición de entrega de bienes, considerándose accesoria a la prestación de servicios la entrega del correspondiente soporte».

106 MORÓN PÉREZ, C. M. (2006) "El régimen fiscal de las ciudades autónomas de Ceuta y Melilla: Presente y futuro". *Crónica Tributaria*, (121). Pg. 69.

entrega y, por lo tanto, no pueda ser una prestación de servicios, no se gravará en el IPSI si no cumple con los requisitos de entrega realizada por el productor o fabricante. De este modo, la sujeción en el IPSI de la prestación de servicios y la no sujeción de las entregas, pone de relieve la necesidad de diferenciar estas dos operaciones con objeto de determinar la realización del hecho imponible, que en el caso del IVA sería indiferente, pero que en el del IPSI, se derivan importantes consecuencias tributarias de la calificación de las operaciones. En esta línea, ejemplos de operaciones que se ven afectadas por esta diferencia de interpretación entre el IVA y el IPSI son el *leasing y renting*, las operaciones de mediación, de agencia o de comisión, los productos informáticos, o los servicios técnicos y de hostelería, entre otros.

En el caso del *leasing y renting*, el arrendador adquiere el bien y lo cede al arrendatario para su uso y disfrute durante un periodo determinado, a cambio de un pago periódico; esta operación se considera una prestación de servicios ya que el arrendador transfiere el derecho a usar y disfrutar del bien durante un periodo de tiempo a cambio de una contraprestación económica. No obstante, el arrendatario podrá ejercitar su derecho a compra en el *leasing*, lo cual constituirá una entrega de bienes muebles[107]. En cualquier caso, la actividad de *leasing y de renting*, entendida como un arrendamiento constituye una prestación de servicios sujeta a IVA y a IPSI, pero la finalización de este contrato de arrendamiento y el ejercicio de la opción a compra en el *leasing*, constituirá una operación sujeta a IVA, pero no a IPSI, por no constituir la entrega de bienes muebles hecho imponible de este último. Además, teniendo en consideración que son habituales las transacciones que involucran a los territorios IVA e IPSI y que estos impuestos son instantáneos, habría que aplicar las reglas de localización para la prestación de servicios y posteriormente para la entrega de bienes. En este sentido, podría resultar que la prestación de servicios o la entrega de bienes, aun referentes sobre el mismo bien y mismo contrato, pudieran resultar localizadas en diferentes ámbitos territoriales, pues el ejercicio de la opción de compra implicaría nuevamente la necesidad de localizar la operación, pudiendo resultar esta última en un ámbito territorial distinto que en el que inicialmente se reconoció a la prestación de servicios. No obstante, estas opciones de financiación como son el *leasing y el renting* poca viabilidad y oportunidad presentan en Ceuta y Melilla, fundamentalmente por dos razones. La primera, en el ámbito del IVA este contrato

---

107 FRAILE BAYLE, M. S. y MARTÍN BAILE, S. (1997). "El leasing y el renting". *Revista de estudios económicos y empresariales*, (9).

de alquiler es considerado un gasto deducible, no así para el IPSI que tiene un derecho a deducción limitado. No obstante, puede resultar rentable este tipo de contratos por ofertas promocionales o incluso, porque no requieren de desembolso inicial. La segunda, con carácter general el bien objeto de arrendamiento se encontrará en la Península, y por ende dará lugar a una importación a Ceuta o Melilla, con la consiguiente exportación una vez finalizado el tiempo convenido en el contrato, añadiendo complejidad y costes adicionales, por las cuales la mayoría de las compañías dedicadas a estas actividades prescinden de considerar a Ceuta o Melilla como un potencial territorio en el que expandir sus servicios.

Respecto a las operaciones de mediación y las de agencia o comisión, resulta especialmente relevante el ejercicio por cuenta propia o ajena, debiendo entenderse que ejerce por cuenta propia cuando el comisionista queda obligado con las personas con quien contratare como si el negocio fuera suyo, y por cuenta ajena cuando el comitente sea el obligado en relación con terceros. El artículo 8 de la LIVA referente a la entrega de bienes dispone «*Las transmisiones de bienes entre comitente y comisionista que actúe en nombre propio efectuadas en virtud de contratos de comisión de venta o comisión de compra*», en contraposición con el artículo 11 de la LIVA que contempla las prestaciones de servicio «*las operaciones de mediación y las de agencia o comisión cuando el agente o comisionista actúe en nombre ajeno. Cuando actúe en nombre propio y medie en una prestación de servicios se entenderá que ha recibido y prestado por sí mismo los correspondientes servicios*» De este modo, las operaciones de mediación y agencia tendrán siempre la consideración de prestación de servicios, el ejercicio por cuenta propia indica una doble prestación de servicios mientras que el ejercicio en nombre ajeno una única prestación de servicios sujeta a IVA o IPSI. En cambio, en el caso de la comisión, el ejercicio en nombre propio implicará una doble entrega de bienes, sujeta al IVA, pero no al IPSI, y el ejercicio en nombre ajeno una prestación de servicios y una única entrega de bienes[108].

Puntualiza respecto a la comisión MORÓN PÉREZ[109] que:

- Si el comisionista actúa en nombre propio y estamos ante un supuesto de comisión de venta, existirán dos entregas, del comitente al comisionista y del comisionista al cliente.

---

108 Vid. Consulta Vinculante V5197-16 de la DGT. (*Tol 6351605*)

109 Op. Cit. MORÓN PÉREZ. M. D. C. (2014). Pg. 38.

- Si el comisionista actúa en nombre propio y estamos ante una comisión de compra, habrá también dos entregas, del proveedor al comisionista y del comisionista al comitente.
- Si el comisionista actúa en nombre ajeno y media en una comisión de venta, habrá una entrega (del comitente al cliente) y una prestación de servicios (del comisionista al comitente).
- Si el comisionista actúa en nombre ajeno y media en una comisión de compra, habrá también una entrega (del proveedor al comitente) y una prestación de servicios (del comisionista al comitente).

En cuanto a los productos informáticos el artículo 8 de la LIVA establece que tendrá consideración de entrega de bienes muebles «*el suministro de un producto informático normalizado efectuado en cualquier soporte material. A estos efectos, se considerarán como productos informáticos normalizados aquellos que no precisen de modificación sustancial alguna para ser utilizados por cualquier usuario*». En cambio, el artículo 11 de la LIVA entiende como prestación de servicios «*el suministro de productos informáticos cuando no tenga la condición de entrega de bienes, considerándose accesoria a la prestación de servicios la entrega del correspondiente soporte*». De este modo, la venta de productos informáticos normalizados en soporte físico queda sujeta en el IVA y no en el IPSI por constituir una entrega de bienes; en cambio, si estos productos informáticos no poseen soporte material o han sido confeccionados previo encargo y bajo especificaciones del destinatario, tendrán la consideración de prestación de servicios sujeta tanto en el IVA como en el IPSI[110]. Así pues, en el caso de que el producto informatizado haya sido puesto a disposición sin soporte material, como pudiera ser a través de descarga, nos encontraríamos ante una prestación de servicio, mismo tratamiento que recibiría a pesar de contar con soporte material si este se hubiera elaborado según especificaciones del adquirente[111], con la única diferencia de que en el primer supuesto la prestación de servicios es vía electrónica. La prestación de servicios por vía electrónica "sólo es predicable de aquellos bienes o servicios que puedan presentarse en formato digital o que puedan ser digitalizados (siendo en tal caso su modalidad digitalizada la que sería materia de este comercio electrónico directo), pues sólo estos productos pueden ser objeto de transmisión por

110 RUBIO RAMOS, J. (2009) *Manual práctico del impuesto sobre la producción, los servicios y la importación (operaciones interiores)*. Fundación AL. Pg. 41.

111 Consulta Vinculante V1161-09 de la DGT. (*Tol 907487*)

medios telemáticos, en forma de archivo de datos. Podemos pensar multitud de ejemplos de productos o servicios que pueden transferirse vía archivo informático: libros digitales, revistas, todo tipo de archivos multimedia, software, y una gran variedad de servicios cuyos resultados pueden presentarse en este tipo de formato: servicios jurídicos, de traducción, consultoría, la propia digitalización de documentos en formato físico, etc"[112]. Actualmente el programa de distribución de los productos informáticos ha sufrido modificaciones, pues su comercialización ha evolucionado de los CDs a las descargas online, por lo que la falta de soporte material conlleva que estos queden catalogados como prestación de servicios vía electrónica y no como entrega de bienes o importación en el caso de que se produjera el envío del soporte material de la Península a Ceuta o Melilla o viceversa. Esta evolución del mercado consecuencia de la evolución tecnológica traerá consecuencias en cuanto a la determinación del hecho imponible, localización de este y tipo impositivo aplicable, siendo esto especialmente controvertido en el IPSI como veremos más adelante.

Además, en el IPSI la sujeción al impuesto de la prestación de servicios y no sujeción de la entrega de bienes muebles, también repercute en los servicios técnicos, donde su actividad se desdobla, por un lado, en la venta de repuestos y, por otro, en la prestación de servicios de reparación. En el primero de los casos, la operación resultaría no sujeta pues nos encontramos ante una entrega de bienes muebles, en cambio, en el segundo caso la operación se encuentra sujeta a IPSI, constituyendo la base imponible el total de la factura, es decir, el importe de mano de obra y de los repuestos, sobre la que se aplicará el gravamen (véase a modo de ejemplo la Consulta Vinculante nº 740 de la Agencia Tributaria Canaria)[113]. Respecto al IVA, esta distinción no trasciende, pues se gravan las entregas y prestaciones de servicios; en cambio para el IPSI, la consideración de tal operación como prestación de servicios adquiere especial relevancia, en el sentido de que se gravará la venta de estos recambios por entenderse una ope-

112 MACARRO OSUNA, J. M. (2014) "La competencia fiscal y el comercio electrónico en el IVA" *Revista española de Derecho Financiero,* (161). Pg. 237.

113 Consulta Vinculante nº 740 de la Agencia Tributaria Canaria: El consultante es un taller de reparación de mecánica, donde se realizan las actividades propias de reparación así como la venta de materiales y repuestos; plantea cómo debe repercutir el IGIC, a lo que la Agencia Tributaria Canaria responde que se trata de una ejecución de obra con consideración de prestación de servicios sujeta al IGIC y que, aunque en las facturas a emitir se diferencia entre el coste de materiales y de la mano de obra, la suma de ambos conceptos constituye la base imponible.

ración comprendida en la prestación de servicios, y recibiendo un tratamiento diferenciado en el caso de que estos repuestos hubieran sido comprados con independencia del servicio de reparación.

Para esclarecer las implicaciones de lo anterior, exponemos tres situaciones que ilustran el tratamiento tributario de los servicios técnicos.

- Venta de recambios: operación no sujeta al IPSI por constituir una entrega de bienes muebles.
- Prestación de servicio técnico, para lo que se requiere mano de obra y recambios: operación sujeta al IPSI en su totalidad, constituyendo la base imponible el importe total de la factura donde se encuentra comprendida el importe correspondiente a la mano de obra y a la adquisición de recambios, por ser la prestación de servicios la operación principal.
- Prestación de servicio técnico, para lo que se requiere mano de obra y recambios, pero es el cliente quien aporta los recambios adquiridos previamente: operación de compra de recambios no sujeta a IPSI, y operación de prestación de servicios sujeta a IPSI, constituyendo la base imponible únicamente el importe de la mano de obra.

Es precisamente la segunda situación anteriormente descrita, la que acentúa el efecto acumulativo en cascada del IPSI, pues el empresario o profesional dada la escasa actividad productiva existente adquirirá los recambios realizando una importación y ante la imposibilidad de deducir el IPSI, lo incluirá en el precio de venta del bien, que a su vez irá nuevamente sujeto a IPSI cuando realice una prestación de servicios para la que se requieran dichos recambios.

En relación con la hostelería esta diferencia también es notoria, pues su actividad puede ser catalogada como prestación de servicio o entrega de bienes dependiendo de las circunstancias en las que se produce, y donde también incide el consumo *in situ* o el reparto. De este modo, "para calificar, dentro de uno u otro concepto, las actividades que se contemplan en estos supuestos habrán de tenerse en cuenta, si lo que predomina o no, es la entrega, (en este caso de los alimentos), o si por el contrario son los servicios que van acompañados estas entregas"[114].

---

[114] DOCAVO ALBERTI, L. (2011) "Interpretación en el Impuesto del Valor Añadido (IVA) de los conceptos de entrega de bienes y de prestación de servicios en los supuestos del consumo inmediato de alimentos en lugares públicos". *Quincena fiscal,* (20). Pg. 91.

Para delimitar la actividad, calificar la operación y determinar la sujeción al IPSI debemos distinguir los siguientes supuestos, conforme a las Consultas Vinculantes V2254-22[115] y V2949-16[116], entre otras, de la DGT:

- Consumo de comidas y bebidas en el establecimiento empresarial: tienen la consideración de prestación de servicios sujeta a IPSI.
- Envío de comidas y bebidas por el establecimiento empresarial utilizando su propio personal: prestación de servicios sujeta a IPSI.
- Elaboración de comidas y bebidas para consumir fuera del establecimiento comercial: entrega de bienes no sujeta a IPSI.
- Elaboración de comidas y bebidas para consumir fuera del establecimiento comercial con servicio de reparto no gestionado por el propio establecimiento comercial: estaríamos ante una entrega de bienes no sujeta a IPSI en el primer caso, y una prestación de servicio en cuanto al reparto por empresa externa sujeta a IPSI.

3.1.1.3. Entrega de bienes inmuebles

De acuerdo con la DGT[117] «*el concepto de entrega de bienes no se refiere a la transmisión de la propiedad en las formas establecidas por el Derecho nacional aplicable, sino que incluye toda operación de transmisión de un bien corporal efectuada por una parte que faculta a la otra parte a disponer de hecho, como si ésta fuera la propietaria de dicho bien, por lo que debe considerarse "entrega de bienes" la transmisión del poder de disposición sobre un bien corporal con las facultades atribuidas a su propietario, aunque no haya transmisión de la propiedad jurídica del bien*». Conforme a lo anterior, tiene la consideración de entrega de bienes inmuebles la transmisión del poder de disposición que verse sobre bienes inmuebles[118], pues la entrega de bienes inmuebles no se limita a la transmisión de poder a través de la compraventa, sino que a los efectos del impuesto tendrán consideración de entrega de bienes inmuebles: la construcción, ejecución de obras inmobiliarias y la transmisión de dichos bienes.

---

115 Consulta Vinculante V2254-22 de la DGT. (*Tol 9299409*)

116 Consulta Vinculante V2949-16 de la DGT. (*Tol 5788608*)

117 Consulta Vinculante V1415-13 de la DGT.

118 Vid. el concepto de bienes inmuebles en el artículo 334 CC. (*Tol 220310*)

En primer lugar, tienen consideración de construcción las edificaciones, debiendo entenderse éstas de acuerdo con lo establecido en el artículo 6 LIVA: «*se considerarán edificaciones las construcciones unidas permanentemente al suelo o a otros inmuebles, efectuadas tanto sobre la superficie como en el subsuelo, que sean susceptibles de utilización autónoma e independiente*», por lo que Bastida Peydro aprecia la concurrencia de tres requisitos: existencia de una construcción, unión permanente al suelo o a otros inmuebles y posibilidad de utilización autónoma e independiente[119].

En segundo lugar, y respecto de la ejecución de obras, quien realice la aportación de materiales es especialmente relevante en el IVA, pues se establece que tendrán consideración de entrega de bienes conforme al artículo 8 de la LIVA «*Las ejecuciones de obra que tengan por objeto la construcción o rehabilitación de una edificación, en el sentido del artículo 6 de esta ley, cuando el empresario que ejecute la obra aporte una parte de los materiales utilizados, siempre que el coste de los mismos exceda del 40 por 100 de la base imponible*», y conforme al artículo 11 de la LIVA son prestaciones de servicios «*Las ejecuciones de obra que no tengan la consideración de entregas de bienes con arreglo a lo dispuesto en el artículo 8 de esta Ley*». Sin embargo, esta precisión carece de trascendencia en el IPSI, pues este último considera entrega de inmuebles toda ejecución de obra y, en consecuencia, las ejecuciones de obra que se realicen en el ámbito territorial de Ceuta y Melilla; luego tendrán consideración en cualquier caso de entrega de bienes inmuebles con independencia del valor de la aportación de los materiales. Así lo manifiesta la DGT[120] al disponer sujeta a IPSI como entrega de bienes inmuebles las ejecuciones de obra con independencia de la aportación de materiales con la que se realice. En este sentido, el concepto de entrega de bienes respecto a las ejecuciones de obra presenta mayores limitaciones en el IVA que en el IPSI, pues en el IVA estas pueden tener consideración de prestación de servicio en atención al valor de los materiales aportados, si el coste de estos resultase igual o inferior al 40%; mientras en el IPSI no se produce tal distinción, pues el propio concepto de entrega de bienes inmuebles incluye todas las ejecuciones de obra sin que remita su consideración a la LIVA.

---

119 BASTIDA PEYDRO, M. (2021) "El concepto de edificación a efectos del IVA: especial mención a los huertos solares y a las instalaciones de producción solar fotovoltaicas". *Revista de Fiscalidad Internacional y Negocios Transnacionales* (17).

120 Consulta Vinculante V1162-09 de la DGT. (*Tol 907495*)

Asimismo, no existe mención acerca de la habitualidad, por lo que comprenden el hecho imponible tanto las actividades realizadas a título habitual como ocasional, máxime cuando el concepto de empresario establecido en la LIVA y aplicable en el IPSI determina que tendrán tal consideración *«Quienes efectúen la urbanización de terrenos o la promoción, construcción o rehabilitación de edificaciones destinadas, en todos los casos, a su venta, adjudicación o cesión por cualquier título, aunque sea ocasionalmente»*. Conforme a lo anterior el TSJ de Castilla y León, Burgos[121] especifica que:

> *«la regla general es que las actividades empresariales o profesionales hayan de realizarse con habitualidad. Sin embargo, y como excepción, el propio art. 5.1 d). "Quienes efectúen la urbanización de terrenos o la promoción, construcción o rehabilitación de edificaciones destinadas, en todos los casos, a su venta, adjudicación o cesión por cualquier título, aunque sea ocasionalmente". Por consiguiente, de la literalidad del precepto se deduce, que a diferencia de lo que ocurre en la regla general, en la que la nota de habitualidad califica subjetivamente al empresario o profesional, en el supuesto del art. 5.1 d) la calificación de empresario no depende de la habitualidad, sino de la nota objetiva consistente en la realización de determinadas operaciones, y entre ellas, la urbanización, la promoción y construcción de edificaciones para su venta, aunque se realicen ocasionalmente».*

3.1.1.4. Consumo de energía

La LIPSI somete a graven única y exclusivamente el consumo de energía. La Orden HAC/1164/2019, elaborada por el Ministerio de Hacienda, donde se indica que *«por consumo de energía eléctrica se entenderá la facturada por la empresa suministradora, cuya unidad es 100 kilovatios por hora (kw/h). Cuando en la factura se distinga entre energía "activa" y "reactiva", sólo se computará la primera»*. El IPSI grava el consumo, por tanto, su tributación será proporcional al reporte de gasto de energía eléctrica dentro de la Ciudad de Ceuta o Melilla, reflejado en la factura por la empresa distribuidora, y repercutido a persona natural o jurídica, la cual deberá realizar el pago. En este sentido, el consumo de energía requiere que sea gravado en fase única por la empresa distribuidora y al tiempo del consumo.

Asimismo, se ha de tener en consideración que la LIPSI introduce una exención en sus propios términos respecto a la producción e importación de energía,

---

121 SENTENCIA DEL TRIBUNAL SUPERIOR DE JUSTICIA DE CASTILLA Y LEÓN, BURGOS, 6438/2006, de 16 diciembre de 2006, ECLI:ES:TSJCL:2006:6438.

por lo que no se va a devengar IPSI por la actividad de producción de energía y, por tanto, no es de aplicación la deducción prevista en cuanto a la importación de equipos necesarios para el desarrollo de la actividad industrial, conforme a la Sentencia del Tribunal Superior de Justicia de Andalucía[122].

Respecto a la diferencia más notoria entre IVA e IPSI es la entrega de bienes muebles, constituyendo hecho imponible del primero, pero no así del segundo salvo la producción o elaboración de bienes muebles, teniendo consideración la energía de bien mueble en el IVA, pero resultando exenta su producción en el IPSI. Recientemente la DGT[123] se ha pronunciado sobre la sujeción al IPSI por la entrega de energía previamente adquirida a la entidad distribuidora y posteriormente suministrada a usuarios finales por la consultante.

> *«respecto de las entregas de electricidad que realiza la entidad consultante a los usuarios finales, según parece inferirse del escrito de consulta, se trataría de una entrega por parte de la consultante en nombre propio a los consumidores finales de la energía eléctrica previamente adquirida a la entidad distribuidora. En estas circunstancias, debe señalarse que, de conformidad con lo dispuesto en el artículo 3, letra d), de la Ley 8/1991, trascrito anteriormente, el consumo de energía eléctrica constituye el hecho imponible del IPSI, no obstante, el mismo será gravado en fase única al tiempo de su facturación por parte de las empresas distribuidoras. Por tanto, la entrega de energía eléctrica por parte de la consultante a los consumidores finales no se encontrará sujeta al IPSI, en la medida en que la misma ya se ha encontrado gravada en la fase de su adquisición por parte de la consultante a la entidad distribuidora de la misma».*

En este sentido, apreciamos una gran diferencia respecto al IVA, pues en este impuesto estará sujeta la producción de energía eléctrica a través de placas fotovoltaicas por persona física o jurídica, cuando esta se transmite a la red recibiendo una contraprestación, pues tendrá la consideración de entrega de bienes y la condición de empresario o profesional, conforme a DGT[124]. Por el contrario, en el IPSI, la producción estaría exenta; solo se gravaría el consumo a través de la facturación por parte de las empresas distribuidoras, por lo que la operación de venta de energía eléctrica a la compañía suministradora estaría no sujeta al

---

122 SENTENCIA DEL TRIBUNAL SUPERIOR DE JUSTICIA ANDALUCÍA 3237/2004 del 14 de mayo de 2004 ECLI:ESTSJAND:2004:3237.

123 Consulta Vinculante V3331-23 de la DGT. (*Tol 9867705*)

124 Consulta Vinculante V1577-10 de la DGT. (*Tol 1964536*)

IPSI, pues no se gravan en sí las entregas de bienes, quedando fuera del ámbito de aplicación el comercio respecto a la energía.

Cuestión distinta a la anterior, será el supuesto en que una sociedad realice operaciones de compra y venta de energía eléctrica suscribiendo contratos de compra y de opción de venta sobre la energía eléctrica; los adquirentes de la opción tienen la facultad de decidir la realización o no del contrato de compraventa preconfigurado, constituyendo una prestación de servicios sujeta al IVA[125] y al IPSI, pues en este último, a pesar de especificar que se gravará el consumo de energía eléctrica y que estará exenta la actividad de producción e importación, nada menciona acerca de las prestaciones de servicio.

Es necesario precisar respecto a la energía eléctrica que, aunque la LIPSI solo grave el consumo y declare no sujeta la producción e importación, sí que estará sujeta la prestación de servicios que tenga por objeto la energía eléctrica; debiendo atender a la naturaleza del contrato y no al objeto de este, pues conforme a lo anterior, nos encontraríamos ante un contrato de comisión de venta en nombre ajeno, en que se produce una prestación de servicios del comisionista (el intermediario en la venta de energía) al comitente (quien efectúa el encargo, el productor de energía), por lo que no debemos caer en el error de considerar que, cuando el objeto del contrato venga referido a la energía eléctrica, este quedará exento de tributación, sino que dependerá de la configuración del contrato, pudiendo calificarse como entrega exenta o como prestación de servicios sujeta.

Igualmente, constituye otra cuestión controvertida la referida en la sentencia del TSJ de Madrid[126], en la que la empresa de distribución eléctrica factura un 1% de IPSI por consumo y un 4% de IPSI en concepto de peaje o de uso de la red de distribución, este último concepto es facturado al cliente final ya que la empresa distribuidora lo soporta sin posibilidad de deducción, concluyendo el TSJ que su actuación no es conforme a derecho y que solo podrá recogerse en factura en concepto de IPSI el 1%. De este modo, la práctica habitual es que aquellas cuotas soportadas no deducibles incrementen el precio de los bienes y servicios, sin que ello signifique que este permitido añadir en la factura en concepto de IPSI las cuotas soportadas y repercutir así el IPSI al consumidor final.

---

125 GASCÓN ORIVE, A. y LONGAS LAFUENTE, A. (2022) *IVA práctico*. CEF legal. Pg. 17-20.

126 SENTENCIA DEL TRIBUNAL SUPERIOR DE JUSTICIA DE MADRID, 7879/2019, de 13 de junio de 2019, ECLI: ES:TSJM:2019:7879. (*Tol 7578402*)

3.1.1.5. Los autoconsumos

La LIPSI, en ningún momento, ha señalado que las operaciones sujetas al mismo queden gravadas a título oneroso, por lo que hay que entender igualmente que, quedarán gravadas aquellas operaciones que realicen los sujetos pasivos a título gratuito. Sin embargo, en la LIVA constituyen el hecho imponible las operaciones a título oneroso, aunque ello no implica que las operaciones realizadas a título gratuito no queden sujetas, pues determinadas entregas de bienes y prestaciones de servicios realizadas a título gratuito se asimilan a las realizadas a título oneroso y, por ello, serán objeto de gravamen; son los denominados autoconsumos de bienes y autoconsumos de servicios.

Falcon y Tella[127] entiende que en el IVA los autoconsumos constituyen una excepcionalidad, para la que no basta el carácter gratuito, sino que además es necesario que los bienes y servicios se destinen a una finalidad ajena a la actividad empresarial o profesional, y conforme al TEAC los autoconsumos externos tratan de evitar que haya consumos que se queden sin tributar en el IVA, ya que sin esta figura del autoconsumo se quedarían sin tributar las entregas; mientras que los autoconsumos internos, lo que se busca es evitar la indebida deducción de determinadas cuotas soportadas[128].

A su vez, se distinguen entre los autoconsumos internos y externos en atención a la titularidad última de los bienes o servicios. En este sentido el autoconsumo es externo cuando se produce la salida sin contraprestación de objetos o elementos de la actividad para el propio uso del sujeto pasivo o para un tercero, y será interno en la utilización de objetos o elementos de la actividad en inversiones propias o en otros sectores de la actividad. Resultarán sujetas al IVA los autoconsumo internos y externos de bienes y solo los externos en las prestaciones de servicios.

Por último, respecto a los autoconsumos en el IPSI, afirmamos que su inclusión se debe a la ausencia de mención al título por el que quedan gravadas estas operaciones, pues a pesar de que el IPSI no menciona explícitamente los supuestos de autoconsumo, estos deben entenderse gravados. La remisión de la

---

127 FALCON Y TELLA, R. (2007) "La nueva regulación del autoconsumo externo de servicios (art. 12.3º LIVA) y la necesidad de una interpretación paralela en el ámbito del autoconsumo externo de bienes (art. 9.2.b)". *Revista Quincena Fiscal*, (1).

128 DOCTRINA DEL TRIBUNAL ECONÓMICO ADMINISTRATIVO CENTRAL, resolución: 00/00961/2019/00/00, DEL 18 DE DICIEMBRE DE 2019.

LIPSI a la LIVA en las prestaciones de servicio[129] indudablemente comprende el concepto de prestación de servicio, pero a su vez podría suponer la inclusión de las operaciones asimiladas a la prestación de servicio, los autoconsumos. La ambigüedad en cuanto a la remisión de la normativa del IPSI al IVA se hace presente frente a la poca claridad de qué debe entenderse por prestación de servicios y el riesgo que supone la integración analógica y, por consiguiente, la extensión del hecho imponible a supuestos no previstos por la propia norma. Sin embargo, atendiendo a la literalidad del precepto y a la restricción con la que debe interpretarse, la remisión debe comprender el concepto de prestación de servicios y no otro, pues la LIVA no considera los autoconsumos una prestación de servicios en sí, sino que equipara su consideración.

En definitiva, los autoconsumos quedaran gravados conforme al IPSI por la realización del hecho imponible con independencia del título por el que se realice, ante la falta de especificación del carácter oneroso o gratuito de la entrega de bienes o prestación de servicios que constituye el hecho imponible en el IPSI. La inclusión de los autoconsumos en el IPSI en sus propios términos y no por remisión al IVA implica diferencias entre estos en cuanto al hecho imponible, pues el IVA establece distinciones entre los autoconsumos internos y externos en atención a la titularidad última de los bienes o servicios, gravando el autoconsumo interno y externo de bienes, pero solo el externo de las prestaciones de servicios. En cambio, de la redacción del IPSI se deduce que quedan sujetos los autoconsumos internos y externos tanto de bienes como de servicios al quedar sujetas todas las operaciones realizadas en su ámbito territorial con independencia del título por el que se realicen.

3.1.2. IMPORTACIONES

La LIPSI sujeta a gravamen la importación de toda clase de bienes muebles corporales. El hecho imponible se entiende realizado con independencia del sujeto que lo desarrolle, es indiferente si se trata de empresario o profesional actuando como tal o de particular, así como el carácter con el que se realice la operación, habitual u ocasional, y el titulo oneroso o lucrativo.

---

129 Vid. Art. 3.c) de la LIPSI «*Las prestaciones de servicios efectuadas por empresarios o profesionales que actúen en el ejercicio de su actividad, en los términos previstos en la normativa del Impuesto sobre el Valor Añadido, salvo que tales operaciones se consideren de producción o elaboración de bienes en los términos previstos en la letra a) anterior*».

Además, también se considera importación, la autorización para el consumo de los bienes que se encuentren en cualquiera de los regímenes especiales siguientes: tránsito, importación temporal, depósitos, perfeccionamiento activo y pasivo y transformación bajo control aduanero. En palabras de Gascón Orive "La entrada de bienes en el territorio de aplicación no produce hecho importación cuando se coloquen en las anteriores áreas o se vinculen a los citados regímenes y que la importación se produce cuando los bienes salgan de las áreas o abandonen los regímenes... la salida de las áreas o el abandono de los regímenes ha de ser en el territorio de aplicación del impuesto para que se produzca la importación. Por tanto, si se efectúa fuera de dicho territorio no se producirá el hecho imponible"[130]. Conforme a lo anterior la DGT[131] mantiene que cuando un bien se vincule desde su entrada en el territorio a los regímenes de tránsito, importación temporal, depósito, perfeccionamiento o transformación, la importación se producirá cuando el bien abandone los anteriores regímenes en el territorio de aplicación del impuesto, es por ello que la importación se producirá con la salida de estos regímenes y autorización para su consumo.

Estos regímenes especiales incluyen:

- Tránsito: Permite el movimiento de mercancías entre dos puntos de un territorio
- Importación Temporal: Facilita la entrada de mercancías al territorio para ser utilizadas durante un periodo limitado, con la condición de que sean reexportadas sin haber sido modificadas. Se entiende por reexportación la salida del territorio de mercancías que no tienen la condición de mercancías propias del territorio[132].
- Depósitos: Permite almacenar mercancías hasta que sean retiradas para su consumo, reexportación o colocación bajo otro régimen aduanero.
- Transformación: Este régimen permite que las mercancías importadas sean transformadas bajo supervisión aduanera antes de su liberación para el consumo ya sea a la exportación o para consumo interno, con el objeti-

130 GASCÓN ORIVE, A. (1993) "El nuevo Impuesto sobre el Valor Añadido: las importaciones". *Revista De Contabilidad Y Tributación. CEF*, (123). Pg. 123.

131 Consulta no Vinculante 0001-99 de la DGT.

132 CASANA MERINO, F. (2017) *La aplicación de los tributos en la importación y exportación de mercancías*. Dykinson. Pg. 33.

vo de cumplir con ciertos criterios de producción o para obtener productos finales específicos.

- Perfeccionamiento Activo: Autoriza la importación de mercancías para ser transformadas, elaboradas o reparadas y luego exportadas.
- Perfeccionamiento Pasivo: Permite exportar temporalmente mercancías para ser transformadas, elaboradas o reparadas fuera del territorio y luego reimportar los productos resultantes.

En cuanto al perfeccionamiento activo y pasivo, Bonet Marco[133] subraya que son estrategias para equilibrar la balanza comercial. Por un lado, el perfeccionamiento activo busca impulsar las exportaciones al proporcionar a las empresas locales acceso a materias primas y semimanufacturadas en condiciones competitivas, similar a las de los países productores. Por otro lado, el perfeccionamiento pasivo se enfoca en limitar las importaciones permitiendo enviar mercancías al extranjero para su mejora o transformación mediante procesos no disponibles o más económicos fuera, importando posteriormente el producto final con solo el valor añadido. Asimismo, el tráfico de perfeccionamiento pasivo se identifica como el régimen aduanero que autoriza la exportación temporal de mercancías en libre circulación dentro del territorio aduanero. El objetivo es llevar estas mercancías al extranjero para su transformación, elaboración o reparación, para luego reimportarlas disfrutando de una exención total o parcial de los derechos e impuestos que normalmente se aplicarían a la importación.

El hecho imponible se produce por la mera entrada, también con independencia de las circunstancias en la que esta se produzca. Esto significa que cualquier bien que entre en este territorio está sujeto a IPSI, sin importar el propósito de la importación, quién la realice o en qué condiciones se lleve a cabo. El hecho imponible de la importación no depende de la naturaleza comercial o no comercial de la transacción, ni de la condición del importador, ya sea una empresa, un autónomo o un particular. La obligación de declarar y pagar el IPSI surge en el momento en que los bienes entran en el territorio de aplicación del impuesto, sin que existan supuestos de no sujeción. Asimismo, las mercancías que se importen a Ceuta o Melilla pueden entrar por cuatro vías diferentes: terrestre, marítima, aérea y postal.

133 BONET MARCO, E. (1980) "Concepto y ámbito de la unión aduanera". *Documentación administrativa*, (185). Pgs. 369-370.

3.2. NO SUJECIONES

A través de la norma, el legislador ha excluido expresamente del hecho imponible una serie de supuestos. Esta delimitación constituye un mecanismo más en la determinación del hecho imponible, si bien pudiéramos considerar el hecho imponible como la delimitación positiva del impuesto, la no sujeción vendría a completarla a través de una delimitación negativa, en la que se encuadrarían aquellos supuestos que no encuentran cabida dentro del hecho imponible y que, por tanto, no originarán el nacimiento de la obligación tributaria. La delimitación negativa del hecho imponible se realiza a través de la remisión de la LIPSI a la LIVA, contemplada en su artículo 7 por la que se establece que «*No estarán sujetas al impuesto las operaciones a las que se refiere el artículo 7 de la Ley 37/1992, de 28 de diciembre del Impuesto sobre el Valor Añadido*».

Estas operaciones no sujetas contempladas en el IVA y por extensión en el IPSI son las siguientes:

A. «*La transmisión de un conjunto de elementos corporales y, en su caso, incorporales que formen parte del patrimonio empresarial o profesional del sujeto pasivo, siempre y cuando constituyan o sean susceptibles de constituir una unidad económica autónoma capaz de desarrollar una actividad empresarial o profesional por sus propios medios*».

Este tratamiento fiscal tiene como objetivo facilitar la transmisión de negocios al no considerarla como una venta de bienes individualizados, sino como la transferencia de una entidad operativa. Esta no sujeción requiere de autonomía de la unidad económica transferida, es decir, su capacidad para continuar operando como un negocio sin necesidad de aportaciones significativas por parte del comprador, enfocándose en que la transmisión de negocio se realiza como un todo, incluyendo tanto elementos materiales como inmateriales. Conforme a la DGT[134] «*La valoración de los requisitos de unidad económica autónoma debe realizarse en sede del transmitente, y ello con independencia que, tras la transmisión, en sede del adquirente, pudiera existir una unidad económica autónoma. Por tanto, la aplicación del supuesto de no sujeción exige que el conjunto de los elementos transmitidos por cada sociedad sean suficientes para permitir desarrollar una actividad económica autónoma en sede del transmitente*».

---

134 Consulta Vinculante V0663/20 de la DGT. (*Tol 8132270*)

La transmisión permita la continuación de la actividad económica de manera autónoma, no implica la transmisión de todos los elementos, pero sí implica que la falta de transmisión de elementos (incluso personales)[135] que afecte a la autonomía no darán lugar a la no sujeción, sino a una la mera cesión de bienes o derechos, dado que el adquirente no podrá continuar de manera inmediata dicha actividad y por ende no se beneficiaría de esta no sujeción y constituyendo una entrega de bienes. Esta no sujeción es también conocida como la transmisión del negocio en marcha.

La transmisión de negocio en marcha no implica necesariamente que deba transmitirse el inmueble, siendo necesario «*analizar si el inmueble en cuestión es necesario para el desarrollo de una actividad económica, conjuntamente con el resto de los elementos transmitidos, atendiendo a la naturaleza de la actividad y a las características propias del inmueble*»[136]. Además, la DGT[137] sostiene que aun determinada la necesidad de la transmisión del bien inmueble, esta puede sustituirse por un contrato de arrendamiento o incluso, ni ser necesario lo anterior, si el adquirente dispone de un inmueble apropiado para el ejercicio de la actividad.

Conforme al *TJUE*[138] «*constituye la transmisión de una universalidad total o parcial de bienes, en el sentido de esta disposición, la transmisión al cesionario de la propiedad de las existencias y del equipamiento comercial de un comercio minorista, concomitante al arrendamiento de los locales del citado comercio por tiempo indefinido, pero que puede resolverse a corto plazo por las dos partes, siempre que los bienes transmitidos sean suficientes para que el citado cesionario pueda continuar de manera duradera una actividad económica autónoma*». Por tanto, aun cuando el inmueble sea necesario para el desarrollo de una actividad económica, no se requerirá la transmisión de este si se arrienda al adquirente de forma duradera.

Como ya habíamos mencionado anteriormente, IVA e IPSI se diferenciaban del ITPO en la condición del sujeto pasivo que realiza la transmisión, siendo requerida la condición de empresario o profesional para los mencionados im-

---

135 TRIBUNAL ECONÓMICO ADMINISTRATIVO CENTRAL, resolución: 00/05260/2020/00/00, del 21 de noviembre de 2022.

136 Consulta Vinculante V0175/20 de la DGT. (*Tol 8131787*)

137 Consulta Vinculante V3460/19 de la DGT. (*Tol 8742482*)

138 SENTENCIA DEL TRIBUNAL DE JUSTICIA, de 10 de noviembre de 2011. En el asunto C-444/10 ECLI:EU:C:2011:724. (*Tol 9917707*)

puestos al consumo. Sin embargo, que dicha transmisión resulte no sujeta en estos impuestos va a implicar el devengo del ITPO conforme a su artículo 7.5, el cual dispone que «*quedarán sujetas las entregas de aquellos inmuebles que estén incluidos en la transmisión de un patrimonio empresarial o profesional, cuando por las circunstancias concurrentes la transmisión de este patrimonio no quede sujeta al Impuesto sobre el Valor Añadido*».

Así pues, si bien esta no sujeción en el IVA es beneficiosa por impedir la transmisión individual del conjunto de bienes muebles e inmuebles, si los hubiera, al tipo del 21%, debemos tener presente que el hecho imponible del IPSI es más reducido y solo tributarían los bienes inmuebles, si los hubiera, y al tipo del 4%, establecido en las respectivas Ordenanzas Fiscales de Ceuta y Melilla. Asimismo, la operancia de esta no sujeción y la consiguiente sujeción a ITPO, va a implicar en la Península y Baleares que el conjunto de bienes muebles e inmuebles, si los hubiera, no tributen en el IVA al tipo del 21% sino que lo hagan en el ITPO al tipo del 6%; en cambio en Ceuta y Melilla supone que no tribute en el IPSI únicamente los bienes inmuebles del conjunto de bienes al tipo del 4% sino que tributen el conjunto de bienes muebles e inmuebles al tipo del 3%, por la bonificación existente del 50%, resaltar que de no existir dicha bonificación lo anterior implicaría un mayor gravamen de esta transmisión en el ITPO respecto al IPSI. Lo anterior se traduce en que esta transmisión del negocio en marcha con diferencia resulta menos onerosa en la Península y Baleares, y no así en Ceuta y Melilla, donde no se aprecia gran diferencia en cuanto a los tipos impositivos, y además computaran en la base imponible del ITPO el conjunto de bienes muebles (no sujetos a IPSI) y de los bienes inmuebles si los hubiera.

B. «*Las entregas gratuitas de muestras de mercancías sin valor comercial estimable, con fines de promoción de las actividades empresariales o profesionales*», «*las prestaciones de servicios de demostración a título gratuito efectuadas para la promoción de las actividades empresariales o profesionales*» *y* «*Las entregas sin contraprestación de impresos u objetos de carácter publicitario*».

"La gratuidad en la entrega, junto con su escasa entidad económica —en términos legales, mercancías «*sin valor comercial estimable*», objetos publicitarios que «*carezcan de valor comercial intrínseco*»—, caracterizan así este tipo de operaciones destinadas a promocionar, publicitar y dar a conocer la actividad de producción o distribución del sujeto pasivo. Insistimos, la concurrencia de estos tres requisitos resulta fundamental, de modo que la entrega de un bien cuyo valor pueda entenderse inestimable estará sujeta siempre que su finalidad evidente no sea la promoción de la actividad del sujeto pasivo"[139].

Sin embargo, las anteriores disposiciones referentes a las entregas de bienes no tienen efectos en la normativa del IPSI por no constituir la entrega de bienes muebles hecho imponible en el IPSI, con la salvedad de la actividad de producción o elaboración de bienes muebles cuyo devengo se produce con la entrega del bien, en cuyo caso sí que operaría en el IPSI la no sujeción de estas entregas gratuitas sin valor comercial.

Aunque el IPSI remite a la Ley del IVA en materia de no sujeción incluyendo algunas entregas de bienes, es importante destacar que muchas de las disposiciones del IVA no serán aplicables al IPSI. Esto se debe a diferencias estructurales entre ambos impuestos. Así pues, ciertas disposiciones del IVA no se trasladan directamente al IPSI o no tienen incidencia en este. Pese a contemplarse las mismas no sujeciones en el IVA e IPSI por remisión, el IVA abarca un mayor número de operaciones no sujetas al no ser algunas de estas directamente aplicables en el IPSI, lo que se traduce en un menor número de no sujeciones en este impuesto.

C. *«Los servicios prestados por personas físicas en régimen de dependencia derivado de relaciones administrativas o laborales, incluidas en estas últimas las de carácter especial» y «Los servicios prestados a las cooperativas de trabajo asociado por los socios de las mismas y los prestados a las demás cooperativas por sus socios de trabajo.*

Es precisamente la ajenidad que reviste a este tipo de relacionales la determinante de que no tengan a consideración de empresarios o profesionales a efectos del IVA y del IPSI, pues carecen de la independencia que requiere esta condición y dado que se realizan actividades por cuenta ajena y no verdaderas actividades económicas de manera independiente, las operaciones que realizan no constituyen hechos imponibles para el IVA ni para el IPSI. En consecuencia, los servicios que prestan como parte de su empleo no están sujetos a este impuesto.

Las consultas vinculantes V2741-17[140] y V0048-18[141] matizan al respecto que *«lo que determina que una prestación de servicios realizada por una persona*

---

139 ARRANZ DE ANDRÉS, C. (2013) "Descuentos, promociones y sistemas de fidelización de la clientela en el IVA" *Quincena fiscal*, (14).

140 Consulta Vinculante V2741-17 de la DGT. (*Tol 6507170*)

141 Consulta Vinculante V0048-18 de la DGT. (*Tol 7159113*)

física se encuentre sujeta al Impuesto sobre el Valor Añadido es que sea prestada por cuenta propia, razón por la cual el artículo 7 en sus apartados 5º y 6º de su Ley reguladora dispone que no estarán sujetos al Impuesto», haciendo referencia a los servicios prestados por personas físicas en régimen de dependencia derivado de relaciones administrativas o laborales, incluidas en estas últimas las de carácter especial y a los servicios prestados a las cooperativas de trabajo asociado por los socios de las mismas y los prestados a las demás cooperativas por sus socios de trabajo.

D. El autoconsumo de bienes y servicios siempre que el sujeto pasivo no haya tenido derecho a la deducción total o parcial de la cuota soportada al realizar la adquisición o importación del bien transmitido[142].

Como hemos mencionado anteriormente y a modo de síntesis, el IVA grava las operaciones las entregas de bienes y prestaciones realizadas a título oneroso, sin perjuicio de algunas realizada a título gratuito resulten asemejadas, los denominados autoconsumos internos y externos de bienes y autoconsumos externos de servicios. Sin embargo, el IPSI grava las operaciones realizadas a título oneroso y gratuito, es decir, además de los mencionados autoconsumos anteriores también se deberían de entender por incluidas en el hecho imponible las prestaciones de servicios realizadas a título gratuito para fines internos, es decir prestados por y para la propia empresa, es decir, los autoconsumos internos de servicios.

La no sujeción que se contempla en la LIVA afecta a los autoconsumos internos y externos de bienes y autoconsumos externos de servicios que no generen derecho a deducción. Pues esta no sujeción se realiza remitiendo a preceptos concretos de la LIVA en la que se regulan los mencionados autoconsumos. Esta no sujeción resulta de especial trascendencia en el IPSI al ser un impuesto generalmente no deducible, salvo en lo que respecta a las cuotas soportadas por la

---

[142] Vid. Art. 7.7º de la LIVA. Estarán exentas «*Las operaciones previstas en el artículo 9, número 1.º y en el artículo 12, números 1.º y 2.º de esta Ley, siempre que no se hubiese atribuido al sujeto pasivo el derecho a efectuar la deducción total o parcial del Impuesto sobre el Valor Añadido efectivamente soportado con ocasión de la adquisición o importación de los bienes o de sus elementos componentes que sean objeto de dichas operaciones. Tampoco estarán sujetas al impuesto las operaciones a que se refiere el artículo 12, número 3.º de esta Ley cuando el sujeto pasivo se limite a prestar el mismo servicio recibido de terceros y no se le hubiera atribuido el derecho a deducir total o parcialmente el Impuesto sobre el Valor Añadido efectivamente soportado en la recepción de dicho servicio*».

adquisición e importación de bienes muebles que se incorporen al proceso de producción o elaboración de bienes muebles. Lo anterior, implica que en el IPSI el número de supuestos no sujetos resulte superior respecto al IVA.

Sin embargo, cabe plantearse en qué situación quedan los autoconsumos internos de servicios sujetos a IPSI y no IVA, razón por la cual la LIVA al delimitar los supuestos no sujetos no necesita excluir a los autoconsumos de servicios internos, pues no constituyen para el IVA hecho imponible, y no así para el IPSI. En este sentido, los supuestos de no sujeción en el IVA que se refieren a los autoconsumos deben entenderse en sus propios términos, atendiendo a lo que la LIVA considera por autoconsumo, es decir, las entregas de bienes a título gratuito internas y externas y las prestaciones de servicios a título gratuito externas, no siendo extensible a los autoconsumos internos de servicios. En materia tributaria, la integración analógica resulta contraria a derecho y la interpretación analógica se utiliza con restricciones, especialmente en lo que respecta a posibles beneficios fiscales. El TSJ del País Vasco[143] mantiene que «*se apuesta por la interpretación rigurosa tanto de los requisitos materiales como de los formales en materia de beneficios tributarios, en función de su afectación al principio constitucional de la generalidad en el sostenimiento de las cargas públicas*». El TSJ de Andalucía[144] sostiene la prohibición de interpretación analógica que vaya más allá de los términos de la exención.

A nuestro juicio, en el IPSI resulta desmesurado, a la vez que incongruente, que un servicio prestado quede no sujeto cuando se realiza para tercero y sujeto cuando se realiza en beneficio de la propia empresa. Sin embargo, hasta la fecha, no existe pronunciamiento por la DGT ni jurisprudencia sobre los autoconsumos en materia de IPSI, por lo que nos acogemos a lo resaltado en el párrafo anterior.

En virtud de los expuesto, se subraya que el intento de asimilar el IPSI al IVA puede llevar a distorsiones en la regulación del primero, debido a que se tiende a regular el IPSI con base en las normas y estructura del IVA, sin considerar las diferencias entre ambos y pasando por alto las características y efectos económicos del IPSI. De este modo, consideramos imperativo la inclusión de la no sujeción,

---

143 SENTENCIA DEL TRIBUNAL SUPERIOR DE JUSTICIA DEL PAÍS VASCO 3772/2003, del 3 de Octubre ECLI:ES:TSJPV:2003:3772.

144 SENTENCIA DEL TRIBUNAL SUPERIOR DE JUSTICIA DE ANDALUCÍA 746/2000, de 19 de enero del 2000. ECLI:ES:TSJAND:2000:746.

como delimitación negativa del hecho imponible, a las prestaciones de servicios internas, que, si bien no constituyen hecho imponible en el IVA, si lo hacen en el IPSI y por ende, la remisión de las no sujeciones no atiende a las necesidades específicas del IPSI.

E. «*Las entregas de bienes y prestaciones de servicios realizadas por la Administración sin contraprestación o mediante contraprestación de naturaleza tributaria*».

"Hemos de tener en cuenta que las actividades realizadas por los Entes públicos son de muy diversa índole en el régimen de aplicación tributaria, en el que por una parte, nos encontramos con entregas, y prestaciones de servicios ofrecidas por el ente en el desarrollo de la función pública, que como autoridad puede ejercer y, por otro lado, nos encontramos con otro tipo de actividades en las que dicho ente compite con los particulares, no actuando por tanto como Ente público, sino más bien, como empresario o profesional y, por último, nos encontramos con aquellas actividades que con independencia de todo lo anteriormente expuesto, por el mero hecho de estar reguladas mediante ley, el hecho imponible realizado por el Ente público se encuentra como sujeto o no sujeto al IVA"[145].

Si bien, el artículo 7.8 de la LIVA en su redacción casi inicial excluía de la no sujeción «*cuando los referidos entes actúen por medio de empresa pública, privada, mixta o, en general, de empresas mercantiles*». Fernández Pavés[146], ya señalaba que para la determinación de la sujeción o no "lo realmente determinante es si la realizan como autoridad o ejerciendo funciones públicas o por el contrario bajo la condición de empresario o profesional a efectos de la Directiva-IVA. Sin embargo, para el artículo 7.8 LIVA esto último no se tiene en cuenta, pues al revestir forma mercantil ya directamente quedan excluidas de la no sujeción sin excepción alguna, aunque queden sometidas al Derecho público en su actuación". Si bien, esta exclusión ha sido ya superada, dada la supresión de la anterior

---

145 MOYA-ANGELER PÉREZ-MATEOS, M. y PORTILLO NAVARRO, M. J. (2011) "La prestación del servicio público por parte del ente local a efectos de la Ley 37/1992, del IVA". *Crónica tributaria*, (138), pg. 82-83.

146 FERNÁNDEZ PAVÉS, M. J. (2015) "Propuestas de mejora en la regulación de la no sujeción al IVA de las Entidades Locales al hilo de la reforma del sistema tributario español. En Encuentro de derecho financiero y tributario" La reforma del sistema tributario español 3º EDICIÓN. Instituto de Estudios Fiscales. Pg. 64.

redacción, resultará relevante en cuanto a la próxima no sujeción objeto de estudio referente a las concesiones y autorizaciones administrativas.

Fernández Pavés[147] distingue dos criterios respecto a la no sujeción de actuación de la Administración: la naturaleza del sujeto que realiza la actividad (criterio subjetivo) y la manera en que se presta el servicio (criterio objetivo). De este modo, debemos entender no sujetas cuando las entregas de bienes y prestaciones de servicios se realizan por alguna Administración pública, aunque estas Administraciones no realicen materialmente el servicio, se considera que cumplen con el criterio si el servicio se presta a través de herramientas, instrumentos, medios propios personificados, o entidades del sector público que dependan de ella.

F. Las concesiones y autorizaciones administrativas excepto las relativas a puertos, aeropuertos y vías ferroviarias.

"La administración, en un primer momento, consideró sujetas al IVA las entregas de bienes y prestaciones de servicios realizadas por los entes públicos locales en el ejercicio de una actividad empresarial o profesional, mediante contraprestación consistente en un precio público. Según esta interpretación ello no ocurría si la «contraprestación» presentaba naturaleza tributaria (normalmente una tasa), o las operaciones fueran realizadas al margen o con independencia de dichas actividades empresariales. Sin embargo, se reconocía que el hecho de que la contraprestación consistiera en un precio público «no es un criterio valido para determinar automáticamente el carácter empresarial de la actividad y, por tanto, la sujeción al impuesto de dichas operaciones"[148]. Este criterio administrativo ha estado tan arraigado desde la introducción del IVA en nuestro país, que la propia Ley 8/1989, de 13 de abril, de Tasas y Precios Públicos, al exigir por una concesión administrativa un precio público en lugar de una tasa, tuvo que incorporar (en su disposición adicional octava) al ámbito de la no sujeción en el IVA «*la constitución de concesiones y autorizaciones administrativas, excepto las que tengan por objeto la cesión del derecho a utilizar inmuebles o instalaciones en puertos y aeropuertos*». Tal era el convencimiento de que, en caso contrario, la

147 FERNÁNDEZ PAVÉS, M. J. (2021) "Análisis de la permanente problemática sobre la no sujeción de las Administraciones públicas al IVA"; *Quincena Fiscal*, (7).

148 MARTÍN FERNÁNDEZ, J. (2006) "Los entes locales como sujetos pasivos del impuesto sobre el valor añadido: una visión general". *Crónica tributaria*, (118). Pg. 70-71.

mutación del recurso llevaba aparejada, inevitablemente, la sujeción al impuesto de las concesiones"[149].

Una concesión administrativa es una acción mediante la cual una Administración otorga el derecho a utilizar servicios públicos o utilizar bienes del dominio público en condiciones específicas y por un período de tiempo limitado. Esta actividad se considera un acto de autoridad pública y no una prestación de servicios o entrega de bienes en el sentido económico del IVA, de ahí la no sujeción a este. Sin embargo, la operación de un puerto está sujeta al IVA porque, a diferencia de la propia concesión, que es un acto de autoridad pública, la operación de un puerto está relacionada con el desempeño económico. De igual modo y por idénticos fundamentos la no sujeción tampoco se extiende a las concesiones administrativas de aeropuertos y vías ferroviarias.

G. *«las operaciones realizadas por las comunidades de regantes para la ordenación y aprovechamiento de las aguas»*.

El Real Decreto Legislativo 1/2001, de 20 de julio, por el que se aprueba el texto refundido de la Ley de Aguas define las operaciones realizadas por las comunidades de regantes para la ordenación y aprovechamiento de las aguas como *«Los usuarios del agua y otros bienes del dominio público hidráulico de una misma toma o concesión deberán constituirse en comunidades de usuarios. Cuando el destino dado a las aguas fuese principalmente el riego, se denominarán comunidades de regantes; en otro caso, las comunidades recibirán el calificativo que caracterice el destino del aprovechamiento colectivo»*. De este modo, la no sujeción a IVA e IPSI de dichas operaciones *«es un supuesto puntual y específico que implica la no sujeción de las operaciones efectuadas exclusivamente por la Comunidades de Regantes, y no por otro tipo de comunidades o entidades»*[150].

En una de sus sentencias el TS[151] concluye que *«cualesquiera operaciones que realice una comunidad de regantes distintas de aquellas en la que puede entenderse que ejerce una función pública, esto es, diferentes de la ordenación y aprovechamien-*

---

149 MARTÍN FERNÁNDEZ, J. (2005) "Los entes locales como sujetos pasivos del impuesto sobre el valor añadido: una visión general". *Instituto de estudios fiscales*, (18). Pg. 14.

150 Consulta Vinculante V0024-14 de la DGT. (*Tol 4118121*)

151 SENTENCIA DEL TRIBUNAL SUPREMO 3967/2011 del 13 de junio de 2011 ECLI:ES:TS:2011:3967.

to de las aguas que le han sido concedidas en favor de los comuneros, han de reputarse sujetas al impuesto sobre el valor añadido» por el contrario la no sujeción a IVA y a IPSI requiere la cualidad de organismo público, y el ejercicio de la actividad en condición de autoridad pública, lo que subraya la falta de la condición de empresario o profesional para la realización del hecho imponible.

H. Las entregas de dinero a título de contraprestación o pago.

Especial mención merecen las tarjetas regalo, pues «*lo que realmente se está entregando* es un medio de pago de los bienes y servicios»[152]. Existiendo excepciones a lo anterior y siendo la sentencia del TJUE[153] la que desglosa los elementos claves de la sujeción:

- «*El devengo del impuesto se produce, y el impuesto se hace exigible, en el momento en que se efectúa la entrega de bienes o la prestación de servicios*» *y* «*por consiguiente, el IVA puede ser exigible en el momento o después del devengo, pero, salvo disposición contraria, no antes*».
- «*Están sujetas al IVA las entregas de bienes y las prestaciones de servicios y no los pagos efectuados como contraprestación de éstas*», «*a fortiori, no pueden estar sujetos al IVA los pagos anticipados por entregas de bienes o prestaciones de servicios que todavía no estén claramente identificados*».
- Como excepción a lo anterior señala a «*las entregas de bienes o las prestaciones de servicios que originen pagos anticipados a cuenta, anteriores a la entrega o a la prestación de servicios*», en cuyo caso «*la exigibilidad del IVA procederá sin que se haya efectuado la entrega o la prestación de servicios. Para que el impuesto pueda ser exigible en esa situación, es preciso que ya se conozcan todos los elementos relevantes del devengo, esto es, de la futura entrega o prestación*».

De igual modo, "un bono es un instrumento que se acepta como contraprestación total o parcial de una entrega de bienes o de una prestación de servicios. A este respecto se ha de diferenciar entre bonos univalentes (aquellos respecto de los cuales se conoce el lugar de la entrega de los bienes o de la prestación de los servicios a los que se refiere el bono y la cuota del IVA devengada por

---

152 Consulta Vinculante V0397-08 de la DGT. (*Tol 2453692*)

153 SENTENCIA DEL TRIBUNAL DE JUSTICIA (Gran Sala) de 21 de febrero de 2006.Asunto C-419/02.

dichos bienes o servicios) y bonos polivalentes (cualquier bono que no sea un bono univalente)"[154]. Por su parte, el TEAC[155] concluye que las tarjetas regalo canjeables en la Península o Ceuta y Melilla, no están sujetos a IVA ante la falta de concreción del lugar donde se adquirirán los bienes y servicios.

En definitiva, las tarjetas regalo se clasifican en univalentes y polivalentes, con distintas implicaciones. Las tarjetas univalentes, permiten la compra de productos específicos o de productos que tienen el mismo tipo impositivo y solo pueden usarse en la Península y Baleares y llevan el IVA incluido desde el momento de la venta. Esto se debe a que el tipo de gravamen aplicable ya es conocido. Por otro lado, las tarjetas polivalentes, aplicables a una variedad de productos con diferentes tipos impositivos o en múltiples países o territorios como Ceuta, Melilla y Canarias, no incluyen el impuesto en el momento de la venta. En este caso, el impuesto se aplica cuando el titular de la tarjeta realiza una compra, ya que es el momento en que se define el producto específico y, por lo tanto, el impuesto y tipo impositivo correspondiente. Y viceversa respecto al IPSI.

3.3. EXENCIONES

3.3.1. OPERACIONES INTERIORES

Las exenciones del IPSI se regulan por las mismas disposiciones que se contienen sobre esta materia en la LIVA, por remisión específica del artículo 7 LIPSI. Sin embargo, el STSJ[156] dispone que «*la asimilación del régimen de exenciones, tanto en operaciones interiores como en las exportaciones o en las importaciones de bienes, a lo preceptuado en la legislación común del Impuesto sobre el Valor Añadido, que establece el art. 1° del Real Decreto-Ley 14/1996 al modificar los arts. 7, 8 y 9 de la Ley de Creación del Impuesto de 1991, en absoluto puede significar una mimética equiparación entre unas y otras exenciones tan pronto se observen las diferencias...*», por lo que no todas las operaciones exentas en el IVA

---

154 CALVO VÉRGEZ, J. "La fiscalidad de los bonos univalentes y polivalentes en el Impuesto sobre el Valor Añadido". *Revista de Fiscalidad Internacional y Negocios Transnacionales*, (23). 2023.

155 TRIBUNAL ECONÓMICO ADMINISTRATIVO CENTRAL, resolución: 00/00390/2016/00/00, de 18 de diciembre de 2019.

156 SENTENCIA DEL TRIBUNAL SUPERIOR DE JUSTICIA 1379/2007, del 29 de marzo de 2007 ECLI:ES:TSJAND:2007:1379.

resultan plenamente aplicables en el IPSI, y aunque para el IVA algunas actividades puedan quedar exentas no significa que reciban el mismo tratamiento en el IPSI, produciéndose efectos contrapuestos en ambos impuestos, los cuales nos corresponde analizar:

En primer lugar y respecto a la actividad de producción o elaboración de bienes muebles, esta actividad constituye explícitamente hecho imponible del IPSI, no así del IVA. Además, la LIPSI equipara el tratamiento tributario que recibe la producción o elaboración de bienes muebles y la importación, por lo que si una de estas actividades resultara exenta también lo hará la otra actividad[157]. Conforme a lo anterior, la LIPSI declara exenta tanto la producción como importación de energía eléctrica, gravándose únicamente su consumo[158]. En este contexto, cabe destacar el pronunciamiento del Tribunal Superior de Justicia de Andalucía[159] en la que la parte actora sostenía el perjuicio que se derivaba de la exención de esta, en cuanto que ello implicaba la imposibilidad de deducción de las cuotas soportadas por la adquisición de bienes para el funcionamiento, mantenimiento y reparación de la planta eléctrica productora de energía, por no tratarse de actividad sujeta a IPSI la producción de energía, llegando a sostener que ello implicaba una exacción de efecto equivalente, sin embargo, el Tribunal Superior de Justicia resolvió manteniendo que producción e importación se hallaban exentos por igual, sin que de ello se derivase discriminación alguna, y que solo quedaría sujeta la importación de estos elementos adquiridos para el funcionamiento, mantenimiento y reparación, en las mismas condiciones que para cualquier otra empresa, apreciando que lo verdaderamente discutido constituía el derecho a la deducibilidad, siendo la ausencia de este conforme a derecho de acuerdo con la normativa del IPSI.

En segundo lugar y respecto a la actividad comercial, el IVA declara exentas determinadas entregas de bienes muebles, sin embargo, para el IPSI estas transacciones no constituyen hecho imponible del impuesto, salvo que se realice por el productor o fabricante, por lo que no es que se exima del cumplimiento de la obligación tributaria a la actividad comercial, sino que no se entiende realizado el hecho imponible.

157 Vid. Art. 9 LIPSI.

158 Vid. Art. 3.d) LIPSI.

159 Op. Cit. SENTENCIA DEL TRIBUNAL SUPERIOR DE JUSTICIA 1379/2007.

Por último, en cuanto a la entrega de bienes inmuebles, el hecho imponible se produce por la entrega de dichos bienes, actividad que abarca tanto la construcción, ejecución de obras, rehabilitación y transmisión de bienes inmuebles, con independencia de la naturaleza de los terrenos (suelo urbano, urbanizable o rústico), realizadas por empresario o profesional. No obstante, algunas de estas operaciones resultarán exentas en el IVA y por extensión en el IPSI, siendo posible renunciar a tal exención en el IVA, pero no así en el IPSI. En este contexto destacamos:

- La transmisión de terrenos por parte de un empresario o profesional se concibe como una actividad susceptible de tributación bajo el IVA y el IPSI. No obstante, es pertinente señalar que dicha actividad puede hallarse exenta de tributación, en función de la naturaleza específica del suelo en cuestión. Los terrenos edificables están sujetos a IVA o IPSI, aquellos terrenos de carácter rústico y no edificables gozan de una exención, si bien existen excepciones relevantes a tener en cuenta pues la exención no abarca los terrenos no edificables urbanizados o en curso de urbanización, así como los edificados[160].
- La primera transmisión de bienes inmuebles está sujeta a IVA o IPSI, y cuando la transacción se realiza por un promotor[161]. Sin embargo, la ley declara exentas las segundas y ulteriores transmisiones de bienes inmuebles, pese a que dichas operaciones se entiendan igualmente realizadas por persona empresario o profesional de acuerdo con la LIVA[162].

Las exenciones de las transmisiones inmobiliarias mencionadas anteriormente de IVA y por consiguiente de IPSI, van a implicar la sujeción de dichas transmisiones al ITPO puesto que «*quedarán sujetos a dicho concepto impositivo las entregas o arrendamientos de bienes inmuebles, así como la constitución y transmisión de derechos reales de uso y disfrute que recaigan sobre los mismos, cuando gocen de exención en*

---

160 Vid. Art, 20.Uno 20º de la LIVA. (*Tol 224743*)

161 La persona física se transforma en promotor a efectos fiscales si el objetivo final es la venta, adjudicación o cesión del inmueble, pues el artículo 5 de la LIVA atribuye la condición de empresario o profesional a quienes realizan actividades de urbanización, promoción, construcción o rehabilitación de edificaciones destinadas a la venta, adjudicación o cesión, aunque sea de manera ocasional.

162 Vid. Art. 20.Uno.22º LIVA. (*Tol 224743*)

el Impuesto sobre el Valor Añadido»[163]. Sin embargo, se contempla la posibilidad de renuncia de las anteriores exenciones en dos supuestos[164]. Para hacer efectiva la renuncia se requiere que el adquirente tenga condición de empresario y profesional y que pueda deducirse las cuotas soportadas por la adquisición del bien o que realice actividades que generen derecho a deducción. De este modo, La renuncia de estas exenciones implicará la aplicación del IVA o IPSI frente al ITPO.

La posibilidad de renuncia es concedida en el IVA y en el IPSI, pero en la práctica se hace casi inoperable en el IPSI. El primer supuesto que posibilita la renuncia de esta exención es que las cuotas sean deducibles, sin embargo "las cuotas de IPSI soportadas en las transmisiones de inmuebles no son deducibles. Al no ser deducibles nunca se cumpliría el requisito"[165]. El segundo supuesto que posibilita la renuncia de la exención es que el sujeto pasivo realice actividades que generen derecho a deducción, lo cual en el IPSI se limita a la actividad de producción o elaboración de bienes muebles. Así, en el IPSI solo podría renunciarse a esta exención conforme a la segunda posibilidad concedida. No obstante, aun cuando fuera posible la renuncia a la exención del IPSI en favor del ITPO, la ausencia del derecho a deducir de aquel impuesto no hace interesante su aplicación dados los tipos impositivos, 4% en el IPSI y 3% ITPO[166], por lo que dada la configuración del IPSI y la ausencia de derecho de deducción con carácter general, "pocos querrían renunciar a la exención, ya que la cuota de IPSI soportada como consecuencia de la renuncia no podría ser deducida"[167].

3.3.2. A LA EXPORTACIÓN

En cuanto a las exportaciones definitivas, la LIVA declara exenta toda exportación definitiva, lo cual incluye las realizadas en régimen comercial y por los via-

163 Vid. Art. 7.5 ITPO. (*Tol 224742*)

164 Vid. Art. 20.Dos de la LIVA. (*Tol 224743*)

165 CUATRECASAS. *Guía para invertir en Ceuta. 2011.* Disponible en https://procesa.es/wp-content/uploads/2019/12/7.1-gpiec_es1.pdf Pg. 50 (fecha de ultima consulta 21 de febrero de 2024).

166 MORÓN PÉREZ, M. D. C. (2017) "La financiación de las Ciudades Autónomas: la demandada reforma del impuesto sobre la producción, los servicios y la importación". *La reforma de la financiación territorial.* Tirant lo Blanch. Pg. 557.

167 Op. Cit. CUATRECASAS. (2011). Pg. 93.

jeros. Sin embargo, en la LIPSI solo resultan exentas las exportaciones definitivas en régimen comercial. Adicionalmente, la LIPSI introduce dos restricciones respecto a la exención por exportaciones definitivas en régimen comercial, una en atención al destino, y otra respecto al carácter de la exportación. Igualmente, tanto la LIVA como la LIPSI declaran exentas las operaciones asimiladas a las exportaciones.

En consonancia con lo anterior y respecto a las exenciones en las exportaciones establecidas en la LIPSI y sus restricciones realizamos las siguientes consideraciones. Por un lado, la exportación definitiva implica la salida del territorio de aplicación del impuesto hacia cualquier otro destino, Sin embargo, la LIPSI excluye de la exención las exportaciones que tengan por destino tiendas libres de impuestos, así como las destinadas a su venta en medios de transporte que realicen su travesía entre las Ciudades Autónomas o entre estas y la Península. Por otro lado, la LIPSI especifica que la exportación definitiva debe hacerse en régimen comercial, es decir, que se realice dentro del marco de una actividad económica o empresarial, por lo que debe haber una transacción comercial detrás de la exportación de los bienes. La especificidad del régimen comercial excluye cualquier posibilidad de establecer un régimen de viajeros, siendo esta otra diferencia respecto al IVA, pues en este último las compras realizadas por viajeros pueden estar sujetas a devolución del impuesto bajo ciertas condiciones.

En definitiva, tres son los requisitos que exige la LIPSI para que la exportación resulte exenta: que la exportación sea definitiva, lo que excluye cualquier exportación de carácter temporal; que se realice como consecuencia de una transacción comercial; y que no sea realizada a las tiendas libres de impuestos ni a buques y aeronaves que conecten las Ciudades entre sí o con el resto del territorio español, mientras el IVA considera exenta cualquier exportación definitiva, el IPSI no. De este modo, la exención por exportación definitiva en el IPSI se muestra más restrictiva y requiere del cumplimiento de los anteriores requisitos mencionados a diferencia de la LIVA que considera exenta cualquier exportación definitiva.

En algunos de los supuestos de la exención por exportación definitiva, esta no opera a la llegada de la mercancía sino posteriormente, por lo que será común que se devengue IPSI a la importación por la introducción de las mercancías, y posteriormente cuando se produzca la efectiva exportación será cuando la operación se declare exenta y se proceda a la devolución de las cuotas soportadas si corresponde.

Asimismo, la LIPSI declara exentas las operaciones asimiladas a las exportaciones contempladas en la LIVA, por las que no se va a producir el hecho imponible a la importación[168]. Las operaciones asimiladas a las exportaciones comprenden operaciones respecto a determinados medios de transporte como las entregas, reparaciones, y mantenimientos en buques para navegación marítima internacional en actividades comerciales de transporte, salvamento, asistencia marítima, pesca costera y buques de guerra, también de aeronaves de navegación internacional y utilizadas por entidades públicas, lo que excluye los anteriores medios de transporte cuando sean arrendados para fines privados[169]. Además, se extenderá a los objetos que se encuentren a bordo afectos a su actividad, así como el suministro de provisiones o bienes necesarios para el sostenimiento y operación de una embarcación. Igualmente, comprenderá las prestaciones de servicios para atender sus necesidades y destinadas al cargamento. Asimismo, se incluyen las entregas de bienes y prestaciones de servicios en el marco de relaciones diplomáticas y organismos internaciones, fuerzas armadas y transportes de viajeros.

3.3.3. A LA IMPORTACIÓN

Se reconoce la exención a la importación en los siguientes términos: por un lado, las importaciones exentas en el IPSI serán las mismas que en el IVA, y, por otro lado, si en el IPSI resulta exenta una actividad de producción o elaboración de bienes muebles también resultará exenta su importación[170], evitando discriminaciones entre la producción y la importación y asegurando el cumplimiento del derecho de la Unión. Además, la LIPSI, en sus propios términos, contempla como exenta la producción e importación de energía eléctrica, gravando solo su consumo en fase única[171].

La LIVA declara exentas las importaciones de bienes cuya entrega interior estuviese exenta del impuesto, las importaciones de bienes personales por traslado

---

168 Vid. Consulta Vinculante V0029-18 de la DGT. (*Tol 7159089*)

169 SENTENCIA DEL TRIBUNAL DE JUSTICIA, de 22 de diciembre de 2010. En el asunto C-116/10, ECLI:EU:C:2010:824, (*Tol 9917637*), y TRIBUNAL ECONÓMICO ADMINISTRATIVO CENTRAL, resolución 00/05353/2015/00/00, de 25 de octubre de 2018.

170 Vid. Art. 9 LIPSI.

171 Vid. Art. 3.d) LIPSI.

de residencia habitual, para amueblamiento de vivienda secundaria, por razón de matrimonio, por causa de herencia, las efectuadas por estudiantes, importaciones de pequeños envíos, importaciones de bienes con ocasión del traslado de la sede de actividad, bienes obtenidos por productores agrícolas o ganaderos en tierras situadas en terceros países, importaciones de animales de laboratorio y sustancias biológicas y químicas destinados a la investigación, importaciones de sustancias terapéuticas de origen humano y de reactivos para la determinación de los grupos sanguíneos y de los tejidos humanos, Importaciones de sustancias de referencia para el control de calidad de los medicamentos, importaciones de productos farmacéuticos utilizados con ocasión de competiciones deportivas internacionales, importaciones de bienes destinados a organismos caritativos o filantrópicos, Importaciones de bienes en beneficio de personas con minusvalía o de víctimas de catástrofes, importaciones de bienes efectuadas en el marco de ciertas relaciones internacionales, importaciones de bienes con fines de promoción comercial, importaciones de bienes para ser objeto de exámenes, análisis o ensayos, importaciones de determinados documentos, importaciones de objetos de colección o de arte, importaciones de materiales para el acondicionamiento y protección de mercancías, Importaciones de ataúdes, materiales y objetos para cementerios, reimportaciones de bienes, las importaciones de bienes que se vinculen al régimen de depósito distinto del aduanero y las importaciones de bienes en régimen de viajeros, entre otros[172].

Las anteriores importaciones quedarán exentas en el IVA y por ende en el IPSI, aunque respecto a este último impuesto merecen especial atención las siguientes exenciones a la importación: la de bienes cuya entrega resulte exenta, la efectuada viajeros y la que tenga por objeto la reimportación.

En primer lugar, respecto a las importaciones de bienes cuya entrega interior estuviese exenta del impuesto, la DGT subraya como requisito para la exención a la importación que su entrega ulterior resulte exenta[173], y además afirma que cuando la entrega de bienes resulte exenta en el IVA, las importaciones en el IPSI resultarán exentas[174].

En segundo lugar, en cuanto a la exención por importación relativa a los viajeros, en la LIVA resulta exenta la importación realizada por estos que no supe-

---

[172] Vid. Art. 27 al 67 de la LIVA. (*Tol 224743*)

[173] Consulta Vinculante V0014-98 de la DGT.

[174] Consulta Vinculante V1428-22 de la DGT. (*Tol 10240385*)

ren los 300€ vía terrestre y 430€ vía marítima o aérea, con carácter general[175]. En cambio, la LIPSI habilita a las Ordenanzas Fiscales para establecer una cuantía no superior a la LIVA ni inferior a 90,15€, estableciéndose en la de Ceuta la cuantía de 90,15 para las importaciones realizadas por viajeros por vía terrestre y marítima, en cambio en Melilla resultarán exentas las cuantías de 100 € por vía marítima y área y 300€ por vía terrestre.

Por último, destacamos la exención por reimportación de bienes, pues «*Estarán exentas del impuesto las reimportaciones de bienes en el mismo estado en que fueran exportados previamente, cuando se efectúen por quien los hubiese exportado y se beneficien, asimismo, de la exención de los derechos de importación*»[176] y que ha sido desarrollada en el Reglamento IVA, exceptuando de esta exenciones aquellos bienes que hayan sido entregados fuera de la Comunidad, es decir, en Ceuta o Melilla, entre otros. Aunque las respuestas dadas por la DGT[177] sobre este aspecto resulten vagas y se limiten a reproducir la legislación, apreciamos que la exención por reimportación de bienes no es aplicable en el IPSI, pues la remisión que la LIPSI hace es que se entenderán exentos los bienes en los mismos términos que en la LIVA y la exención a la reimportación de la LIVA solo produce efectos intracomunitarios al excluir las entregas fuera de la Comunidad, por lo que no podemos entender que esta disposición sea aplicable al IPSI al estar sus territorios excluidos de la Comunidad.

3.3.4. REGÍMENES ESPECIALES

Se declaran exentas «*las importaciones de bienes, en las ciudades de Ceuta y Melilla, que se realicen al amparo de los regímenes especiales de tránsito, importación temporal, depósito, perfeccionamiento activo, perfeccionamiento pasivo y transformación bajo control aduanero, en la forma y con los requisitos que reglamentariamente se establezcan*»[178]. Así la regulación de este régimen especial de importación se hace depender de lo dispuesto por las respectivas Ordenanzas Fiscales de Ceuta y Melilla, pues estos regímenes especiales introducen una con-

---

175 Vid. Art. 35 LIVA. (*Tol 224743*)

176 Vid. Art. 63 de LIVA (*Tol 224743*)

177 Consulta vinculante V1053-19 de la DGT. (*Tol 779592*)

178 Vid. Art. 10 LIPSI

dición suspensiva, lo que significa que la exención está condicionada a ciertas condiciones o requisitos para su aplicación efectiva

La Ordenanza fiscal de Ceuta, impone los siguientes requisitos para el disfrute de dicha exención: presentación de la documentación acreditativa de los bienes, justificación del plazo en el que los bienes importados permanecerán en este régimen especial, declaración de las operaciones que se pretenden realizara respecto a los bienes, respecto al proceso de transformación se requerirá información acerca de los bienes que se emplearan en especial si se trata de bienes que hayan resultado exentos, y respecto a las operaciones de tránsito o depósito se requerirá información de las condiciones.

La Ordenanza fiscal de Melilla, contempla los siguientes requisitos que atienden al régimen especial de importación.

- Transformación y perfeccionamiento: el importador presentara solicitud indicando el plazo en el que prevé realizar estas actividades, y las autoridades aduaneras fijarán el plazo dentro del cual se deberán realizar. Se concede además la posibilidad de una prórroga previa solicitud razonada. Cuando se despachan productos transformados a libre práctica en Melilla, se puede generar una deuda aduanera. Para calcular esta deuda, el solicitante del régimen tiene la opción de liquidar la deuda basándose en los derechos aduaneros que se aplicarían a las mercancías originales incluidas en el régimen o, alternativamente, utilizar los derechos aplicables a los productos transformados. En el caso de que la deuda aduanera se origine por productos transformados bajo el régimen de perfeccionamiento pasivo o por productos de sustitución, el cálculo de los derechos de importación se realizará teniendo en cuenta el coste de la operación de transformación efectuada fuera de Melilla.
- Importaciones temporales y en depósito, la aceptación de la solicitud presentada por el importador implicará la exención durante el plazo de un año, pasado el cual se entenderá devengado e impuesto sin derecho a devolución de las cuotas soportados por exportación definitiva de mercancías. Sin embargo, se contempla la posibilidad de solicitar hasta tres prorrogas de carácter anual, por lo que la mercancía podrá permanecer en estos regímenes hasta cuatro años.

En cualquier caso, los importadores en estos regímenes en Ceuta y Melilla deberán presentar garantía por la cuota que se hubiera devengado con la importación en situaciones normales. Sin embargo, los bienes cuando abandonen estos regímenes especiales podrán tener por destino la respectiva Ciudad Autónoma de Ceuta o Melilla donde se encuentren, lo que recibirá el tratamiento de importación, o un territorio distinto, lo que se calificará como exportación, conforme a la DGT:

> *«los bienes abandonan los mencionados depósitos como consecuencia de una entrega con destino a territorios terceros (incluido Canarias) o a otros Estados miembros de la Comunidad, debe entenderse que no se produce el hecho imponible operación asimilada a la importación en la medida en que se realizan las referidas entregas, por cuanto que la salida del depósito no puede calificarse simultáneamente de importación y de exportación o de entrega con destino a otro Estado miembro de la Comunidad, debiendo prevalecer esta última calificación que es la que responde al destino real de los bienes. De esta forma, la salida de un depósito aduanero de bienes objeto de una entrega con destino a países terceros o a otros Estados miembros de la Comunidad constituye una operación exenta, por aplicación del artículo 21 o del artículo 25 de la Ley 37/1992, según proceda»*[179].

Adicionalmente, la Ordenanza Fiscal de Melilla ha introducido un régimen especial de exportación, sin que la ley contenga menciona alguna acerca de la posibilidad de configurar un régimen especial respecto a la exportación, lo cual consideramos que vulnera el principio de reserva de ley, pues produce una exención parcial por la reimportación de mercancías, a la vez que introduce un nuevo método de valoración de estas a la reimportación que afecta a la base imponible. Este régimen especial tiene por finalidad permitir la salida temporal de determinados bienes previamente importados a la Ciudad de Melilla, específicamente para aquellos casos en los que es necesario enviar los bienes fuera de Melilla por motivos relacionados con la atención de garantía o reparaciones. Para llevar a cabo estas exportaciones temporales afectadas por la reimportación futura, es necesario registrar la solicitud de exportación temporal, con identificación de la factura y DUA que en su día se presentó para la importación. Además, se contempla que este régimen especial se concederá durante el plazo de un año, transcurrido el cual, la reimportación devengará IPSI como si se tratase de una nueva entrada. Cuando se produzca la reimportación en plazo inferior al año, se presentará la hoja que exceptuaba la reimportación, y se procederá al abono del IPSI que en este caso constituirá la base imponible el valor de reparación con mano de obra y materiales empleados.

179 Consulta Vinculante V0044-06 de la DGT. (*Tol 3291656*)

Capítulo 4

ÁMBITO TERRITORIAL Y TEMPORAL

4.1. LUGAR DE REALIZACIÓN DEL HECHO IMPONIBLE

El ámbito de aplicación del IPSI está limitado, siendo este impuesto de aplicación únicamente en los territorios de Ceuta y Melilla con las diferencias que pudieran devenir de la aprobación de sus respectivas Ordenanzas Fiscales. De este modo, solo resultarán sujetas a este impuesto las operaciones que se entiendan realizadas en el ámbito territorial de Ceuta o Melilla, es decir, las entregas efectuadas por el productor o fabricante realizadas en dicho territorio, así como las importaciones a estas ciudades; la entrega de bienes inmuebles que radiquen en estos territorios; el consumo de energía realizado en Ceuta y Melilla y las prestaciones de servicio cuando se localicen en el ámbito territorial de las Ciudades Autónomas conforme a la aplicación de las reglas de localización previstas en el IVA.

Los criterios establecidos en la LIVA, norma a la que se remite respecto del lugar de realización del hecho imponible, se encuentran recogidos en los artículos 68 al 70, objeto de múltiples modificaciones. Es de vital importancia la localización del hecho imponible a efectos de determinar la sujeción al impuesto, cuestión que se acentúa en el caso de que el receptor de los bienes y servicios se encuentren en distinto paraje que el del vendedor de los bienes o prestador de los servicios; por ello la AEAT pone a disposición de todos los contribuyentes una herramienta[180] que facilita la aplicación de los artículos 68 a 70 en sencillos pasos, a través de un breve cuestionario con selección de las opciones disponibles referidas al objeto, localización del prestador y vendedor, y condición y localización del destinatario o comprador, entre otros; facilitando información sobre donde se localiza la entrega de un bien, si está sujeta o exenta del IVA, quién debe declarar el Impuesto devengado en la operación o cómo se declara en caso de no

180 Herramienta de localización del hecho imponible disponible en el siguiente enlace de la Agencia Tributaria: https://sede.agenciatributaria.gob.es/Sede/ayuda/manuales-videos-folletos/manuales-practicos/manual-iva-2021/capitulo-1-novedades-destacar-2021/localizador.html

estar sujeta o exenta en el territorio de aplicación del impuesto español y si en factura se debe repercutir o no dicho impuesto. Son numerosos los pronunciamientos de la DGT[181] que remiten a dicha herramienta, con objeto de descongestionar sus servicios y facilitar el cumplimiento de las obligaciones tributarias. La anterior herramienta constituye un gran avance por parte de la AEAT, gracias a su contribución a la simplificación a efectos de la localización del hecho imponible y, por ende, de conocer las obligaciones tributarias del contribuyente. A pesar de que esta herramienta se enfoque en la localización del impuesto a efectos del IVA, igualmente es de gran ayuda para el IPSI por exclusión, pues si el hecho imponible en relaciones IVA-IPSI no se entiende localizado en territorio IVA, lo hará en territorio IPSI.

Antes de abordar los criterios para determinar la ubicación donde se realiza el hecho imponible, es necesario examinar ciertos aspectos para la interpretación y aplicación efectiva de las normas de localización:

- Se debe considerar la naturaleza de la operación sujeta, ya que las reglas aplicables pueden variar según el tipo de operación, por lo que en primer lugar se debe definir la naturaleza jurídico-tributaria de la transacción sujeta al impuesto.
- Es esencial definir el lugar de origen y destino, entendiendo estos términos como la ubicación desde la cual el vendedor o prestador realiza la acción y hacia dónde se dirige, ya sea el comprador o prestatario. Esto requiere distinguir entre Estado miembro, Ceuta y Melilla, o el resto del mundo.
- La condición de los participantes en las transacciones también es un factor relevante, pues es necesario determinar si actúan como empresarios o profesionales, o si están involucrados como particulares. De este modo, en lo sucesivo cuando hablemos de relaciones *Business to Business* (en adelante B2B) deberemos entender por "B" al empresario o profesional que actúa como tal; y en las relaciones *Business to Customer* (en adelante B2C) deberemos entender igualmente a "B" como el empresario o profesional que actúa como tal y a "C" como el consumidor final, incluido el empresario o profesional que no actúa como tal.

181 Entre las cuales destacamos la Consulta Vinculante V1682-21 de la DGT. (*Tol 8502206*)

4.1.1. PRODUCCIÓN O ELABORACIÓN DE BIENES MUEBLES

La producción de bienes quedará sujeta al IPSI cuando la actividad productiva o de fabricación se desarrolle en el ámbito de aplicación territorial del mencionado impuesto, es decir, en Ceuta y Melilla, en cuyo caso, esta operación quedará gravada en el momento en que se ponga a disposición de los adquirentes, por tanto, con la entrega de estos bienes. La actividad productiva con posterior entrega quedará gravada conforme al IPSI cuando la entrega se realice en alguna de las Ciudades Autónomas, pues cuando se realice en la Península y Baleares tendrá la consideración de exportación. Resultará de aplicación para la determinación del lugar de realización del hecho imponible lo previsto en el IVA respecto a la entrega de bienes muebles.

4.1.2. ENTREGA DE BIENES

Respecto a las entregas de bienes muebles recordemos que el IPSI no grava la entrega de bienes muebles, salvo que sea satisfecha por el productor o fabricante pero que, en cualquier caso, la actividad sujeta sería la producción o fabricación. No obstante, es conveniente analizar el lugar de realización del hecho imponible, a efectos de delimitar el ámbito territorial donde tiene lugar tal operación y, por consiguiente, la aplicación de la normativa del IVA o del IPSI, tomando en consideración que las entregas que se realicen entre los ámbitos territoriales de estos impuestos recibirán la calificación de importación y exportación.

El criterio general respecto a la determinación del lugar en el que se produce la entrega de bienes, es decir, el lugar donde se produce la puesta a disposición del bien. En este sentido, los bienes que se hallen en Ceuta o Melilla y sean entregados en estos territorios, se localizan en el ámbito territorial del IPSI, es decir, Ceuta y Melilla, aunque no constituyan hecho imponible de este impuesto el comercio mayorista ni minorista, si la producción o elaboración de bienes cuyo devengo se produce con la entrega de los bienes. Por el contrario, si los bienes se hallan en la Península o Baleares y son entregados en estos territorios, se localizan en el ámbito territorial del IVA, el cual grava la actividad comercial en general.

Asimismo, las entregas que requieran transporte entre la Península o Baleares y las Ciudades Autónomas, o viceversa, se localizarán igualmente en el ámbito territorial donde se realice la adquisición, apreciando lo dispuesto respecto a las importaciones y exportaciones. De este modo, las entregas de bienes realizadas desde Ceuta o Melilla a la Península constituyen exportaciones definitivas y por tanto exentas en el IPSI, sin perjuicio de que con la efectiva entrada de los bienes en la Península o Baleares, se devengue IVA por la importación y por las sucesivas entregas que tengan lugar en su ámbito territorial. En cambio, las entregas de bienes realizadas desde la Península o Baleares a las Ciudades Autónomas de Ceuta o Melilla, quedarán igualmente exentas de IVA por la exportación definitiva, devengándose el IPSI a la importación, pero no por las sucesivas entregas que tengan lugar en Ceuta o Melilla.

Conforme a lo anterior, se resume en este cuadro la localización de las entregas de bienes:

Localización de la entrega de bienes.

Operación	Vendedor	Destinatario	IVA/IPSI
Entrega de bienes muebles.	*En la Península/ Baleares.*	*En la Península/ Baleares.*	*IVA (sujeta y gravada).*
Entrega de bienes muebles.	*En Ceuta/ Melilla.*	*En Ceuta/ Melilla.*	*IPSI (no grava la entrega de bienes salvo la efectuada por productor o fabricante).*
Entrega de bienes muebles.	*En la Península/ Baleares.*	*En Ceuta/ Melilla.*	*IVA (exportación exenta) IPSI (a la importación).*
Entrega de bienes muebles.	*En Ceuta/ Melilla.*	*En la Península/ Baleares.*	*IPSI (exportación exenta) IVA (a la importación y por las ulteriores entregas).*

Fuente: Elaboración propia.

4.1.3. PRESTACIÓN DE SERVICIOS

La prestación de servicios es una operación gravada tanto en el IVA como en el IPSI, por lo que se debe establecer la sujeción a uno u a otro en función de las reglas de localización. Indica Bas Soria[182] la dificultad en la localización de la prestación de los servicios, ya que no existe una verificabilidad del desplaza-

182 BAS SORIA, J. (2009) "El proyecto de modificación de las reglas de localización de las prestaciones de servicios en el IVA". *Revista de Contabilidad y Tributación. CEF*, (74). Pg. 72-73.

miento, pudiendo situarse el prestador en un territorio y consumirse en otro sin necesidad de traslado del objeto de la prestación, por lo que será necesario "ligar el consumo de un servicio a un territorio, prescindiendo en muchos casos de otros lugares relacionados con el prestador o el prestatario distintos de aquel que opera como punto de conexión".

Conforme a la regla general, en las relaciones B2B los servicios se entenderán prestados donde se halle el destinatario, es decir, en destino. Por ejemplo, en el supuesto en que un empresario o profesional en el ejercicio de su actividad desarrollada en la Península o Baleares preste sus servicios a otro empresario o profesional que actúe como tal en Ceuta o Melilla, se entenderá que la actividad está sujeta al IPSI, y a la inversa respecto al IVA. En las relaciones B2C el lugar de realización del hecho imponible vendrá determinado por el prestador de los servicios, es decir, la prestación se localiza en origen. Conforme a lo anterior, si la prestación de servicios se realiza por un empresario o profesional cuya actividad principal se desarrolla en Ceuta o Melilla y presta servicios a consumidores o empresarios que no actúan como tal situados en la Península o Baleares, les será de aplicación el IPSI.

La DGT simplifica la regla general de localización de la prestación de servicios anterior disponiendo que:

> *«Los servicios se entenderán realizados en territorio de aplicación del Impuesto cuando el destinatario tenga la condición de empresario o profesional actuando como tal, y tenga su sede de actividad económica o un establecimiento permanente en dicho territorio; así como, cuando el destinatario no fuera un empresario o profesional actuando como tal, siempre que el prestador esté establecido en territorio de aplicación del Impuesto sobre el Valor Añadido»*[183].

En suma, las prestaciones de servicio como regla general se entenderán localizadas en destino en las relaciones B2B y en origen en las relaciones B2C.

No obstante, se establecen excepciones respecto a lo anterior, en el artículo 69.dos LIVA, pues algunas prestaciones de servicios, en las relaciones B2C no se entenderán realizadas donde el destinatario tenga su residencia habitual o domicilio si está fuera de la Comunidad, son las de cesión y concesión de derechos de autor, patentes licencias, marcas de fábrica o comerciales y los demás derechos de propiedad intelectual o industrial, así como cualesquiera otros de-

183 Consulta Vinculante V0035-22 de la DGT. (*Tol 8918688*)

rechos similares, cesiones o concesiones o fondos de comercio, de exclusivas de compra o venta o del derecho a ejercer una actividad profesional, de publicidad, de asesoramiento, auditoría, ingeniería, gabinete de estudios, abogacía, consultores, expertos contables o fiscales y otros similares, de tratamiento de datos y el suministro de informaciones, incluidos los procedimientos y experiencias de carácter comercial, de traducción, corrección o composición de textos, así como los prestados por intérpretes, de seguro, reaseguro y capitalización, así como los servicios financieros, de cesión de personal, doblaje de películas, arrendamiento de bienes muebles corporales y obligaciones de no prestar, total o parcialmente cualquiera de los anteriores servicios.

Recordemos que Ceuta y Melilla no forman parte de la Comunidad a efectos del IVA, pero esta excepción del artículo 69.dos LIVA no les será de aplicación en las relaciones por mandato expreso, de manera que, en lo referente a estas actividades, el lugar de realización del hecho imponible para los destinatarios domiciliados o con residencia habitual en Ceuta o Melilla, continuará localizándose en la sede del prestador, es decir, en origen. En el precitado artículo, Ceuta y Melilla recibirán por excepción el mismo tratamiento que la Comunidad.

Se exponen de manera simplificada la regla general respecto a las relaciones entre el IVA e IPSI en cuanto a las prestaciones de servicio en el siguiente cuadro:

Localización de las prestaciones de servicio, regla general.

Operación	Prestador	Destinatario	IVA/ IPSI
Prestación de servicios (Relación B2B).	*En la Península/ Baleares.*	*En Ceuta/ Melilla.*	*IPSI.*
Prestación de servicios (Relación B2B).	*En Ceuta/ Melilla.*	*En la Península/ Baleares.*	*IVA.*
Prestación de servicios (Relación B2C).	*En la Península/ Baleares.*	*En Ceuta/ Melilla.*	*IVA.*
Prestación de servicios (Relación B2C).	*En Ceuta/ Melilla.*	*En la Península/ Baleares.*	*IPSI.*

Fuente: Elaboración propia.

Por su parte, el artículo 70 de la LIVA establece reglas especiales en cuanto a la localización de determinadas prestaciones de servicios:

A. Los servicios relacionados con inmuebles

Se entenderán prestados donde radique el inmueble; a tales efectos la LIVA mencionan algunos de ellos[184], sin que deba entenderse una lista *numerus clausus*, quedando abierta la posibilidad de inclusión de otras prestaciones de servicio que guarden relación con los bienes inmuebles. Por ello, cuando estas operaciones estén vinculadas a un inmueble sito en Melilla o Ceuta, les será de aplicación lo dispuesto en la normativa del IPSI.

La DGT declara sujetas al IPSI las operaciones consistentes en el estudio de patologías de estado estructural de edificios realizados en Ceuta y Melilla por prestador establecido en la Península[185]; también estarán sujetas al IPSI las ejecuciones de obra, cuando estas tengan la consideración de prestación de servicios realizadas en las Ciudades Autónomas, por radicar el inmueble en ellas, con independencia de que el prestador del servicio se encuentre en la Península o Baleares y haya suscrito contrato, a su vez, con una entidad mercantil con establecimiento permanente en la Península o Baleares[186]; y los servicios jurídicos o de asesoramiento que guarden relación con un inmueble[187].

B. Los de transporte

El lugar de realización del hecho imponible será la Ciudad Autónoma por la parte del trayecto que realicen en ella[188], con independencia de que el transporte sea de bienes o pasajeros y de relaciones B2B o B2C[189]. La

184 Vid. Art 70.uno. 1º de la LIVA. (*Tol 224743*)

185 Consulta Vinculante V0184-11 de la DGT. (*Tol 2059526*)

186 Op. Cit. Consulta Vinculante V1162-09 de la DGT. (*Tol 907495*)

187 Consulta Vinculante V0564-06 de la DGT. (*Tol 3292189*)

188 Vid. Art. 70.uno.2 de la LIVA. (*Tol 224743*) «*Se entenderán localizados en el ámbito de aplicación del impuesto «los de transporte que se citan a continuación, por la parte de trayecto que discurra por el territorio de aplicación del Impuesto tal y como éste se define en el artículo 3 de esta Ley: a) Los de transporte de pasajeros, cualquiera que sea su destinatario. b) Los de transporte de bienes distintos de los referidos en el artículo 72 de esta Ley cuyo destinatario no sea un empresario o profesional actuando como tal*».

189 El IVA a diferencia del IPSI, contempla excepciones respecto al transporte de bienes en relaciones B2C estipuladas en el artículo 72 LIVA. De este modo a efectos del IVA cuando el transporte se realice dentro de la Comunidad, la prestación de servicios se

DGT[190] se refiere al supuesto de agencias de viajes adjudicatarias de contratos, que prestan servicios que incluyen la gestión y emisión de billetes de transporte de los empleados públicos en ferry y helicóptero, y manifiesta que estarán sujetas a IVA por la parte del trayecto realizado en el territorio, por lo que esta actividad estará sujeta pero exenta conforme al artículo 22.Trece de la Ley 37/1992; pero en cuanto a la actividad de gestión y emisión de billetes, se estará a lo dispuesto en las reglas generales analizadas anteriormente.

C. *El acceso a manifestaciones culturales, artísticas, deportivas, científicas, educativas, recreativas o similares, como las ferias y exposiciones, y los servicios accesorios al mismo en relaciones B2B*

El hecho imponible se entenderá realizado en el territorio donde tenga lugar el evento[191]. De esta manera, la regla general B2B, localizaba las operaciones en destino y en las relaciones B2C en origen. Sin embargo, esta regla especial de localización añade una nueva localización a tener en cuenta, pues de este modo se entenderán localizadas en el ámbito de IVA o IPSI los eventos que tengan en sus respectivos ámbitos territoriales en las relaciones B2B, con independencia de la localización del prestador y destinatario. Así pues, un evento en la Península y Baleares o Ceuta y Melilla estará sujeto a IVA o IPSI respectivamente.

D. *Servicios prestados por vía electrónica, telecomunicaciones, radiodifusión y televisión en las relaciones B2C*

Dispone el artículo 70. Uno.4º del IVA que se entenderá localizada en su ámbito de aplicación si coincide con la residencia o domicilio habitual del destinatario y:

---

localizará en origen. No siendo esto de aplicación en el IPSI al no pertenecer a la Comunidad a efectos del IVA.

190 Consulta Vinculante V0035-22 de la DGT. (*Tol 8918688*)

191 Vid. Art. 70.uno.3º de la LIVA (*Tol 224743*). Se entenderá localizado en el ámbito de aplicación del impuesto «*el acceso a manifestaciones culturales, artísticas, deportivas, científicas, educativas, recreativas o similares, como las ferias y exposiciones, y los servicios accesorios al mismo, siempre que su destinatario sea un empresario o profesional actuando como tal y dichas manifestaciones tengan lugar efectivamente en el citado territorio*».

«a) cuando concurran los siguientes requisitos:
a') que sean efectuados por un empresario o profesional que actúe como tal establecido únicamente en otro Estado miembro por tener en el mismo la sede de su actividad económica, o su único establecimiento o establecimientos permanentes en la Comunidad, o, en su defecto, el lugar de su domicilio permanente o residencia habitual; y
b') que se haya superado el límite previsto en el artículo 73[192] *de esta Ley o que se haya ejercitado la opción de tributación en destino prevista en dicho artículo.*
b) Que sean efectuados por un empresario o profesional que actúe como tal distinto de los referidos en la letra a') de la letra a) anterior».

La regla general localizaba estas operaciones en origen, la regla especial de localización traslada el lugar de realización del hecho imponible al destino previo cumplimiento de condicionantes. Así para el IVA se entenderán localizadas en destino los servicios prestados por vía electrónica, telecomunicaciones, radiodifusión y televisión, siempre y cuando el destinatario del servicio sea un particular con domicilio o residencia habitual en este, y a excepción de que sea empresario o profesional que actúe únicamente en otro Estado miembro y no haya superado el límite de 10.000 euros ni ejercitado la opción de tributación en destino, en cuyo caso se entenderá realizado el hecho imponible en origen conforme al artículo 70.uno.8º:

«Los prestados por vía electrónica, de telecomunicaciones y de radiodifusión y televisión, que sean efectuados por un empresario o profesional que actúe como tal establecido únicamente en el territorio de aplicación del impuesto por tener en el mismo la sede de su actividad económica, o su único establecimiento o establecimientos permanentes en la Comunidad, o, en su defecto, el lugar de su domicilio permanente o residencia habitual y se cumplan los siguientes requisitos:
a) que el destinatario no sea un empresario o profesional actuando como tal, siempre que este se encuentre establecido o tenga su residencia o domicilio habitual en otro Estado miembro; y
b) que no se haya superado el límite previsto en el artículo 73 de esta Ley, ni se haya ejercitado la opción de tributación en destino prevista en dicho artículo»

---

192 Vid. Art. 73 de la LIVA (*Tol 224743*) *«el límite referido será de 10.000 euros para el iporte total, excluido el impuesto, de dichas entregas de bienes y/o prestaciones de servicios realizadas en la Comunidad, durante el año natural precedente, o su equivalente en su moneda nacional».*

Sin embargo, para el IPSI no se producen distinciones y localiza los servicios B2C prestados por vía electrónica, telecomunicaciones, radiodifusión y televisión en destino[193] conforme al artículo 70.uno.8º.c), no siendo de aplicación lo dispuesto en los apartados a) y b) por hacer referencia a operaciones intracomunitarias, estando Ceuta y Melilla excluidos del concepto de comunidad a efectos del IVA.

E. *Los servicios de restauración y catering*

Se entenderán prestados en el lugar donde se presten materialmente[194]. Imaginemos el supuesto de una empresa de catering establecida en la Península o Baleares que se desplaza a Ceuta o Melilla a prestar sus servicios; tal prestación se entenderá producida en el ámbito territorial de Ceuta o Melilla y, por tanto, sujeta a IPSI. Al igual que la regla especial en las relaciones B2B referente el acceso a manifestaciones culturales, artísticas, deportivas, científicas, educativas, recreativas o similares, como las ferias y exposiciones, y los servicios accesorios al mismo, lo determinante en estas prestaciones de servicios, no es la localización del prestador y la del destinatario del servicio, sino el lugar donde se materializa dicha prestación.

F. *Mediación*

La actividad de mediación tendrá consideración de prestación de servicios siempre que se realice por cuenta ajena; en cambio, si actúa por cuenta propia,

---

193 Vid. Consulta no vinculante 0743-03 a la DGT. «*Cuando los servicios de Telecomunicación se presten por un empresario establecido en el territorio de aplicación del Impuesto (Península y Baleares) y el destinatario de los mismos sea un particular establecido en Melilla (Territorio tercero a efectos de IVA, de conformidad con el artículo 3 de la Ley 37/1992) dichos servicios se localizarán en Melilla y estarán sujetos al Impuesto sobre la producción los servicios y la Importación. El artículo 3, letra b) párrafo 2 de la Ley 8/1991 determina que para localizar las prestaciones de servicios en Ceuta y Melilla serán de aplicación, mutatis mutandis, las reglas de la Ley 37/1992 para localizar los servicios en Península y Baleares. Así, y desde 1 de enero de 2003, según resulta de la interpretación sistemática de este precepto y el artículo 70-uno-8º-A)-c) de la Ley 37/1992, cuando el destinatario del servicio de Telecomunicación sea un particular establecido en Melilla, y utilice el servicio en ese territorio, y el servicio sea prestado por un empresario no establecido en Melilla, los servicios se entenderán prestados en Melilla y sujetos al Impuesto sobre la producción, los servicios y la importación*».

194 Vid. Art. 70.Uno. 5º A) b) LIVA (*Tol 224743*)

podrá tener consideración de entrega de bienes o prestación de servicios, atendiendo al objeto sobre el que se produce la mediación. A efectos de localizar dónde se produce el hecho imponible en la actividad de mediación en nombre y por cuenta ajena en las relaciones B2C, habrá que atender al objeto de la mediación, pues el hecho imponible se producirá en el ámbito de aplicación del impuesto cuando las reglas de localización respecto al objeto que se intermedia lo determinen, sin olvidar que el IPSI no gravará las mediaciones por cuenta propia cuando el objeto sea una entrega de bienes y se localicen en las Ciudades Autónomas. De este modo, si el objeto sobre el que se media es una entrega de bienes o prestación de servicios, si estas se localizan en el ámbito de aplicación del impuesto también lo hará el servicio de mediación.

G. *Los servicios relacionados con los transportes como a carga y descarga, entre otros, los trabajos o ejecuciones de obra sobre bienes muebles, así como informes periciales, valoraciones y dictámenes sobre ellos, y los servicios relacionados con manifestaciones culturales, artísticas, deportivas, científicas, educativas, recreativas, juegos de azar o similares, como las ferias y exposiciones*

Será de aplicación el IPSI si tales actividades se desarrollan en las ciudades de Ceuta y Melilla, y el IVA en caso contrario, en relaciones B2C[195]. El hecho imponible se localizará en el ámbito de aplicación del impuesto si los servicios son efectivamente prestados en él. En cambio, en relaciones B2B se localizarán en destino, conforme a la regla general, siendo esta regla especial solo para las relaciones B2C.

H. *Arrendamiento de los medios de transporte*

Se establecen distinciones en función de la duración de este, teniendo consideración de corto plazo los periodos no superiores a 30 días y de 90 días en el caso de buques. Por un lado, en los arrendamientos a corto plazo la prestación de servicio se entenderá realizada donde se pongan los bienes a disposición, es decir, el IVA si es en Península o Baleares y el IPSI si es en Ceuta o Melilla. Por otro lado, en los arrendamientos a largo plazo, en las relaciones B2C, se entenderán gravadas por el IVA cuando el domicilio del arrendatario se encuentre en

---

195 Vid. Art. 70. Uno. 7º de la LIVA. (*Tol 224743*)

la Península y Baleares, y el IPSI si está en Ceuta y Melilla. Sin embargo, en este último supuesto, si el transporte arrendado es una embarcación de recreo, los servicios se entenderán prestados donde esta se ponga en posesión del destinatario. Se establece una excepción a la regla general, pues si el hecho imponible se entiende realizado fuera de la Comunidad, Ceuta o Melilla, pero la utilización o explotación efectiva se realiza en estos territorios, se entenderán gravados en estos lugares, con independencia de la consideración del destinatario del servicio.

I. Uso y explotación efectiva

La regla general establecía que las prestaciones de servicios en las relaciones B2B se entendieran localizadas en origen, mientras que las relaciones B2C se localizarían en destino. Asimismo, la regla especial del artículo 69.dos LIVA aplicable a las relaciones B2C confirmaba respecto a Ceuta y Melilla que ciertas actividades enunciadas en el precitado artículo se localizarían en destino. Sin embargo, la regla especial de uso y explotación efectiva se pronuncia respecto a las actividades contempladas en el artículo 69.dos de la LIVA pero en las relaciones B2B. Esta regla especial de uso y explotación efectiva venía a disponer que si dichas actividades se entendían localizadas conforme a la regla general fuera de la Comunidad, es decir, en Ceuta o Melilla, se localizarían en el territorio IVA y no en el del IPSI.

Sin embargo, la salida de Reino Unido de la UE implicó que las empresas de juego *online* establecidas en Gibraltar buscaran otros territorios de la UE que ofrecieran ventajas fiscales para establecerse[196], a su vez la modificación de la Ley 13/2011, de 27 de mayo, de regulación del juego por la Ley 6/2018, de 3 de julio, de Presupuestos Generales del Estado para el año 2018, a través de la cual se estableció una bonificación del 50% para Ceuta y Melilla, atrajo a numerosas empresas de juego *online* a los territorios de Ceuta y Melilla. Pese a ello, la anterior redacción de esta regla de uso y explotación efectiva impedía que algunas de sus operaciones se localizaran en territorio IPSI, lo cual suponía un obstáculo para las Ciudades Autónomas en la atracción de inversión, pues a pesar de que el juego se trata de una actividad exenta en el IVA y en el IPSI por remisión, si estarán sujetos a IVA o IPSI los servicios contratados por estas empresas que en ningún

---

196 Véase para mayor detalle la reflexión de BALLESTEROS BARROS, A. M., (2018) "El Brexit y la libertad de establecimiento de sociedades en la UE: el caso de Gibraltar", *Cuadernos de Gibraltar-Gibraltar Reports*, (3). Pg. 23-24.

caso serán deducibles por ser una actividad exenta, siendo frecuentes en este sector la contratación de servicios de asesoramiento, publicidad o marketing.

En consecuencia, se produjo una modificación respecto a la regla de uso o explotación efectiva a fin de garantizar el devengo del IPSI y no así el del IVA. Por lo que la regla especial de localización y uso efectiva quedo redactada en los siguientes términos:

> *«Asimismo, se considerarán prestados en el territorio de aplicación del Impuesto los servicios que se enumeran a continuación cuando, conforme a las reglas referentes al lugar de realización aplicables a estos servicios, no se entiendan realizados en la Comunidad, Islas Canarias, Ceuta o Melilla, pero su utilización o explotación efectivas se realicen en dicho territorio:*
>
> *1.° Los enunciados en el apartado dos del artículo 69 de esta ley, cuyo destinatario no tenga la consideración de empresario o profesional actuando como tal.*
>
> *2.° Los de arrendamiento de medios de transporte».*

La inclusión de Ceuta y Melilla en esta disposición se produce con Ley 11/2020, de 30 de diciembre, de Presupuestos Generales del Estado para el año 2021, lo cual permite que no se entiendan localizados en el ámbito de aplicación del IVA los anteriores servicios mencionados, cuando se localicen en Ceuta y Melilla, pese a ser territorio extracomunitario. De este modo, esta modificación supone un hito importante respecto a las Ciudades Autónomas, a fin de asegurar la efectiva aplicación del IPSI en lugar del IVA, lo que a su vez constituye un incentivo a la atracción de inversión, pues este cambio normativo puede fomentar que más empresas, sobre todo del sector digital, consideren operar desde Ceuta y Melilla, aprovechando el régimen fiscal especial del IPSI, que puede ofrecer condiciones más favorables respecto a sus tipos impositivos en comparación con el IVA.

Asimismo, la DGT[197] aclara esta cuestión estableciendo que los servicios prestados en relaciones B2B por una entidad establecida en la Península a otra establecida en las Ciudades Autónomas, se entenderán realizados en el establecimiento permanente del destinatario, resultandos por tanto sujetos a IPSI. Por ende, la modificación del artículo 70.dos posibilita la localización en el ámbito territorial del IPSI a la vez que ha contribuido al asentamiento de las empresas de juego *online*.

---

197 Op. Cit. Consulta Vinculante V1682-21 de la DGT. (*Tol 8502206*)

En suma, esta modificación en la localización del hecho imponible ha convertido a las Ciudades Autónomas de Ceuta y Melilla en una opción más que interesante para el establecimiento de estos operadores de juego *online*, donde el IPSI también ha supuesto un atractivo adicional, dada la menor carga fiscal en las operaciones y servicios relacionados con la actividad que desarrollan, lo que contribuye a una mayor eficiencia y competitividad económica. Este entorno fiscal favorable, sumado a los incentivos en el Impuesto sobre el Juego y el Impuesto sobre Sociedades y otras ventajas como la estabilidad regulatoria y el acceso al mercado europeo, hacen de Ceuta y Melilla destinos preferentes para las empresas de juego online que buscan reubicarse o expandir su presencia en la UE.

4.1.4. ENTREGA DE BIENES INMUEBLES

La entrega de bienes inmuebles se entenderá realizada en el lugar donde radique el bien inmueble. Así, a los inmuebles sitos en la Península o Baleares les será de aplicación lo dispuesto en el IVA y a los inmuebles situados en las Ciudades Autónomas el IPSI. Se emplea, por tanto, el criterio *locus rei sitae*. A continuación, se muestra las relaciones entre los territorios IVA-IPSI respecto a la entrega de bienes inmuebles y la determinación del lugar de realización del hecho imponible:

Localización de las entregas de bienes inmuebles

Operación	Vendedor	Destinatario	IVA/IPSI
Entrega de bienes inmuebles.	*En la Península/ Baleares/ Ceuta/ Melilla.*	*Inmueble en Ceuta/ Melilla.*	*IPSI (por radicar el inmueble en Ceuta/ Melilla).*
Entrega de bienes inmuebles.	*En la Península/ Baleares/ Ceuta/ Melilla.*	*Inmueble en la Península/ Baleares.*	*IVA (por radicar el inmueble en la Península/ Baleares).*

Fuente: Elaboración propia

4.1.5. CONSUMO DE ENERGÍA

El consumo de energía se localizará conforme al criterio de localización establecido para la entrega de electricidad, gas, calor o frio a través de redes de calefacción o refrigeración. El hecho imponible se entenderá realizado donde el adquirente efectúe el uso o consumo; entendiendo que este se produce donde se encuentre el contador empleado para su medición o, en el caso de la reventa de energía, donde se encuentre el establecimiento permanente o domicilio del adquirente que se dedique a tal actividad. Es decir, será de aplicación el IVA cuando el consumo se produce en la Península o Baleares o, en el caso de la reventa, cuando el establecimiento permanente se encuentra en estos territorios y, por el contrario, será de aplicación el IPSI cuando el contador se encuentre en Ceuta o Melilla.

En el siguiente cuadro se simplifica la localización del consumo de energía que presente puntos de conexión entre la Península o Baleares y Ceuta o Melilla.

Localización del consumo de energía

Operación	Vendedor	Destinatario	IVA/IPSI
Entrega de electricidad, gas, calor o frío.	*En la Península/ Baleares.*	*Contador en Ceuta/ Melilla.*	*IPSI.*
Entrega de electricidad, gas, calor o frío.	*En Ceuta/ Melilla.*	*Contador en Península/ Baleares.*	*IVA.*
Reventa de electricidad, gas, calor o frío.	*En la Península/ Baleares.*	*Adquirente en Ceuta/ Melilla.*	*IPSI (exenta la importación).*
Reventa de electricidad, gas, calor o frío.	*En Ceuta/ Melilla.*	*Adquirente en la Península/ Baleares.*	*IVA.*

Fuente: Elaboración propia.

4.1.6. INCOMPATIBILIDAD IVA E IPSI

A juicio de Morón Pérez[198] no es posible que se produzcan supuestos de doble imposición debido a que las reglas que determinan la localización del hecho imponible son las mismas, las establecidas en el IVA. Sin embargo, no compartimos dicha afirmación a raíz de los últimos pronunciamientos de la DGT[199]

198 MORÓN PÉREZ, M. C. (2022) "La alternativa IVA/IPSI en las operaciones conectadas con la Península o Baleares y las Ciudades Autónomas". *Nueva fiscalidad*, (4). Pg. 136.

199 Vid. Consultas Vinculantes V2274-22, (*Tol 9299429*), y V1753-23 de la DGT, (*Tol 970683*), las cuales sostienen que «*toda vez que el vendedor consultante no puede obtener la información necesaria para facturar en nombre propio a los clientes finales, debe ser la propia plataforma en línea la que parece que debe actuar en nombre propio en la venta de los NFTs objeto de consulta frente a los adquirentes finales. En efecto, el artículo 9 bis del Reglamento de Ejecución (UE) nº 282/2011 del Consejo, de 15 de marzo de 2011, por*

respecto a las transacciones con *Non Fungibles Tokens* (en adelante NFTs), calificadas como prestaciones de servicio vía electrónica.

El creador de *NFTs* se vale de la tecnología *blockchain* y la plataforma o *marketplace* para la transmisión de los *NFTs*, por lo que la naturaleza descentralizada y la anonimidad inherente a muchas transacciones en *blockchain* plantea las siguientes dificultades: desconocimiento de la identidad del comprador y de la condición con la que actúa para el vendedor e ignorancia del destino de la transacción, a su vez estos datos pueden ser conocidos por la plataforma en la que interactúan, no pudiendo estas compartir dicha información por protección de datos, lo que indudablemente imposibilita la determinación del lugar de realización del hecho imponible y pone en riesgo el correcto cumplimiento de las obligaciones fiscales que se derivan de las transacciones con *NFTs*.

Sin embargo, cuando el vendedor no puede obtener la información necesaria para facturar a los clientes finales, la plataforma en línea parece ser la responsable de actuar en la venta de los *NFTs* ante los adquirentes finales, fundamentándose en el artículo 9 bis del Reglamento de Ejecución (UE) nº 282/2011, del Consejo (Disposiciones de aplicación de la Directiva 2006/112/CE), el cual establece una presunción para servicios prestados por vía electrónica a través de una plataforma en línea. Esta presunción, de acuerdo con Jabalera Rodríguez[200], "será de aplicación cuando concurran las circunstancias que impidan al prestador de servicios electrónicos, en nuestro caso, el vendedor del NFT que se sirve de la plataforma, pueda acceder a la información necesaria relativa al adquirente que le permita cumplir con sus obligaciones tributarias como sujeto pasivo del IVA en relación con este tipo de transacciones". A su vez, el artículo 9 bis del Reglamento de Ejecución ha sido objeto de enjuiciamiento por el Tribunal de Justicia en la Unión Europea[201] afirmando su necesidad para el funcionamiento

---

el que se establecen disposiciones de aplicación de la Directiva 2006/112/CE relativa al sistema común del impuesto sobre el valor añadido, que fue introducido por el Reglamento de Ejecución número 1042/2011, de 7 de octubre, por el que se modifica el Reglamento de Ejecución (UE) nº 282/2011 en lo relativo al lugar de realización de las prestaciones de servicios, establece una presunción que, a falta de otros elementos de prueba, parece que es de aplicación al supuesto objeto de consulta».

200 JABALERA RODRÍGUEZ, A. (2023) "Tributación en el Impuesto sobre el Valor Añadido de las operaciones con "Non Fungible Tokens"("NFTs")". *Quincena fiscal*, (6),

201 SENTENCIA DEL TRIBUNAL DE JUSTICIA (Gran Sala) de 28 de febrero de 2023. Asunto C-695/20. ECLI:EU:C:2023:127. (*Tol 9421391*)

eficiente del mercado único, pues su introducción tiene por finalidad prevenir la no imposición o evitar la doble imposición así como garantizar la ejecución uniforme del artículo 28 de la Directiva sobre IVA, referente a la intermediación en prestaciones de servicio, a la vez que no modifica su contenido sino que se limita a concretarlo.

Es por tanto, que en las transacciones con *NFTs* hasta ahora se presuponían que la plataforma o *marketplace* actuaba por cuenta ajena, existiendo una única prestación de servicios, del creador de NFTs al adquirente final; en cambio la imposibilidad de determinar la identidad y localización del adquirente supondrá en el IVA la actuación de la plataforma o *marketplace* por cuenta propia, y por ende dos prestaciones de servicios, la del creador del NFT a la plataforma y la de la plataforma al adquirente final, salvando así los riesgos asociados a la tecnología *blockchain* en cuanto a la identificación de las partes involucradas en las transacciones, asegurando el correcto cumplimiento de las obligaciones fiscales que de ella se derivan así como una tributación justa y eficaz.

La conclusión a la que llega la DGT en aplicación del mencionado artículo 9 bis del Reglamento de ejecución para salvaguardar los obstáculos que conlleva la tecnología *blockchain* en los *NFTs* respecto a la identificación de las partes intervinientes considerando una doble prestación de servicios aparejada a la actuación de la plataforma en nombre propio, no resulta aplicable para Ceuta y Melilla, pues aunque en estos territorios les sea de aplicación el Derecho de la UE, en ellos no rige el IVA ni normativa. Por tanto, los inconvenientes asociados a las transacciones con *NFTs* continúan presentes en el IPSI, calificándose la intermediación de la plataforma o Marketplace en nombre ajeno salvo que se deduzca lo contrario de las condiciones contractuales.

Lo anterior se traduce en la complejidad que pudiera revestir el sistema tributario español en relación con la imposición indirecta al contener diferentes criterios de localización. Esta falta de armonización pudiera conllevar a supuestos de no imposición o incluso de doble imposición, precisamente lo que pretende evitar el artículo 9 del Reglamento. Así pues consideramos que se derivan diversos criterios de localización, pues ante la imposibilidad de conocer el destinatario el IVA considerará la actuación de la plataforma en nombre propio y se localizará la transacción en destino, en la sede de la plataforma. En cambio, en el IPSI no será posible considerar esa actuación en nombre propio, y la operación se localizará en el destino del cliente final. En el IVA existirán dos prestaciones de servicios: del creador, a la plataforma y de la plataforma al cliente final; y en el IPSI solo una, del creador al cliente final. En cualquier caso, cada transacción se localizará en destino, pero la diferencia radica en que varía el destinatario. De este modo, la armonización entre IVA e IPSI en este aspecto solo se produciría si el IVA incorporara expresamente la disposición contenida en el artículo 9 bis del Reglamento de Ejecución (UE) en su propia normativa, siendo entonces dicho precepto de aplicación en el IPSI por remisión o si la LIPSI contemplara en sus términos que ante la imposibilidad de conocer al destinatario final la actuación de la plataforma se entenderá realizada en nombre propio[202].

4.2. DEVENGO

El devengo se produce cuando se realiza una transacción o actividad que da lugar a la aparición de una obligación fiscal o contable, y no necesariamente cuando se recibe el pago correspondiente. En este sentido, se distingue entre el devengo y la exigibilidad, pues estos pueden no coincidir en el tiempo, el devengo se asocia con el nacimiento de la obligación tributaria y la exigibilidad con el deber de pago[203]. El devengo permite determinar cuándo se deben registrar las obligaciones fiscales y contables en los libros de contabilidad de una empresa, incluso si el pago aún no se ha realizado. Esto asegura que las transacciones se registren adecuadamente y se cumplan con las obligaciones fiscales y contables correspondientes. Además, el devengo determina la normativa aplicable a la obligación tributaria y de cuantificación de la deuda tributaria[204], que será aquella que esté en vigor en el momento del devengo del impuesto, por lo que cualquier cambio normativo posterior al devengo no afectará a la obligación tributaria ya generada la LIPSI determina el devengo en su artículo 11:

> *«Artículo 11. Devengo del Impuesto.*
> *El Impuesto se devengará:*
> *a) En la producción o elaboración de bienes muebles corporales, en el momento en que éstos se pongan a disposición de los adquirentes.*

202 BERNAD FUREST, M. (2024.) "Retos tributarios en la era digital: los NFTS ante el IVA, IGIC e IPSI". *European Public & Social Innovation Review*, (9),

203 FUSTER GÓMEZ, M. (2009). "¿Exigibilidad vs. Devengo?: un necesario debate terminológico a la luz de la LGT/2003 y el ordenamiento jurídico comunitario" *Revista española de Derecho Financiero*, (13).

204 DE MIGUEL CANUTO, E. (2012) "El devengo y los tipos impositivos que son aplicables en el IVA". *Quincena fiscal,* (17). Pg. 22.

b) En las importaciones, en el momento de admisión de la declaración para el despacho de importación o, en su defecto, en el momento de la entrada de los bienes en el territorio de sujeción, previo cumplimiento de las condiciones establecidas en la legislación aplicable.

c) En las entregas de bienes inmuebles y en las prestaciones de servicios, en el momento en que se produzca el devengo del Impuesto sobre el Valor Añadido para dichas operaciones según la normativa reguladora de este último tributo».

Si bien la Ordenanza Fiscal de Ceuta reproduce el contenido de la LIPSI, la Ordenanza Fiscal de Melilla añade respecto a lo anterior que «en las operaciones sujetas a gravamen que originen pagos anticipados a la realización del hecho imponible el Impuesto se devengará en el momento del cobro total o parcial del precio por los importes efectivamente percibidos». A nuestro juicio, lo anterior constituye una vulneración al principio de reserva de ley, por ser un exceso de la potestad conferida que contraviene el principio de legalidad, pues tal añadidura se diferencia de lo contemplado en la ley y produce una alteración de los elementos esenciales, ya que si se producen cobros anticipados, el devengo se produce en el momento del cobro total o parcial del pago por los importes efectivamente percibidos, lo que implica que si un cliente realiza un pago anticipado por un bien o servicio que esté sujeto a impuestos, el impuesto se devengará en el momento en que se cobre, sin importar cuándo se ponga a disposición el bien o preste el servicio. Esta disposición se aparta de lo establecido en la LIPSI en cuanto al devengo de la producción o elaboración de bienes muebles y al consumo de energía, no así respecto al devengo de las prestaciones de servicios y entregas de bienes inmuebles, pues el devengo en estas dos últimas actividades se determina conforme al IVA, el cual recoge en los mismos términos los pagos anticipados.

A continuación, analizaremos el devengo de forma aislada respecto a cada una de las operaciones que constituyen hecho imponible en el IPSI.

4.2.1. PRODUCCIÓN O ELABORACIÓN DE BIENES MUEBLES

El devengo para de la producción o elaboración de bienes muebles se establece en los propios términos del IPSI sin remisiones, estableciendo que el devengo se produce en el momento en que los bienes son puestos a disposición de los adquirentes. Esto significa que el impuesto se considera devengado cuando el comprador tiene la capacidad de disponer del bien, independientemente de la transferencia de la propiedad o de la entrega física del bien. En este sentido, la puesta a disposición equivale a disponibilidad del bien.

En el IVA pese a producirse igualmente el devengo por la puesta a disposición, se introduce especificaciones adicionales en situaciones particulares pues «*en las entregas de bienes efectuadas en virtud de contratos de venta con pacto de reserva de dominio o cualquier otra condición suspensiva, de arrendamiento-venta de bienes o de arrendamiento de bienes con cláusula de transferencia de la propiedad vinculante para ambas partes, se devengará el Impuesto cuando los bienes que constituyan su objeto se pongan en posesión del adquirente*».

El devengo en el IPSI dista de lo establecido en el IVA, pues mientras que el IPSI solo contempla el devengo a través de la puesta a disposición, en el IVA puede producirse tanto en el momento de la puesta a disposición de los bienes al comprador como en el momento en que el comprador toma posesión de ellos, contemplándose en el IVA la posibilidad de retrasar el devengo hasta la posesión, pues la puesta a disposición del bien no exige su posesión.

Delgado González y Reina Torres concluyen que "la existencia de puesta en posesión del adquirente del bien a efectos de IVA, como ya hemos dicho, está en función de que el negocio celebrado y perfeccionado, conforme a lo acordado, permita al adquirente actuar como dueño del bien, en el marco del derecho a gozar establecido en el artículo 348 del Código Civil"[205]. El precitado artículo entiende la propiedad como la puesta a disposición y el goce, por lo que, de este modo, se hace evidente que el concepto puesto en disposición difiere de la puesta en posesión. La principal diferencia radica en que la puesta a disposición se centra en hacer algo accesible, mientras que la puesta en posesión implica un control efectivo o la entrega física del bien o derecho.

4.2.2. PRESTACIÓN DE SERVICIOS

El devengo en las prestaciones de servicios se determinará conforme a la normativa del IVA por remisión expresa. El devengo se producirá cuando se presten las operaciones gravadas. Sin embargo, en aquellas que se prolonguen y no den lugar a pagos anticipados, se producirá el devengo de la parte proporcional a fecha de 31 de diciembre, cuando el destinatario sea sujeto pasivo. Sin embargo, cuando existan pagos anticipados la LIVA anticipa el devengo al momento de cobro total o parcial del precio por los importes recibidos. Esta disposición resul-

---

205 DELGADO GONZÁLEZ, A. F. y REINA TORRES. D. (2013) "El devengo del IVA en la entrega de bienes" *Quincena Fiscal*, (10).

ta igualmente aplicable en el IPSI por remisión a la LIVA, pues la LIPSI establece que el devengo en las prestaciones de servicios y entregas de bienes inmuebles se determina conforme al IVA.

4.2.3. ENTREGA DE BIENES INMUEBLES

Se aplicará lo previsto con carácter general para la entrega de bienes, es decir el devengo se produce con la puesta a disposición o la posesión, siendo IPSI e IVA coincidentes por remisión. No obstante, en el caso de ejecuciones de obra cuyo destinatario sea la Administración pública, el devengo se producirá con la recepción. Resulta relevante el criterio adoptado por el TEAC[206] en cuanto a la exención en la entrega de terrenos de carácter rústico y no edificables, donde las circunstancias del terreno en el momento del devengo resultan irrelevantes, siendo determinante el estado en que se compromete a poner a disposición los terrenos, y no así sus circunstancias en el momento de la compraventa.

4.2.4. CONSUMO DE ENERGÍA

En el IVA se trata de una operación de tracto sucesivo y el devengo viene determinado por la exigibilidad del pago[207]. El IPSI se aparta de este criterio y establece que el devengo en el caso de consumo de energía eléctrica se produce al tiempo de facturación por la compañía distribuidora, pues se aplica un criterio más restrictivo ya que el devengo se produce con la emisión de la factura.

La exigibilidad del precio puede no coincidir necesariamente con la emisión de la factura ya que se refiere al momento en que legalmente se puede demandar el pago por el servicio prestado. En muchos casos, esto puede coincidir con la facturación, pero también puede darse en otros momentos definidos por el contrato o la práctica comercial, como por ejemplo, en base a lecturas estimadas o reales del consumo antes de la emisión de la factura. De este modo, mientras el IPSI se centra en el acto de facturación como el evento que determina el devengo, el IVA se centra en la exigibilidad del pago, lo que puede permitir cierta

206 TRIBUNAL ECONÓMICO ADMINISTRATIVO CENTRAL, resolución 00/03994/2020/00/00, del 15 de diciembre de 2022.

207 Vid. Art. 75. 7º de la LIVA (*Tol 224743*).

flexibilidad en función de cómo y cuándo se considera que el precio es exigible según los términos contractuales o la práctica comercial.

4.2.5. IMPORTACIONES

El devengo en las importaciones se determina por la admisión de despacho o por la entrada de los bienes en el territorio de Ceuta o Melilla. De este modo, se hace necesario establecer las diferencias entre la declaración por despacho y el momento de entrada de los bienes.

- Declaración para el despacho de importación: Se refiere al proceso mediante el cual el importador o su representante legal presenta ante la aduana una declaración detallada de las mercancías que se están importando. Esta declaración incluye información sobre la naturaleza, cantidad, valor y origen de las mercancías, entre otros datos relevantes. El despacho de importación se inicia con la presentación de esta declaración y tiene como objetivo obtener la autorización de la aduana para introducir las mercancías.
- El momento de la entrada de los bienes: Contempla situaciones en las que, por cualquier motivo, no se ha presentado una declaración para el despacho de importación antes de que las mercancías lleguen al territorio aduanero. En estos casos, el momento relevante para consideraciones fiscales y de control aduanero es la entrada física de las mercancías en el territorio.

En atención a lo anterior, la ley es clara pues establece con carácter principal el devengo de las mercancías y la admisión de la declaración a despacho, fijando con carácter secundario el momento de entrada. Como ya hemos dicho, están exentas de IPSI en la importación las mercancías que se encuentren en algún régimen fiscal de tránsito, importación temporal, deposito, perfeccionamiento pasivo y transformación bajo control aduanero, lo cual implica que, a pesar de entenderse realizado el hecho imponible, no se produce el nacimiento de la obligación tributaria, el devengo se pospone hasta la finalización de estos regímenes especiales.

En cuanto al devengo, merece especial atención la modificación introducida por la Ley 16/2012, de 27 de diciembre, por la que se adoptan diversas medidas tributarias dirigidas a la consolidación de las finanzas públicas y al impulso de la actividad económica, mediante la cual se suprimió parte del apartado b) del artículo 11 de la LIPSI. Este apartado venía a disponer que, en el caso de importación de vehículos, el devengo se producía en el momento de matriculación y no antes, lo que en ocasiones provocaba que la importación quedara no sujeta, pues en el caso de vehículo importado matriculado, el devengo por la importación no llegaba nunca a producirse. De este modo, anteriormente los vehículos adquiridos en la Península o Baleares ya matriculados podían solicitar la devolución del IVA por exportación definitiva a Ceuta y Melilla y, una vez importados a estas Ciudades, no se producía el devengo por la importación al estar ya matriculados, lo que provocaba que a los vehículos matriculados e importados no se les aplicara ni IVA ni IPSI. Lo anterior tenía varias implicaciones: en primer lugar, suponía una pérdida de ingresos para las Ciudades Autónomas; en segundo lugar, generaba distorsiones entre el producto nacional y el importado, en beneficio del segundo que quedaba no sujeto; y, por último, se generaba una competencia desleal que afectaba directamente a los concesionarios de las Ciudades de Ceuta y Melilla.

La Ley 16/2012 introdujo en la LIPSI que se aplicaran las reglas generales en cuanto al devengo, es decir, que este se produjera con el despacho de aduanas o por la entrada en Ceuta y Melilla, evitando así las anteriores implicaciones, aunque esto también repercute directamente a los concesionarios, pues con la actual configuración, ellos deben adelantar y asegurar el pago del IPSI. Sin embargo, la Ordenanzas Fiscales permiten aplazar este pago a los concesionarios, en Ceuta hasta 60 días naturales siguientes a la fecha en la que se produce el devengo y en Melilla hasta la efectiva matriculación o transcurso de 12 meses desde que se produce el devengo, siempre y cuando se haya afianzado el pago.

Capítulo 5
SUJETOS PASIVOS Y OBLIGACIONES FORMALES

5.1. SUJETOS PASIVOS

Los sujetos pasivos están regulados de forma genérica en el artículo 36 LGT, el cual dispone que «*Es sujeto pasivo el obligado tributario que, según la ley, debe cumplir la obligación tributaria principal, así como las obligaciones formales inherentes a la misma, sea como contribuyente o como sustituto del mismo*». De acuerdo con lo anterior, tienen la consideración de contribuyente quien realiza el hecho imponible, y de sustituto quien por ley está obligado a cumplir las obligaciones que corresponden al contribuyente, no solo la obligación tributaria principal sino además aquellas obligaciones formales relacionadas con dicha obligación, esto incluye, entre otras responsabilidades, la declaración y el ingreso del tributo ante la administración tributaria, así como cualquier otra obligación de carácter informativo o documental que la ley establezca en relación con el tributo que está pagando en sustitución del contribuyente. De este modo la función del sustituto del contribuyente se ha concebido con el propósito de simplificar la percepción de impuestos y garantizar el acatamiento de las responsabilidades fiscales, particularmente en situaciones donde resultaría difícil para la autoridad tributaria llevar a cabo la recaudación directa de cada contribuyente individual. De este modo, el sustituto no solo es pagador del impuesto sino que además que además colabora activamente en la administración tributaria.

El sujeto pasivo es aquella persona física o jurídica que, según la ley, tiene la responsabilidad de realizar el pago del tributo correspondiente; es el destinatario directo de la obligación tributaria y, por lo tanto, debe cumplir con sus deberes fiscales. Así, la normativa tributaria establece los criterios para determinar quién debe ser considerado como sujeto pasivo en cada situación específica.

5.1.1. OPERACIONES INTERIORES

El sujeto pasivo en las operaciones interiores se determina conforme al artículo 12 de la LIPSI, el cual dispone

«1. Son sujetos pasivos del Impuesto las personas físicas o jurídicas, así como las entidades a que se refiere el artículo 33 de la Ley General Tributaria, que realicen las entregas de bienes o prestaciones de servicios sujetas al Impuesto, salvo lo dispuesto en el apartado siguiente.

2. En las entregas de bienes inmuebles y prestaciones de servicios realizadas por empresarios o profesionales que no estén establecidos en el territorio de aplicación del impuesto y cuyos destinatarios sean empresarios o profesionales establecidos en dicho territorio, será sujeto pasivo el destinatario de dichas operaciones.

3. Responderán solidariamente de la deuda tributaria correspondiente a las entregas de bienes inmuebles y prestaciones de servicios los destinatarios de las operaciones sujetas a gravamen que, mediante sus declaraciones o manifestaciones inexactas, se hubiesen beneficiado indebidamente de exenciones, supuestos de no sujeción o de la aplicación de tipos impositivos menores de los que resulten procedentes con arreglo a derecho».

Esta remisión de la LIPSI a la Ley General Tributaria, lo es a una normativa ya derogada, la Ley 230/1963, de 28 de diciembre, General Tributaria, donde su artículo 33 dictaminaba que: «*Tendrán la consideración de sujetos pasivos, en las leyes tributarias en que así se establezca, las herencias yacentes, comunidades de bienes y demás entidades que, carentes de personalidad jurídica, constituyen una unidad económica o un patrimonio separado, susceptibles de imposición*». La anterior ley ha sido derogada por la Ley 58/2003, de 17 de diciembre, General Tributaria hoy vigente, que actualmente incorpora esta cuestión en su artículo 35, párrafo 4ª, y que conserva su regulación en idénticos términos. Lo anterior constituye otro indicio más de la obsolescencia de la regulación del IPSI, y de los inconvenientes que trae consigo la técnica de la remisión, pues las modificaciones que traen consigo las normas a las que remite, afectan de forma directa en el IPSI.

Asimismo, el artículo 12 LIPSI contempla la inversión del sujeto pasivo del IPSI, cuando conforme a las reglas de localización, la prestación del servicio o entrega de bienes inmuebles se localice en el ámbito de aplicación del IPSI y la entrega de bienes inmuebles o prestación de servicios sea satisfecha por empresario o profesional no establecido en Ceuta y Melilla, es decir, que el vendedor o prestador se encuentre fuera del ámbito de aplicación del IPSI, por ejemplo en la Península, siendo el destinatario de la entrega de bienes inmuebles o prestación de servicios empresario o profesional establecido en Ceuta y Melilla. Por tanto, la inversión del sujeto pasivo resulta en las relaciones B2B que se localice en el territorio IPSI pero presente puntos de conexión con el territorio IVA.

De conformidad con lo anterior, son sujetos pasivos en primer lugar, quienes realizan directamente el hecho imponible, es decir, el contribuyente; y en segundo lugar, en ocasiones el receptor del bien inmueble o de la prestación del servicio por inversión del sujeto pasivo contemplada en la ley. La inversión del sujeto pasivo constituye una excepcionalidad a la norma general que tiene por finalidad evitar que los empresarios o profesionales que se encuentren establecidos en un territorio donde no se aplica el impuesto devengado hayan de satisfacerlo, con la consiguiente simplificación burocrática[208].

Esta técnica de inversión del sujeto pasivo trae su origen en el IVA, como consecuencia de que, en algunas operaciones gravadas por el impuesto, quienes realizaban la entrega o prestaban el servicio no estaban establecidos en el territorio de aplicación de este, resultando necesario el control y cumplimiento de las obligaciones tributarias, siendo la solución a ello la atribución de la condición de sujeto pasivo al destinatario de dichas operaciones[209]. Cuando una transacción ocurre en un país distinto al del proveedor, este último puede enfrentar el reto de abonar impuestos en un lugar donde no tiene presencia establecida. Esto puede complicar las dinámicas comerciales y abrir puertas al fraude; para superar estos inconvenientes, se implementa el mecanismo de inversión del sujeto pasivo, una alternativa en la que es el receptor quien se encarga de la liquidación del impuesto[210].

La justificación de la adopción de la inversión del sujeto pasivo en el IPSI viene determinada por su gran dependencia de la Península, siendo frecuentes las operaciones que involucran los ámbitos de aplicación de IVA e IPSI. Esta técnica, por un lado, evita que el remitente situado en la Península deba gestionar, liquidar y abonar el IPSI, esto puede suponer un desafío y un obstáculo que frene el comercio; y por otro lado, contribuye en la correcta declaración de las operaciones, pues al trasladar la responsabilidad al destinatario establecido en el

208 BERNABEU PÉREZ, J. A. (2018) *La inversión del sujeto pasivo en el IVA.* Tirant lo Blanch. Pg. 17.

209 VILLAR EZCURRA, M. (2014) "La inversión del sujeto pasivo como recurso técnico y medida antifraude en el IVA". *Quincena Fiscal,* (7). Pg. 43.

210 VÁZQUEZ DEL REY VILLANUEVA, A. (2007). "El IVA y el comercio internacional: tendencias y problemas actuales". *Crónica Tributaria,* (124). Pg. 148.

ámbito territorial del IPSI, se reduce el riesgo de declaración inapropiada y se mejora la trazabilidad de las operaciones.

La inversión del sujeto pasivo en el IPSI tiene la finalidad de simplificar la aplicación del impuesto, porque si no se produjera la inversión resultaría imposible para la Hacienda local localizar a la persona que debe ingresar la cuota tributaria devengada en las operaciones que son realizadas por sujetos que están fuera del territorio de aplicación del impuesto por no residir en el mismo. Esta figura surge como una herramienta para evitar el fraude fiscal o simplificar la recaudación en ciertos tipos de operaciones. A su vez, la inversión del sujeto pasivo conlleva obligaciones de carácter formal: la emisión de autofactura[211]. En tales supuestos, el empresario o profesional destinatario de la entrega de bienes inmuebles o prestaciones de servicio deberá emitir una autofactura de la correspondiente compra del inmueble o recepción del servicio.

Es por tanto necesario para la determinación del sujeto pasivo:

- Definir la operación comercial objeto de la transacción.
- Precisar la localización del vendedor o prestador y del destinatario.
- Identificar el devengo del impuesto basado en las reglas de localización generales y especiales.
- Verificar la procedencia de la inversión del sujeto pasivo conforme a los requisitos establecidos, y en su caso emitir autofactura.

Asimismo, se establece que los destinatarios de las operaciones sujetas a IPSI son responsables solidarios de las operaciones que defrauden. La responsabilidad solidaria garantiza el cobro de la deuda tributaria. Aquellos destinatarios de operaciones sujetas a gravamen que, a través de declaraciones o manifestaciones inexactas, se hayan beneficiado indebidamente de exenciones, casos de no sujeción o de la aplicación de tipos impositivos más bajos de los que les corresponden legalmente, serán responsables solidarios de la deuda tributaria correspondiente; esta responsabilidad también se aplica cuando han obtenido beneficios fiscales indebidos mediante información inexacta. Estos casos de responsabilidad encuentran respaldo en el principio de reserva de ley establecido en el artículo 31.3 CE y por los artículos 8.c) y 41.1 LGT. De esta manera, se establece que los supuestos de responsabilidad deben estar regulados por la ley y no pueden ser

---

211 Vid. Art. 86 de la Ordenanza Fiscal de Ceuta y art. 26 Ordenanza Fiscal de Operaciones Interiores de Melilla

determinados de manera arbitraria o discrecional; la reserva de ley garantiza que cualquier implicación de responsabilidad en materia tributaria esté respaldada por una norma legal clara y precisa.

Sin embargo, el artículo 31 de la Ordenanza Fiscal de Melilla añade respecto a los sujetos pasivos que «*En aquellas operaciones sujetas y no exentas del Impuesto, en las que el destinatario de las mismas sea el Estado, la Ciudad Autónoma de Melilla u Organismos Autónomos y Sociedades dependientes de ella, el Impuesto se liquidará directamente por el órgano pagador en el momento de realizarse el pago*». De este modo, se introduce que cuando el destinatario sea el Estado, la Ciudad Autónoma de Melilla u Organismos Autónomos y Sociedades dependientes de ella, el impuesto se liquidará por los anteriores, es decir, por los receptores y no por quien realiza el hecho imponible, produciendo una alteración del sujeto pasivo no prevista en la ley y contemplando así una nueva inversión del sujeto pasivo, que vulnera el principio de reserva de ley, en tanto que produce una alteración de lo dispuesto en la LIPSI. Asimismo, respecto a lo anterior ya se planteó cuestión de ilegalidad por el Juzgado de lo Contencioso Administrativo de Melilla Nº 2, por entender una vulneración a la reserva de ley al regular los obligados tributarios, y en concreto al establecer la inversión del sujeto pasivo cuando el destinatario de las operaciones sujetas sea un ente público. El Tribunal Superior de Justicia de Andalucía inadmitió la cuestión de ilegalidad por no cumplirse los requisitos del artículo 27 de la Ley 29/1998, de 13 de julio, reguladora de la Jurisdicción Contencioso-administrativa, aunque no sin antes manifestar que «el artículo 31 de la Ordenanza fiscal de Melilla es ilegal (contra legem), al regular de forma distinta a la ley (artículo 12) la figura del obligado tributario, estando esta materia sujeta al principio de reserva de ley».

De acuerdo con lo anterior, encontramos una vulneración del principio de reserva de ley en la Ordenanza Fiscal de Operaciones Interiores de Melilla al regular de manera contraria a la ley los sujetos pasivos, reafirmándonos en el anterior pronunciamiento. Pese a tan solemne declaración, la redacción del artículo 31 sigue vigente en idénticos términos, aun habiéndose aprobado una Ordenanza posterior a la que dio motivo de planteamiento de la cuestión de ilegalidad.

5.1.2. IMPORTACIONES

El sujeto pasivo en las importaciones se determina conforme al artículo 13 de la LIPSI, el cual dispone:

«1. Son sujetos pasivos del impuesto en las importaciones de bienes las personas físicas o jurídicas, así como las entidades a que se refiere el artículo 33 de la Ley General Tributaria, que realicen dichas operaciones.

2. A efectos de lo previsto en el apartado anterior, el importador será la persona a cuyo nombre se haya hecho la declaración para el despacho o cualquier otro acto que tenga los mismos efectos jurídicos, en las condiciones establecidas a este respecto en la legislación aduanera vigente en la Unión Europea.

3. Serán responsables solidarios, junto con los sujetos pasivos, del pago del impuesto correspondiente a las importaciones de bienes, las personas o entidades que resulten como tales por aplicación de la legislación aduanera vigente en la Unión Europea».

Conforme a lo anterior, es sujeto pasivo quien realiza la importación, es decir, quien a cuyo nombre se efectúa el despacho de aduana o, en su defecto, quien introduce la mercancía en Ceuta y Melilla. El hecho imponible, la importación, está sujeta a IPSI con independencia de la condición del importador, es decir, resulta indiferente si es persona física o jurídica e incluso si tiene la condición de empresario o profesional o no.

En este sentido, Simón Acosta[212] señala como sujetos pasivos:

"a) los destinatarios de los bienes importados sean adquirentes, cesionarios o propietarios de los mismos o bien consignatarios que actúen en nombre propio en la importación de dichos bienes.

b) los viajeros, para los bienes que conduzcan al entrar en el territorio de aplicación del impuesto.

c) los propietarios de los bienes, en casos distintos a los anteriores.

d) los adquirentes o, en su caso, los propietarios, los arrendatarios o fletadores de los bienes, en los casos de operaciones asimiladas a las importaciones".

Precisa la Ordenanza Fiscal de importaciones de Melilla que, en el supuesto de contrato público con la Ciudad Autónoma, el importador es el adjudicatorio de este. Esto significa que, aunque el contrato público sea el motivo de la importación, la responsabilidad de llevar a cabo el proceso de importación recae directamente sobre el adjudicatario del contrato, y no sobre la Administración pública involucrada. Esta precisión no supone una alteración de los elementos

212 SIMÓN ACOSTA, E. (2001) "El Impuesto sobre el Valor añadido". *Tributos estatales, autonómicos y locales*. Consejo General del Poder Judicial. Pg. 186.

esenciales, en tanto que entendemos que es la empresa adjudicataria la encargada de poner a disposición de la Ciudad Autónoma lo consignado por contrato. Así pues esta disposición que incorpora adicionalmente la Ordenanza Fiscal de Melilla es una precisión de la LIPSI que no se aparta de de lo establecido en ella y que no produce distinciones entre la aplicación del IPSI en Ceuta y Melilla.

Asimismo, se alude a la responsabilidad solidaria en los términos del CAU[213], es decir «*Cuando varias personas sean responsables del pago del importe de los derechos de importación o de exportación correspondiente a una deuda aduanera, ellas serán, de manera conjunta y solidaria, responsables del pago de dicho importe*». Cada una de estas personas puede ser requerida para el pago total de la deuda, no solo de una parte proporcional, asegurando así que la Administración pueda recuperar el total de los derechos adeudados.

5.2. ASPECTOS FORMALES

5.2.1. OPERACIONES INTERIORES

La LIPSI[214] establecen una serie de obligaciones formales para los sujetos pasivos: presentar declaraciones sobre el inicio, modificación y fin de actividad; llevanza de la contabilidad que refleje el IPSI; expedición, conservación y presentación de facturas cuando sean requeridas con "IPSI incluido" cuando proceda, es decir, cuando se realice el hecho imponible y se deba repercutir el importe a la persona para quien se realiza la acción; presentación de declaraciones-liquidaciones y de información relativa a sus operaciones.

Además de estas obligaciones formales recogidas específicamente en la LIPSI, a los sujetos pasivos le son de aplicación las obligaciones materiales contenidas en la LGT, entre las cuales se encuentra la obligación tributaria principal que consiste en el pago del tributo y que es la principal finalidad del sistema impositivo, o las obligaciones tributarias accesorias destinadas a satisfacer los intereses de demora y recargos generados.

Asimismo, de nuevo como obligaciones formales, todos los sujetos pasivos empresarios o profesionales deben llevar un libro registro de facturas expedidas,

---

213 Vid. Art. 84 CAU (*Tol 3961371*).

214 Vid. Art. 21 LIPSI.

el cual deberá consignar las operaciones relativas a su actividad que refleje tanto el IPSI soportado como repercutido. El libro registro de facturas expedidas debe contener toda la información de las facturas como el número, serie (si corresponde), fecha de emisión, base imponible, tipo impositivo y cuota. El IVA dispensa de esta obligación de llevanza de un libro registro de facturas expedidas a los empresarios o profesionales acogidos al régimen simplificado, sin embargo, el IPSI no dispensa de esta obligación a quienes se acojan a la estimación objetiva, pues recordemos que el IPSI prevé un ajuste en el último trimestre donde se recalcula la base imponible según el rendimiento neto anual real, de ahí la importancia en el IPSI de la llevanza de este libro registro.

Los sujetos pasivos empresarios o profesionales adicionalmente deberán llevar un libro registro de facturas recibidas, salvo que estén acogidos al régimen de estimación objetiva. Aunque lo anterior conforme a la Ordenanza Fiscal de Melilla solo se aplicará respecto a empresarios o profesionales cuya actividad sea la producción o elaboración de bienes. El libro registro de facturas recibidas debe seguir una secuencia correlativa de todas las facturas y documentos que se refieran a las adquisiciones o importaciones de bienes para la actividad empresarial. Estas facturas y documentos se pueden registrar directamente en el libro registro o en hojas aparte que luego se organizarán y encuadernarán de forma correlativa; cada factura recibida debe tener un apunte detallado con el número de recepción, la fecha de emisión, los datos del emisor, la base imponible, el tipo impositivo y la cuota, siendo posible hacer un asiento resumen global de las facturas recibidas bajo ciertas condiciones. Los libros registros deben cumplir con requisitos formales, como ser claros y exactos, sin dejar espacios en blanco ni errores, expresar los valores en euros y ordenados correlativamente.

El IVA además de los anteriores contempla un libro registro de bienes de inversión con el propósito de controlar y registrar las adquisiciones de bienes que los empresarios o profesionales destina a la inversión a largo plazo, este libro es fundamental para el IVA a efectos de aumentar el control fiscal de los gastos deducibles, no así para el IPSI, pues, aunque estos sean igualmente decibles, el IPSI presenta mayores restricciones en cuanto a los gastos deducibles en general y respecto a los bienes de inversión en particular al no englobar los inmuebles[215].

---

215 El artículo 108 LIVA (*Tol 224743*), dispone: «*se considerarán de inversión los bienes corporales, muebles, semovientes o inmuebles que, por su naturaleza y función, estén normalmente destinados a ser utilizados por un período de tiempo superior a un año como instrumentos de trabajo o medios de explotación*».

La exclusión de un libro registro de bienes de inversión en el IPSI puede entenderse como una medida de simplificación administrativa, teniendo en cuenta las particularidades de este impuesto.

Con relación a los plazos para las anotaciones registrales, las operaciones se deben registrar en los libros antes de hacer la liquidación y pago del impuesto correspondiente, o antes de que se acabe el plazo legal para dicha liquidación y pago. Las operaciones sin facturas o documentos sustitutivos se deben anotar en un plazo de siete días desde su realización o expedición. Por su parte, las facturas recibidas se deben anotar en el libro registro según el orden de recepción y dentro del período de liquidación correspondiente para poder hacer la deducción.

Asimismo, la Ordenanza establece obligaciones formales específicas para los casos de supuestos de inversión del sujeto pasivo y por las entregas de bienes inmuebles

- En el caso de aquellos que se convierten en sujetos pasivos debido a una inversión, se les exige emitir una autofactura que refleje de manera completa la prestación recibida o la entrega del bien inmueble realizada; es importante destacar que los requisitos de esta autofactura deben ser cumplidos de acuerdo con la normativa correspondiente, es decir por el Real Decreto 1619/2012, de 30 de noviembre, por el que se aprueba el Reglamento por el que se regulan las obligaciones de facturación, y en concreto en su artículo 5.
- En cuanto a las obligaciones formales relacionadas con las transferencias de bienes inmuebles, los sujetos pasivos tienen la obligación de emitir facturas individualizadas para cada transferencia, asegurándose de cumplir con todos los requisitos generales establecidos. Asimismo, ningún documento que contenga actos o contratos sujetos al IPSI será aceptado ni tendrá validez en oficinas o registros públicos sin la debida justificación del pago, exención o no sujeción al impuesto, a menos que existan disposiciones específicas en la legislación que rige la materia, en este caso la hipotecaria. La ley hipotecaria no contiene mención específica sobre el IPSI para la inscripción de actos o contratos en registros públicos, sin embargo, aunque la ley no lo detalle explícitamente, sí que lo hace de forma implícita al disponer en su artículo 254 que «*Ninguna inscripción se hará en el Registro de la Propiedad sin que se acredite previamente el pago de los impuestos establecidos o que se establecieren por las leyes, si los devengare el acto o contrato que se pretenda inscribir*». Este artículo refleja la necesidad

de cumplir con las obligaciones tributarias, incluido el IPSI, antes de proceder con la inscripción de bienes en el Registro de la Propiedad.

Las anteriores obligaciones tienen como objetivo asegurar el adecuado cumplimiento de las normas fiscales y promover la transparencia en las operaciones comerciales sujetas a este impuesto. Estos libros y registros constituyen una herramienta fundamental para el control y seguimiento de las transacciones comerciales realizadas por los sujetos pasivos. El cumplimiento de las obligaciones formales establecidas en el IPSI es esencial para asegurar la correcta determinación de la obligación tributaria de los contribuyentes y evitar posibles irregularidades o incumplimientos que puedan derivar en sanciones o contingencias fiscales. Además, el mantenimiento de registros claros, ordenados y libres de errores, sin espacios en blanco o interpolaciones, garantiza la fiabilidad de la información contable y facilita la labor de control por parte de la Administración Tributaria.

La importancia de cumplir adecuadamente con las obligaciones formales del IPSI va más allá de la mera satisfacción de requisitos legales, implica la adopción de prácticas empresariales responsables y transparentes; al llevar un registro exhaustivo y preciso de las operaciones sujetas al impuesto, se fomenta la transparencia y se contribuye a la construcción de un entorno de negocio confiable.

Los sujetos pasivos deben declarar las obligaciones sujetas al IPSI en régimen de autoliquidación, con carácter general el periodo de autoliquidación es trimestral correspondiendo con el ejercicio anual, debiendo presenta e ingresar las cantidades correspondientes en los primeros 20 días naturales posteriores al fin del trimestre, a excepción del último trimestre cuyo plazo se amplía a 30 días naturales. Sin embargo, la Ordenanza fiscal de Melilla dispone que las autoliquidaciones serán mensuales con obligación de presentar y pagar en los 20 día naturales posteriores cuando en el ejercicio anterior el volumen de operaciones hubiera excedido de 6.000.000 €, cantidad sensiblemente inferior a la establecida en el IVA[216]. A su vez, en el IPSI se contemplan las declaraciones ocasionales en la primera transmisión de inmuebles.

---

216 El artículo 71.3 del Reglamento del IVA (*Tol 349044*) establece que el periodo de liquidación será trimestral, salvo que el volumen de operaciones ascienda a 6.010.121,04 €, en cuyo caso será mensual.

El Reglamento del IVA regula los libros registros obligatorios para los sujetos pasivos en su artículo 62.1, y que son: libro registro de facturas expedidas, libro registro de facturas recibidas, libro registro de bienes de inversión y libro registro de determinadas operaciones intracomunitarias, sobre los que ya hemos apreciado algunas diferencias respecto al IPSI. "Ciertamente se ha de reconocer que la llevanza de los distintos Libros Registro regulados en la normativa citada anteriormente ha experimentado una considerable transformación desde el momento en que por primera vez se estableció dicha obligación. A ello han contribuido factores tales como el desarrollo de las nuevas tecnologías, el avance en la utilización de medios electrónicos por parte del colectivo empresarial español o la implantación gradual del uso de la factura electrónica"[217].

El IVA añade en su artículo 62.6 que:

> *«Los libros registro a que se refiere el apartado 1 de este artículo, deberán llevarse a través de la Sede electrónica de la Agencia Estatal de Administración Tributaria, mediante el suministro electrónico de los registros de facturación, por los empresarios o profesionales y otros sujetos pasivos del Impuesto, que tengan un periodo de liquidación que coincida con el mes natural de acuerdo con lo dispuesto en el artículo 71.3 del presente Reglamento.*
>
> *Además, aquellos empresarios o profesionales y otros sujetos pasivos del Impuesto no mencionados en el párrafo anterior, podrán optar por llevar los libros registro a que se refieren los artículos 40, apartado 1; 47, apartado 2; 61, apartado 2 y el apartado 1 de este artículo, a través de la Sede electrónica de la Agencia Estatal de Administración Tributaria en los términos establecidos en el artículo 68 bis de este Reglamento.*
>
> *A efectos de lo previsto en el apartado 4 anterior, se llevarán unos únicos libros registro en los que se anotarán las operaciones de todos los establecimientos situados en el territorio de aplicación del Impuesto.*
>
> *El suministro electrónico de los registros de facturación se realizará a través de la Sede Electrónica de la Agencia Estatal de Administración Tributaria mediante un servicio web o, en su caso, a través de un formulario electrónico, todo ello conforme con los campos de registro que apruebe por Orden el Ministro de Hacienda y Función Pública».*

El Suministro Inmediato de Información, como sistema de gestión propio del IVA es aprobado por el Real Decreto 596/2016, de 2 de diciembre, para la modernización, mejora e impulso del uso de medios electrónicos en la gestión del Impuesto sobre el Valor Añadido, por el que se modifican el Reglamento del

---

217 CALVO VÉRGEZ, J. (2018) "El nuevo sistema SII y su incidencia en el ámbito de la gestión del IVA". *Quincena fiscal*, (7).

Impuesto sobre el Valor Añadido, aprobado por el Real Decreto 1624/1992, de 29 de diciembre, el Reglamento General de las actuaciones y los procedimientos de gestión e inspección tributaria y de desarrollo de las normas comunes de los procedimientos de aplicación de los tributos, aprobado por el Real Decreto 1065/2007, de 27 de julio, y el Reglamento por el que se regulan las obligaciones de facturación, aprobado por el Real Decreto 1619/2012, de 30 de noviembre y posteriormente desarrollado por la Orden HFP/417/2017, de 12 de mayo, por la que se regulan las especificaciones normativas y técnicas que desarrollan la llevanza de los Libros registro del Impuesto sobre el Valor Añadido a través de la Sede electrónica de la Agencia Estatal de Administración Tributaria establecida en el artículo 62.6 del Reglamento del Impuesto sobre el Valor Añadido, aprobado por el Real Decreto 1624/1992, de 29 de diciembre, y se modifica otra normativa tributaria.

Este sistema es obligatorio para empresarios o profesionales con volumen de negocios superior a 6.010.121,04 € (art. 71.3 Reglamento del IVA), los sujetos pasivos inscritos en el registro de devolución mensual (art. 30.10 Reglamento del IVA) y los sujetos pasivos acogidos al régimen especial del grupo de entidades (art. 68 bis Reglamento del IVA). Sin embargo, cualquier sujeto pasivo podrá optar voluntariamente por el Suministro Inmediato de Información.

"Este nuevo sistema de gestión del IVA implica la llevanza de los libros registro a través de la sede electrónica de la AEAT, mediante el suministro prácticamente inmediato de los registros de facturación. Los contribuyentes deben remitir a la Administración tributaria los detalles sobre la facturación por vía electrónica, y con esta información se van configurando, casi en tiempo real, los libros registro del tributo"[218]. La creación de una base de datos fiscales por parte de la AEAT, que se actualiza casi en tiempo real, facilita a los contribuyentes el uso de esta información al momento de presentar sus autoliquidaciones de IVA. Además, permite a los sujetos pasivos revisar los detalles de las transacciones atribuidas a ellos, especialmente si sus proveedores participan en el Sistema de Información Inmediata. Esta innovación contribuirá a mejorar la precisión de la información y a hacer más eficiente el proceso de gestión tributaria, reduciendo tanto la necesidad de solicitudes de información adicional como las obligaciones

---

[218] DELGADO GARCÍA, A. M.; OLIVER CUELLO, R. (2020) "La relación electrónica obligatoria con la administración". *XV Congreso de Internet, Derecho y Política*. Pg. 39 Disponible en https://www.rolivercuello.com/app/download/33196740/Comunicacion_IDP_2020.pdf. (fecha de última consulta 12 de marzo de 2024).

formales de los contribuyentes, y acortando los tiempos para las devoluciones fiscales[219].

De acuerdo con Longás Lafuente[220] el Suministro Inmediato de Información es una medida contra el fraude. En este sentido, la disponibilidad de información ya informatizada favorece el cruce de declaraciones y el contraste de datos entre las operaciones reportadas por diferentes contribuyentes. Este sistema permite a la Administración Tributaria detectar de manera más rápida y precisa las discrepancias o inconsistencias que podrían indicar prácticas fraudulentas o errores en las declaraciones. Al tener acceso a información detallada y actualizada sobre las transacciones comerciales casi en tiempo real, la Administración puede realizar análisis y auditorías más eficientes.

Sin embargo, el Suministro Inmediato de Información no es aplicable al IPSI, al ser un sistema de gestión propio del IVA, aunque eso no impide que los sujetos pasivos del IVA que realicen transacciones con entidades o personas en Ceuta y Melilla deban recoger y declarar estas operaciones en sus libros registros, sin que esto implique, en ningún caso, que pudiera deducir el IPSI soportado en su liquidación de IVA, pues "un empresario registrado en el TAI que hubiera soportado o satisfecho cuotas del IGIC o del IPSI no puede deducir esas cuotas a través del mecanismo básico de deducción y lo mismo sucederá al revés"[221].

En nuestra opinión, las labores de cooperación entre las Ciudades Autónomas y la Agencia Estatal de Administración Tributaria es más que necesaria, para asegurar una correcta gestión de estos impuestos a través de un cruce de información y una mayor transparencia en las operaciones entre la Península y Baleares con estas Ciudades Autónomas y viceversa. Esto no solo ayuda a prevenir el fraude fiscal, sino que también asegura que las operaciones se registren y declaren adecuadamente, respetando las particularidades fiscales de cada territorio. En este sentido, la implementación de un Suministro Inmediato de Información en el IPSI interconectado con el del IVA contribuiría enormemente a asegurar

---

219 ROMERO FLOR, L. M, (2017) "El nuevo procedimiento de Suministro Inmediato de Información (SII)". *Quincena fiscal*, (18).

220 LONGÁS LAFUENTE, A. (2017) "Suministro inmediato de información en la gestión de los libros del IVA (y II)". *Revista de Contabilidad y Tributación. CEF*, (409). Pg. 92.

221 JIMÉNEZ COMPAIRED, I. (2021) "El derecho a la deducción en un Reino en el que conviven siete impuestos sobre el valor añadido". *Revista de Contabilidad y Tributación. CEF*, (457). Pg. 35.

que las operaciones se localicen y declaren correctamente, beneficiando a la Administración tributaria en sus labores de recaudación.

La labor de colaboración entre la Ciudades Autónomas y el Estado, se torna imprescindible, fundamentándose en el artículo 4 de la LGT: *«El Estado y las Comunidades Autónomas y las Ciudades con Estatuto de Autonomía podrán suscribir acuerdos de colaboración para la aplicación de los tributos y para el ejercicio de las funciones de revisión en vía administrativa»*. Conforme al artículo 94 LGT se han llevado a cabo los siguientes acuerdos de suministro de información entre la Administración Tributaria y las Ciudades Autónomas.

- Resolución de 4 de febrero de 2020, de la Dirección del Servicio de Planificación y Relaciones Institucionales de la Agencia Estatal de Administración Tributaria, por la que se publica el Convenio con la Ciudad de Melilla en materia de suministro de información para finalidades no tributarias[222].
- Resolución de 18 de diciembre de 2020, de la Dirección del Servicio de Planificación y Relaciones Institucionales de la Agencia Estatal de Administración Tributaria, por la que se publica el Convenio con la Ciudad de Ceuta, en materia de suministro de información para finalidades no tributarias[223].
- Resolución de 4 de febrero de 2022, de la Dirección del Servicio de Planificación y Relaciones Institucionales de la Agencia Estatal de Administración Tributaria, por la que se publica la Adenda al Convenio con la Ciudad Autónoma de Melilla, en materia de suministro de información para finalidades no tributarias[224].
- Resolución de 27 de junio de 2022, de la Dirección del Servicio de Planificación y Relaciones Institucionales de la Agencia Estatal de Administración Tributaria, por la que se publica la Adenda al Convenio con la Ciudad de Ceuta, en materia de suministro de información para finalidades no tributarias[225].

---

222 Boletín Oficial del Estado nº 42, de 18 de febrero de 2020.

223 Boletín Oficial del Estado nº 19, de 22 de enero de 2021.

224 Boletín Oficial del Estado nº 39, de 15 de febrero de 2022.

225 Boletín Oficial del Estado nº 160, de 5 de julio de 2022.

- Resolución de 14 de febrero de 2024, de la Dirección del Servicio de Planificación y Relaciones Institucionales de la Agencia Estatal de Administración Tributaria, por la que se publica la Adenda de modificación y prórroga del Convenio con la Ciudad de Melilla, en materia de suministro de información para finalidades no tributarias[226].

Sin embargo, el uso de nuevas tecnologías, la evolución de las formas de consumo hacia la digitalización y el aumento de las relaciones a distancia circunscriben la necesidad de la adopción de nuevas formas de colaboración entre las administraciones, a través de la implementación de políticas que faciliten el intercambio de información y la cooperación, así como el desarrollo de infraestructuras digitales comunes. En este sentido, la colaboración puede incluir la promoción de la interoperabilidad entre los diferentes sistemas de gestión que permitan la comunicación y el intercambio de información fiscal entre las Agencia Estatal de la Administración Tributaria y las Ciudades Autónomas. En el contexto del IPSI, la incorrecta localización del hecho imponible puede llevar a una pérdida de recaudación significativa, el intercambio de información y el uso de tecnologías avanzadas pueden ayudar en la verificación de las transacciones y asegurar que los impuestos se recauden de manera justa y eficiente.

Por su parte, el artículo 24 de la LIPSI dispone

> *«La gestión, liquidación, recaudación e inspección del Arbitrio, así como la revisión de los actos dictados en aplicación del mismo, corresponden a los Ayuntamientos de Ceuta y Melilla.*
>
> *El ejercicio de las funciones a que se refiere el apartado anterior se ajustará, en todo caso, a lo previsto en los artículos 10 a 14, ambos inclusive, de la Ley 39/1988, de 28 de diciembre, reguladora de las Haciendas Locales.*
>
> *Al amparo de lo previsto en el artículo 8 de la Ley 39/1988, de 28 de diciembre, la Administración Tributaría del Estado y los Ayuntamientos de Ceuta y Melilla podrán convenir el régimen de colaboración que proceda, en orden a la adecuada exacción del Arbitrio»*

El precitado artículo es un ejemplo más de la obsolescencia en cuanto a la regulación del IPSI, además del poco interés por mantener su normativa actualizada adecuadamente, pues la Ley 39/1988, de 28 de diciembre, reguladora de las Haciendas Locales, fue derogada por Real Decreto Legislativo 2/2004, de 5 de marzo, por el que se aprueba el texto refundido de la Ley Reguladora de las Haciendas Locales. En este sentido, cuando una norma es derogada se espera

226 Boletín Oficial del Estado nº 48, de 23 de febrero de 2024.

que todas las referencias normativas se actualicen para reflejar los cambios. Esta remisión específica a una norma derogada podría conllevar distorsiones en la interpretación y aplicación de la legislación vigente, afectando la seguridad jurídica y la eficacia del sistema tributario. Es imprescindible la actualización de las leyes para asegurar su adecuación a la realidad socioeconómica, así como su alineación con el marco legal general. Sin embargo, es el propio Real Decreto Legislativo en el que en su Disposición adicional primera establece que «*Las referencias normativas efectuadas en ordenanzas y en otras disposiciones a la Ley 39/1988, de 28 de diciembre, reguladora de las Haciendas Locales, y a la Ley 51/2002, de 27 de diciembre, de reforma de la anterior, se entenderán efectuadas a los preceptos correspondientes de este texto refundido*».

5.2.1. IMPORTACIONES

La gestión del impuesto se inicia por iniciativa del sujeto pasivo o de oficio, lo cual tendrá incidencia en el devengo pues, en el primer caso, se producirá con la declaración para el despacho y, en el segundo, con la entrada efectiva de la mercancía. Esta distinción es importante porque afecta al cálculo y la exigibilidad del impuesto, así como a los posibles intereses de demora o sanciones en caso de discrepancias o incumplimientos en la declaración.

Cuando el sujeto pasivo inicia la gestión del impuesto, presentando la declaración a despacho de aduanas, el devengo del impuesto se produce en el momento de dicha declaración. Esto significa que el impuesto se considera exigible, basándose en la información y el valor declarado de las mercancías en ese momento[227]. En cambio, si la gestión del impuesto se inicia de oficio por la autoridad

---

[227] EL TRIBUNAL ECONÓMICO ADMINISTRATIVO CENTRAL, resolución 00/08716/2021/00/00, del 21 de junio de 2023, fija el siguiente criterio: «*De acuerdo con el artículo 15.2 del CAU, toda persona que presente a las autoridades aduaneras una declaración en aduana, será responsable de la exactitud e integridad de la información que contenga la declaración, notificación o solicitud y una aduana goza de facultades para su comprobación. En este sentido el artículo 78 CAU señala que las autoridades aduaneras, después de haber concedido el levante de las mercancías y con objeto de garantizar la exactitud de los datos de la declaración, podrán proceder al control de los documentos y datos comerciales relativos a las operaciones de importación o de exportación de las mercancías de que se trate así como a las operaciones comerciales ulteriores relativas a las mismas mercancías. De acuerdo con la jurisprudencia del Tribunal Supremo recogida entre otras en su sentencia de 7 de mayo de 1992, recurso 7835/1990, son potestades discrecionales las que*

aduanera, por ejemplo, en casos donde no se haya presentado una declaración adecuada por parte del importador, el devengo del impuesto ocurre con la entrada efectiva de la mercancía en el territorio aduanero. En este caso, el impuesto se calcula basado en el valor y las circunstancias de la mercancía en el momento de su entrada.

La declaración tributaria manifestará la realización del hecho imponible, debiendo presentarse por vía telemática acompañada de la factura original de la mercancía, DUA y copia del conocimiento de embarque. La factura original de la mercancía proporciona detalles sobre el valor y la descripción de las mercancías importadas, el DUA cubre todos los datos necesarios para el despacho de aduanas, y la copia del conocimiento de embarque sirve como prueba del contrato de transporte, recibo de las mercancías y documento de título para las mismas.

La recaudación del importe devengado por la importación se produce en el momento de presentar la autoliquidación. La recaudación del importe correspondiente al IPSI a la importación se realiza en el momento en que el importador presenta la autoliquidación ante la aduana, el importador declara el valor de las mercancías y calcula el importe del IPSI según la legislación vigente. Una vez presentada esta declaración y efectuado el cálculo, el importador debe proceder al pago del monto correspondiente.

Los acuerdos de colaboración firmados entre la AEAT y las Ciudades Autónomas son dos:

- Resolución de 13 de noviembre de 1996, de la Agencia Estatal de Administración Tributaria, sobre colaboración entre los Servicios de Aduanas e Impuestos Especiales y los servicios fiscales de la Ciudad Autónoma de Ceuta[228].

permiten al órgano competente la elección entre diversas opciones, todas admisibles en lo jurídico, siempre que no se incurra en arbitrariedad y en el bien entendido de que el ejercicio de la discrecionalidad administrativa ha de ir dirigido al cumplimiento del fin perseguido en la norma en que aquélla se fundamenta que no es otro, según constantemente recuerda la doctrina del Tribunal de justicia de la Unión europea que adaptar el procedimiento aduanero a la situación real de las mercancías».

228 Publicado en el Boletín Oficial del Estado, nº 287, de 28 de noviembre de 1996.

- Acuerdo del Consejo Territorial de Dirección para la Gestión Tributaria de Melilla para la colaboración en la gestión tributaria entre la AEAT y la Ciudad de Melilla, de 24 de junio de 2002[229].

Destacar respecto a este último, la implementación de un sistema de intercambio de información y colaboración entre la Dependencia Provincial de Aduanas e Impuestos Especiales y la Ciudad Autónoma de Melilla. Este enfoque colaborativo, no solo mejora la capacidad de ambas entidades para realizar un control más efectivo y eficiente de las transacciones de importación, sino que también establece un marco de transparencia y legalidad en el comercio internacional. Al compartir datos y cooperar en la verificación de documentos y operaciones, se facilita la detección temprana de irregularidades, contribuyendo a la prevención del fraude fiscal y aduanero. La agilización de los procedimientos aduaneros es otra consecuencia directa de esta colaboración. Al optimizar el flujo de información entre las entidades, se reduce el tiempo necesario para el procesamiento de las mercancías, beneficiando tanto a las autoridades como a los operadores económicos. Esto no solo mejora la eficiencia de los trámites aduaneros, sino que también promueve un ambiente de negocios más dinámico y competitivo. Además, la prevención de la evasión fiscal se ve reforzada por la capacidad de verificar la congruencia entre los documentos presentados y la realidad de las operaciones comerciales. Esto asegura una recaudación tributaria justa y adecuada, esencial para el financiamiento de los servicios públicos y el desarrollo económico.

---

229 AGENCIA TRIBUTARIA. Disponible en: https://www.agenciatributaria.es/static_files/AEAT/DOPRI/Fisterritorial/Autonomica/CeutaMelilla/ContRelacionados/Reg_Fiscal_Ceuta_Melilla/Colab_Estado/acuerdo_22_06_02.pdf (fecha de última consulta: 13 de marzo de 2024).

Capítulo 6
DETERMINACIÓN DE LA OBLIGACIÓN TRIBUTARIA

6.1. BASE IMPONIBLE

Este concepto se encuentra establecido en el artículo 50 LGT, cuando señala que es la «*magnitud dineraria o de otra naturaleza que resulta de la medición o valoración del hecho imponible*». De acuerdo con lo indicado, la base imponible se refiere al valor o medida sobre el cual se aplica el tipo impositivo para determinar el importe del impuesto que debe ser pagado, es decir, la base imponible equivale al monto que se utiliza como referencia para calcular el impuesto a pagar.

En algunos casos, la base imponible se determina a partir del valor de mercado del bien o servicio sujeto a tributación. En otros casos, se utiliza un valor determinado por la ley, como puede ser el caso de los impuestos a la renta o a las ventas. Es importante destacar que la base imponible puede ser modificada por ciertos ajustes o deducciones previstos en la ley tributaria. Estos ajustes pueden incluir, por ejemplo, gastos necesarios para la generación de ingresos o ciertos créditos fiscales. Ahora bien, esta base puede ser determinada, de acuerdo con lo indicado en el artículo 50 de la Ley General Tributaria, por diferentes métodos, que son la estimación directa, objetiva e indirecta.

El método de estimación directa es el más común y generalmente utilizado, mientras que el método de estimación objetiva se aplica en casos específicos establecidos por la ley y tiene carácter voluntario para los obligados tributarios, "con el método de determinación objetiva se busca un conocimiento de la realidad a través de unas magnitudes —signos, índices y módulos— establecidos normativamente. Es un conocimiento mediato e indirecto, que posee la ventaja de comportar menores obligaciones de facturación y contabilización a su titular. Ahora bien, el calcular la renta a partir de características externas de la actividad puede dar lugar a que el resultado calculado no coincida con el realmente obtenido"[230]. Asimismo, se insta en la separación entre métodos de determinación y de estimación, pues a pesar de la denominación de estos tres métodos como estimación, considera que el directo e indirecto son métodos de determinación, mientras que el objetivo es una estimación[231]. Frente a las críticas que recibe la estimación objetiva por no ser método de medición de la verdadera capacidad económica, hay que quienes defienden que no existe una medición exacta de la capacidad económica sino que esta responde a distintos grados de aproximación[232]. Por último, la estimación indirecta es un método subsidiario que se aplica cuando se presentan ciertas circunstancias previstas en la ley; este método se utiliza cuando no se dispone de la información necesaria para determinar la base imponible, cuando se detectan irregularidades en la contabilidad del contribuyente o cuando no se presenta la declaración correspondiente[233]; así, Banacloche Palaou[234] afirma "que el legislador recoge la propuesta doctrinal de legitimar la estimación indirecta ante la falta de pruebas directas, sea esta o no imputable al sujeto pasivo, ya que la alternativa de un *non liquet* resulta una solución inviable", De esta manera, la justificación de la estimación indirecta se deriva de la imposibilidad de aplicar otros métodos de medición de la capacidad económica, surgiendo la estimación indirecta como una herramienta que asegure el cumplimiento de la obligación tributaria basándose en indicadores o datos alternativos que permitan inferir la capacidad económica del sujeto pasivo.

La elección del método de determinación de la base imponible dependerá de cada caso particular y de la normativa aplicable en cada momento. Pues de acuerdo con lo anterior, el metodo directo será el general, el método objetivo es voluntario pudiendo acogerse a él cuando la ley lo contemple y el indirecto subsidiario por los motivos previstos en el artículo 53 LGT.

De este modo, la LIPSI dispone que:

---

230 SÁNCHEZ HUETE, M. A (2012) "Estimación objetiva, prevención del fraude y blanqueo": *Quincena Fiscal,* (11).

231 LÓPEZ DÍAZ, A. (2009) "Determinación y estimación de la base imponible: conceptos diferentes y regímenes diferentes", *Revista española de Derecho Financiero,* (137).

232 FERREIRO LAPATZA, J. J. "Apología contracorriente de la estimación objetiva". *Crónica tributaria*, (116), 2005. Pg. 65-68.

233 Vid. Art. 53 LGT (*Tol 327278*)

234 BANACLOCHE PALAO, C. (2004) "La estimación indirecta en la nueva Ley General Tributaria". *Tributos y empresas*. Universidad de Barcelona. Pg. 301.

> *«1. Con carácter general la base imponible se determinará en régimen de estimación directa, sin más excepciones que las establecidas en esta Ley y en las normas reguladoras del régimen de estimación indirecta de las bases imponibles.*
>
> *2. Reglamentariamente, en los sectores o actividades económicas y con las limitaciones que se especifiquen, podrá acordarse la aplicación de regímenes de estimación objetiva en la determinación de la base imponible*
>
> *No obstante, este régimen no se aplicará a las importaciones, ni a las operaciones interiores cuando el importe de la base imponible en el año precedente supere los 100 millones de pesetas»*[235].

Conforme a lo anterior, el método predominante para la determinación de la base imponible será la estimación directa aunque las Ordenanzas Fiscales de Ceuta y Melilla podrán contemplar y desarrollar sus propios métodos de estimación objetiva para la determinación de esta. Respecto a la estimación objetiva hay que destacar que la LIPSI solo contempla la alternativa de aplicación del régimen de estimación objetiva a las operaciones interiores, que no excedan en el año anterior la base imponible de 100 millones de pesetas, equivalente a 601.012 euros. En este sentido, podemos apreciar el desfase de la LIPSI, pues esta ley fue aprobada en 1991 con escasas reformas en su vigencia, siendo la última en 2013, hace ya una década, por lo que algunas de sus disposiciones requieren de actualización y que no caigan en la dejadez u olvido. Asimismo, la fijación del valor en pesetas indica la necesidad de modernizar la LIPSI para reflejar la realidad económica y fiscal actual. La referencia a las pesetas, una moneda que dejó de estar en circulación en 2002 tras la introducción del euro, subraya el desfase temporal de la legislación y la urgencia de actualizarla. La limitación del régimen de estimación objetiva a operaciones interiores con una base imponible que no exceda los 601.012 euros, basada en un valor establecido hace décadas, puede no ser adecuada para la economía actual.

6.1.1. OPERACIONES INTERIORES

6.1.1.1. Estimación directa

En relación con el impuesto objeto de la presente investigación, el IPSI, la forma de estimación de la base imponible, con carácter general, corresponde al método de estimación directa. De este modo, la LIPSI en su artículo 15 se pro-

---

[235] Vid. Art. 17 LIPSI.

nuncia a cómo se determinará la base imponible por el método de estimacion directa.

> *«La base imponible en la producción o elaboración de bienes muebles corporales, en las entregas de bienes inmuebles y las prestaciones de servicios se establecerá con arreglo a lo dispuesto en las normas reguladoras de la base imponible de dichas operaciones en el Impuesto sobre el Valor Añadido. Asimismo, los supuestos y condiciones de la modificación de dicha base imponible serán los mismos que los previstos a efectos de dicho tributo»*

Así bien, el precitado artículo se pronuncia respecto a la producción y elaboración de bienes muebles, las entregas de bienes inmuebles y las prestaciones de servicios, no lo hace respecto al consumo de energía que se encuentra establecido en el artículo 3.d de la LIPSI, para la cual la base imponible será la cantidad que las empresas que distribuyen la energía eléctrica cobran a los usuarios por su consumo, la cual aparecerá reflejada en la correspondiente factura.

La base imponible de para las operaciones interiores, excepto para el consumo de energía, estará sujeta a las mismas regulaciones que se aplican al IVA, así como las condiciones y supuestos para modificar la base imponible serán los mismos que los previstos en dicha normativa. Nuevamente la LIPSI establece una remisión a la LIVA, aspecto que se repite en la investigación.

La determinación de la base imponible en la entrega de bienes muebles por el productor o fabricante, en la prestación de servicios y en la entrega de bienes inmuebles se determinará conforme a las reglas generales y especiales[236].

Conforme a la regla general, la base imponible estará constituida por el importe total de la contraprestación que el destinatario del bien esté obligado a pagar al proveedor, incluyendo gastos de comisiones, portes y transporte, seguros, primas por prestaciones anticipadas y otros créditos efectivos. Sin embargo, se excluyen ciertos conceptos, como los intereses por aplazamiento en el pago, subvenciones establecidas en función del número de unidades entregadas o volumen de servicios prestados, aportaciones dinerarias de Administraciones Públicas, indemnizaciones que no constituyan contraprestación, descuentos y bonificaciones que se concedan previa o simultáneamente al momento en que la operación se realice, y sumas pagadas en nombre y por cuenta del cliente en virtud de mandato expreso del mismo; por lo que la base imponible está constituida por el

---

236 Vid. artículo 78 y 79 de la LIVA. (*Tol 224743*).

importe total de la contraprestación, siendo este un concepto más amplio que el del precio del bien o servicio.

Asimismo, la LIVA establece las reglas especiales para la determinación de la base imponible. En primer lugar, se considera como base imponible el importe acordado entre las partes, expresado en dinero, en las operaciones que no impliquen el pago en efectivo, a menos que se demuestre lo contrario. En segundo lugar, si se entregan bienes o servicios de naturaleza diversa por un precio único, la base imponible correspondiente a cada uno de ellos se determinará en proporción al valor de mercado de los bienes o servicios entregados. El artículo también establece reglas específicas para la determinación de la base imponible en casos de autoconsumo y transferencia de bienes, así como en casos de vinculación entre las partes que intervienen en la operación.

6.1.1.2. Estimación objetiva

En el caso del IPSI, la forma de estimación de la base imponible con carácter general corresponde al método de estimación directa, anteriormente visto, Sin embargo, la LIPSI abre la posibilidad a que las Ordenanzas Fiscales aprobadas en su desarrollo contemplen un régimen de estimación objetiva en la determinación de la base imponible, haciéndose eco de lo anterior las Ordenanzas Fiscales de Ceuta[237] y Melilla[238]. Si bien, con carácter general será de aplicación el régimen de estimación directa, con carácter alternativo y voluntario, los sujetos pasivos del impuesto podrán acogerse a la estimación objetiva para la determinación de la base imponible, siempre y cuando cumplan con los requisitos y condiciones previstos para ello. El desarrollo de la estimación objetiva por las respectivas Ordenanzas Fiscales de las Ciudades Autónomas dará lugar a diferencias en su regulación y aplicación.

A. Ceuta

La Ordenanza Fiscal de Ceuta establece las siguientes condiciones que dan acceso a la posibilidad de determinar la base imponible por estimación objetiva:

---

237 Vid. Arts. 62 al 68 Ordenanza Fiscal de Ceuta.

238 Vid. Arts. 20 al 23 Ordenanza Fiscal de operaciones interiores en Melilla.

- Podrán acogerse a este régimen aquellos que desarrollen una actividad de producción o elaboración de bienes muebles corporales, construcción, ejecución de obra inmobiliario o prestación de servicios.
- Que dicha actividad sea realizada por personas físicas y entidades en régimen de atribución de rentas en el Impuesto sobre la Renta de las Personas Físicas, es decir, personas físicas que realizan actividades por cuenta propia y sociedades civiles o comunidades de bienes. Por lo que lo anterior excluye a las sociedades mercantiles.

No obstante, se establecen las siguientes condiciones que no darán posibilidad a la aplicación del régimen de estimación objetiva pese a cumplir los requisitos anteriormente descritos:

- Si la base imponible excede de 600.000 euros en la actividad de producción o elaboración de bienes muebles, de 100.000 en la prestación de servicios y de 300.000 en la construcción o ejecución de obras inmobiliarias. Sin embargo, estas cuantías no serán aplicables durante el primer ejercicio de inicio de la actividad económica.
- En las actividades referentes a la fabricación de materiales de construcción, en algunas prestaciones de servicios recogidas en su anexo, en los arrendamientos, primeras transmisiones de inmuebles, operaciones con distintos tipo de gravamen, contrataciones de obras publicas, operaciones que den lugar a la inversión del sujeto pasivo y operaciones de naturaleza ocasional.

La Ordenanza fiscal de Ceuta ha desarrollado un régimen de estimación objetivo propio, contemplado en su anexo 4, el cual recogen los modulos respecto a la actividad profesional o empresarial que se desarrolla para la determinación de la base imponible.

B. *Melilla*

La Ordenanza Fiscal de Melilla establece las siguientes condiciones que dan acceso a la posibilidad de determinar la base imponible por estimación objetiva:

- Podrán acogerse a este régimen aquellos que desarrollen una actividad de producción o elaboración de bienes muebles corporales, construcción, ejecución de obra inmobiliario o prestación de servicios.
- Que dicha actividad este contemplada en el método de estimación objetiva de signos, índices o módulos regulados en la Ley 35/2006, de 28 de

noviembre, del Impuesto sobre la Renta de las Personas Físicas y de modificación parcial de las leyes de los Impuestos sobre Sociedades, sobre la Renta de no Residentes y sobre el Patrimonio o Real Decreto 439/2007, de 30 de marzo, por el que se aprueba el Reglamento del Impuesto sobre la Renta de las Personas Físicas y se modifica el Reglamento de Planes y Fondos de Pensiones, aprobado por Real Decreto 304/2004, de 20 de febrero y el resto de disposiciones que resulten de aplicación. Asimismo, y conforme a lo anterior, le corresponde al Ministro de Economía y Hacienda la aprobación, mediante Orden Ministerial, de las actividades incluidas en el método de estimación objetiva, siendo la vigente la Orden HFP/1359/2023, de 19 de diciembre, por la que se desarrollan para el año 2024 el método de estimación objetiva del Impuesto sobre la Renta de las Personas Físicas y el régimen especial simplificado del Impuesto Sobre el Valor Añadido[239].

No obstante, se establecen las siguientes condiciones que no darán posibilidad a la aplicación del régimen de estimación objetiva pese a cumplir los requisitos anteriormente descritos:

- Si la base imponible excede de 450.000 euros el año anterior.
- Si se trata de operaciones que den lugar a la inversión del sujeto pasivo.
- Si se trata de actividades de construcción, y se han obtenido contrataciones, en el año anterior, con las Administraciones públicas por valor superior a 40.000 euros.
- Si se renuncia a la estimación objetiva, pues esta tiene carácter voluntario.

Sin embargo, estos condicionantes no serán de aplicación durante el primer ejercicio de inicio de la actividad económica, siempre y cuando esta cumpla con los requisitos de acceso al régimen de estimación objetiva.

---

239 Las órdenes que desarrollan el método de estimación objetiva del IRPF y el régimen especial simplificado del IVA se publican anualmente para adaptar estos regímenes a las condiciones económicas y fiscales del año siguiente. Las órdenes anteriores a la Orden HFP/1359/2023, de 19 de diciembre, para el año 2024, entre otras son: 1. Orden HFP/1155/2022, para el año 2023. 2. Orden HAC/1155/2020, para el año 2021. 3. Orden HAC/1164/2019, para el año 2020. 4. Orden HFP/1270/2017, para el año 2018. 5. Orden HFP/1823/2016, para el año 2017. Cada una de estas órdenes ajusta los parámetros y límites aplicables a los regímenes de estimación objetiva del IRPF y régimen simplificado del IVA para el año fiscal correspondiente.

La determinación objetiva del IPSI en Melilla está estrechamente vinculada al IRPF y demás normativa de desarrollo, pues existe una remisión expresa a ellos. Esto no implica que el sujeto pasivo deba tributar por módulos en el IRPF para acogerse al régimen de estimación objetiva del IPSI, sino simplemente que dichas actividades que desarrolle sean susceptibles de tributar por módulos en aquel, lo cual constituye una de las principales diferencias entre la estimación objetiva del IPSI y el régimen simplificado del IVA como veremos más adelante.

Si bien la Ordenanza Fiscal de operaciones interiores de Melilla pudo desarrollar un régimen de estimación objetiva propio, contemplándose en ella las operaciones que dieran acceso a la determinación de la base imponible por este régimen, optó por la simplificación que suponía la remisión de tales actividades a las contempladas en el IRPF[240], es decir, resultaran de aplicación directa los índices o módulos fijados por el Ministerio de Economía y Hacienda para el cálculo del rendimiento neto de la actividad. De este modo, el IPSI emplea módulos de renta para gravar el consumo. Por un lado, los módulos de renta se basan en la estimación de ingresos o renta de una persona o entidad, facilitando la tributación sin necesidad de llevar un registro detallado de todas las operaciones económicas. Por otro lado, los módulos de consumo se centran en el valor de los bienes y servicios consumidos, gravando el consumo final independientemente de la renta o ingresos del consumidor o del proveedor.

En cuanto a la determinación de la base imponible en el IPSI, no es exactamente coincidente con la estimación objetiva del IRPF, pues en la Ordenanza Fiscal se prevén coeficientes específicos en función de la operación que da lugar a la realización del hecho imponible. De esta manera, las diferentes actividades de producción o elaboración de bienes muebles corporales, la prestación de servicios y la construcción o ejecución de obra inmobiliaria presentan distintos índices correctores a aplicar sobre la base imponible, calculada conforme a la normativa del IRPF. Asimismo, la Ordenanza justifica la aplicación de los distintos coeficientes aplicables para el cálculo de la base imponible. La aplicación de coeficientes en el cálculo de la base imponible del IPSI en Melilla es un mecanismo que permite ajustar la carga fiscal de acuerdo con la naturaleza y características

---

240 PASCUAL, P. y SERNA, L. (2001) "Diferencias entre territorio común y País Vasco en la relación entre la modalidad de signos, índices o módulos del método de estimación objetiva del IRPF y el régimen simplificado de IVA". *Jurisprudencia Tributaria Aranzadi*, (19). Señalan la conveniencia de que las actividades que den acceso a los módulos sean coincidentes en IRPF e IVA, lo que igualmente se extiende al IPSI.

de cada actividad económica. En este contexto, se establecen tres coeficientes: 0,5, 1 y 2, que afectan a la base imponible y modifican la cuota tributaria de la siguiente manera:

- Coeficiente 0,5: Su aplicación reduce a la mitad la base imponible, disminuyendo la cuota tributaria que resulte.
- Coeficiente 1: Mantiene la base imponible sin cambios. La aplicación de este coeficiente indica que la actividad económica se valora en términos fiscales de manera estándar, sin necesidad de ajustes al alza o a la baja.
- Coeficiente 2: Duplica la base imponible, aumentando la cuota tributaria que resulte.

La determinación objetiva del IPSI viene a ser un reflejo del régimen simplificado previsto en el IVA, aunque la principal diferencia entre estos es que la estimación objetiva determina la base imponible del IPSI, pero, en ningún caso, constituye la cuota tributaria a ingresar, siendo esta el resultado de aplicar el tipo de gravamen correspondiente[241].

A continuación, detallaremos las diferencias entre la estimación objetiva del IPSI y el régimen simplificado del IVA:

1. Ámbito de aplicación del régimen de estimación objetiva:

- En el IVA se aplica exclusivamente a aquellas personas físicas y entidades en régimen de atribución de rentas en el IRPF[242]. Los requisitos por tanto para la aplicación del régimen simplificado del IVA son: que se trate de personas físicas o entidades en régimen de atribución de rentas en el IRPF y que realicen actividades comprendidas en el régimen de estimación objetiva del IRPF[243], y que no hayan renunciado a la estimación objetiva del

---

241 MULEIRO PARADA, L. M. (2015) "Los regímenes objetivos de tributación en los impuestos locales". Revista de Contabilidad y Tributación. CEF, (388). Pg. 92.

242 Vid. Art. 122 LIVA. (*Tol 224743*)

243 Vid. Art. 37 Real Decreto 1624/1992, de 29 de diciembre, por el que se aprueba el Reglamento del Impuesto sobre el Valor Añadido y se modifica el Real Decreto 1041/1990, de 27 de julio, por el que se regulan las declaraciones censales que han de presentar a efectos fiscales los empresarios, los profesionales y otros obligados tributarios; el Real Decreto 338/1990, de 9 de marzo, por el que se regula la composición y la forma de utilización del número de identificación fiscal, el Real Decreto 2402/1985, de 18 de diciembre, por el que se regula el deber de expedir y entregar factura que incumbe a los empresarios y profesionales, y el Real Decreto 1326/1987, de 11 de septiembre,

IRPF, ni al propio régimen simplificado, pues este último tiene carácter voluntario.

- En lo que respecta al IPSI, lo anterior es coincidente con lo dispuesto en la Ordenanza fiscal de Ceuta, no así en la Ordenanza Fiscal de Melilla, pues esta última recoge que los requisitos para su aplicación son: que se realicen actividades comprendidas en el régimen de estimación objetiva del IRPF, y que en caso de ser personas físicas o entidades en régimen de atribución de rentas en el IRPF no hayan renunciado a la estimación objetiva del IRPF, ni a propio régimen simplificado, abriendo así la posibilidad de que puedan acogerse al régimen de estimación objetiva las sociedades mercantiles, lo cual sólo debe entenderse conforme a una limitación para aquellos sujetos pasivos que tributen en el IRPF, y no como una prohibición en la aplicación del régimen de estimación objetiva sobre aquellos sujetos que no tributen en él, haciéndolo en el Impuesto de Sociedades.

Se reitera la importancia de las remisiones, pues al no contener el IPSI una remisión expresa a la normativa del IVA en la aplicación de la estimación objetiva y quedar su aplicación a lo dispuesto en la LIPSI, así como normativa de desarrollo, no se debe entender que su aplicación sea en los mismos términos que los establecidos en la LIVA, apreciándose en este sentido y, pese a la similitud por remisiones en otros aspectos, otra diferencia más entre estos dos regímenes impositivos.

2. Determinación de la base imponible en el IPSI y la cuota tributaria en el IVA.

- En el IVA las cuotas devengadas se corresponden con los índices y módulos del régimen especial simplificado del IVA, siendo la cuota anual derivada del régimen simplificado la diferencia entre esta y la cuotas soportadas que, por tanto, serán deducibles.
- En el IPSI, la Ordenanza Fiscal de Ceuta calcula el rendimiento neto conforme a sus propios módulos, aunque estos resultan bastante asimilados en cuanto a su estructura a los del IRPF; en cambio la Ordenanza Fiscal de Melilla se remite a los signos, índices o módulos de estimación

---

por el que se establece el procedimiento de aplicación de las Directivas de la Comunidad Económica Europea sobre intercambio de información tributaria.

objetiva del IRPF. En Ceuta la aplicación de los módulos determinará la base imponible. En Melilla sobre el resultado de la aplicación de los módulos se aplicarán coeficientes, siendo la base imponible el resultado de lo anterior. En ambos casos, la base imponible de los tres primeros trimestres corresponderá con los anteriores cálculos, siento la cuota tributaria el resultado de aplicar sobre la base imponible el tipo de gravamen que corresponda. Sin embargo, la base imponible del cuarto trimestre será el rendimiento neto anual de la actividad calculado en función de datos promedios efectivos siendo la cuota tributaria la diferencia entre la base imponible del cuarto trimestre y las cuotas trimestrales de los tres trimestres anteriores. Asimismo, la aplicación del régimen de estimación objetiva no es compatible con el escaso derecho a deducción de las cuotas soportadas previsto en el IPSI únicamente para las actividades de producción o elaboración de bienes y con alcance limitado.

Conforme a lo anterior, los índices y módulos aplicables en el IPSI e IVA difieren. Además, en el IPSI la aplicación de estos sirve para determinar la base imponible que no la cuota tributaria, en cambio en el IVA estos determinan la cuota devengada. La elección del método de estimación objetiva en el IPSI, a diferencia del IVA, conlleva la renuncia del derecho a deducción, por lo que si en el IPSI este derecho ya era reducido, y con mayores limitaciones que en el IVA, la estimación objetiva termina por suprimirlo al completo. De este modo, mientras que la base imponible en el IVA se ajusta trimestralmente con la deducción de las cuotas soportadas, en el IPSI estas cuotas no son deducibles, siendo este aspecto coincidente en las Ordenanzas de Ceuta y Melilla, aunque ello no implica la ausencia de ajustes. El ajuste significativo ocurre en el cuarto trimestre, donde se recalcula la base imponible según el rendimiento neto anual real. De esta manera el ajuste en el IPSI el cuarto trimestre permite alinear la base imponible con el rendimiento real de la actividad, ofreciendo un mecanismo de corrección. El IPSI se centra en un ajuste anual que refleja el rendimiento real, asegurando que la carga tributaria se ajuste a la capacidad económica real del contribuyente al final del año fiscal. Por lo que cualquier crítica en cuanto a que la estimación objetiva no es representativa de la capacidad económica real no encuentra cabida en el IPSI, a diferencia de las dudas que pudieran suscitarse en IVA o el IRPF.

6.1.2. IMPORTACIONES

La base imponible en las importaciones se calculará de acuerdo con lo dispuesto en el artículo 16 de la LIPSI.

> *«La base imponible en las importaciones se establecerá con arreglo a lo dispuesto en las normas reguladoras de la base imponible de dichas operaciones en el Impuesto sobre el Valor Añadido. Asimismo, los supuestos y condiciones de la modificación de dicha base imponible serán los mismos que los previstos a efectos de dicho tributo».*

El precitado artículo remite a la LIVA para la determinación de la base imponible, esta remisión incluye además los supuestos y condiciones de modificación de la base imponible, regulados tales aspectos en el artículo 83 de la LIVA.

La base imponible se articula en base al valor de aduana, estableciendo el TEAC que «*el valor en aduana debe reflejar el verdadero valor económico de la mercancía importada y tener en cuenta por lo tanto, todo los elementos de dicha mercancía que tienen un valor económico*»[244]. Asimismo, la Organización Mundial del Comercio establece 6 métodos para determinar dicho valor: valor de transacción, valor de transacción de mercancías idénticas, valor de transacción de mercancías similares, método deductivo, método del valor reconstruido y método de última instancia[245].

El Reglamento (UE) Nº 952/2013 del Parlamento europeo y del Consejo, de 9 de octubre de 2013, por el que se establece el Código Aduanero de la Unión (en adelante CAU), dedica su Título II Capítulo 3 al valor de aduana, estableciendo como criterio principal el valor de la transacción, y el resto como residuales:

- El valor de la transacción corresponde con el precio de venta, ajustado según sea necesario[246].

---

244 TRIBUNAL ECONÓMICO ADMINISTRATIVO CENTRAL, resolución 00/05686/2019/00/00, de 18 de mayo de 2022.

245 ORGANIZACIÓN MUNDIAL DEL COMERCIO. Información técnica sobre la valoración en aduana. Disponible en https://www.wto.org/spanish/tratop_s/cusval_s/cusval_info_s.htm (fecha de última consulta 1 de marzo de 2024).

246 Vid. Art. 70 CAU. (*Tol 3961371*)

- El valor de transacción de mercancías idénticas en el territorio exportador[247].
- El valor de transacción de mercancías similares en el territorio exportador[248].
- El valor de venta en el territorio de importación de mercancías idénticas o similares[249].
- El valor calculado, entendido como el coste de producción, beneficios y gastos generales asociados, así como aquellos relacionados con el transporte[250].
- El valor razonable, basado en el Acuerdo General sobre Aranceles Aduaneros y Comercio[251].

Se prioriza el uso del valor de transacción por ser el más directo y transparente, recurriendo a los otros métodos en un orden específico cuando no es aplicable. Por tanto, el método principal para determinar el valor de aduana es el valor de transacción, es decir, el precio realmente pagado o por pagar por las mercancías, cuando se venden para la exportación al país de importación, ajustado según sea necesario. Este método se aplica con independencia de la condición del importador. En casos donde el valor de transacción no puede ser utilizado o no refleja adecuadamente el valor de las mercancías, se recurre a métodos alternativos en el orden jerárquico establecido.

De este modo, para determinar el valor de aduana entre partes vinculadas[252], como lo fuera la exportación a una sucursal de la misma empresa, el principio

247 Vid. Art. 74.2.a) CAU. (*Tol 3961371*)

248 Vid. Art. 74.2.b) CAU. (*Tol 3961371*)

249 Vid. Art. 74.2.c) CAU. (*Tol 3961371*)

250 Vid. Art.. 74.2.d) CAU. (*Tol 3961371*)

251 Vid. Art. 74.3 CAU. (*Tol 3961371*)

252 Las partes vinculadas se entienden conforme el artículo 127 del El Reglamento de ejecución (UE) 2015/2447 de la Comisión, de 24 de noviembre de 2015, por el que se establecen normas de desarrollo de determinadas disposiciones del Reglamento (UE) Nº 952/2013 del Parlamento Europeo y del Consejo por el que se establece el código aduanero de la Unión, (*Tol 5879888*), según el cual son partes vinculadas «*a) una de ellas forma parte de la dirección o del consejo de administración de la empresa de la otra; b) si ambas tienen jurídicamente la condición de asociadas; c) si una es empleada de otra; d) si una tercera persona posee, controla o tiene directa o indirectamente el 5% o más de*

básico sigue siendo el mismo: el valor de transacción. Así, la empresa que exporta a otra sucursal suya, aunque la transacción sea interna (dentro de la misma empresa), debe establecer un valor de transacción que refleje de manera justa y razonable el valor de mercado de las mercancías. Esto puede requerir ajustes, para asegurar que el precio declarado sea equivalente al que se habría pagado si las partes hubieran sido independientes.

Se añade que el artículo 70 del CAU podrá excluir el método de valoración basado en el precio de transacción cuando exista vinculación entre las partes y esta tenga influencia en el precio, por lo que se podrán llevar a cabo actuaciones dirigidas a evaluar si la vinculación ha influido en el precio de la transacción. Si, tras una evaluación, se determina que el precio no ha sido influenciado por la relación entre las partes, entonces el valor de transacción puede ser aceptado para la valoración aduanera. Por otro lado, si se determina que la relación ha influido en el precio, se debe buscar un método alternativo de valoración en el orden jerárquico establecido por el CAU. Estas evaluaciones no tienen carácter obligatorio y solo se realizarán si se aprecian indicios que supongan una alteración de los precios.

Lo importante es que el valor de transacción se aproxime de manera razonable al valor de mercado de las mercancías en condiciones de libre competencia. El objetivo es asegurar que el valor declarado refleje un precio justo y realista que habría sido acordado entre partes independientes. En este sentido, se afirma que "se da preferencia al precio estipulado por las partes, siempre que no se den condiciones anormales, en cuyo caso se pueden utilizar diversos métodos secundarios de valoración"[253].

El Reglamento de Ejecución (UE) 2015/2447 de la Comisión, de 24 de noviembre de 2015[254], por el que se establecen normas de desarrollo de determinadas disposiciones del Reglamento (UE) nº 952/2013 del Parlamento Europeo y del Consejo por el que se establece el Código Aduanero de la Unión, dispone

las acciones o títulos con derecho a voto de una y otra; e) si una de ellas controla, directa o indirectamente, a la otra; f) si ambas son controladas, directa o indirectamente, por una tercera persona; g) si juntas controlan, directa o indirectamente, a una tercera persona; h) si son miembros de la misma familia».

253 CASANA MERINO, F. (2017) "El nuevo concepto de valor en aduana tras la entrada en vigor del código aduanero de la Unión". *Quincena fiscal,* (3).

254 Vid. Art. 134 Reglamento de Ejecución (UE) 2015/2447. (*Tol 5879888*)

que se aceptará como valor de transacción entre partes vinculadas la coincidencia o aproximación a los siguientes valores: el valor de transacción de mercancías idénticas o similares en el territorio exportador, el valor de venta en el territorio de importación de mercancías idénticas o similares, o el valor calculado, entendido como el coste de producción, beneficios y gastos asociado, así como aquellos relacionados con el transporte.

Además, el TJUE[255] resalta la posibilidad de realizar ajustes a posteriori del valor de aduana por defectos o vicios en los productos, pero que «*no se permiten aceptar como valor en aduana un valor de transacción pactado que se compone, por una parte, de un importe inicialmente facturado y declarado y, por otra, de un ajuste a tanto alzado efectuado tras concluir el período de facturación, sin que sea posible saber si, al final del período de facturación, tal ajuste se efectuará al alza o a la baja*», concluyendo el TEAC[256] que «*se niega la posibilidad de modificar el valor en aduana cuando existan ajustes en las transacciones intragrupo encaminados a garantizar la obtención de un determinado beneficio para las distintas entidades integrantes del grupo, ajustes, por otra parte, no previstos como tales en el momento de la venta de las mercancías y que no se refieren de manera específica a las mismas, sino que constituyen ajustes a tanto alzado ligados al montante de beneficios que se considera deseable para cada una de las entidades del grupo*».

El valor de aduana se consignará en el Documento Único Administrativo (en adelante DUA). El DUA es el formulario utilizado en la Unión Europea para la declaración de importaciones, exportaciones y tránsitos de mercancías. En el caso de las importaciones, este documento incluye información esencial sobre las mercancías, como su descripción, valor, cantidad y origen, entre otros. Destacando Martínez López[257] el uso del DUA para "operaciones de tránsito comunitario externo, operaciones de tránsito comunitario interno, operaciones de tránsito común, operaciones de tránsito entre Zonas/ Depósitos Francos o entre éstos y los recintos aduaneros y operaciones de tránsito entre recintos aduaneros".

---

255 SENTENCIA DEL TRIBUNAL DE JUSTICIA (Sala Primera), de 20 de diciembre de 2017. En el asunto C-529/16. ECLI:EU:C:2017:984. (*Tol 6454537*)

256 TRIBUNAL ECONÓMICO ADMINISTRATIVO CENTRAL, resolución 00/02818/2015/00/00, del 19 de junio de 2018.

257 MARTÍNEZ LÓPEZ, J. A. (2000) "Normativa documental para las importaciones y exportaciones de mercancías: la doble vía". *Boletín Económico de ICE*, (2654). Pg. 5.

La base imponible, conforme al artículo 83 de la LIVA y como regla general, será el resultado de adicionar al valor de aduana todos los impuestos (a excepción del IPSI), tasas y otros cargos que se hayan generado tanto fuera como dentro del territorio donde se aplica el impuesto, siempre que estén relacionados con la importación de los bienes, así como los costes adicionales incurridos hasta que los bienes llegan a su primer destino, lo cual abarca gastos como las comisiones, el embalaje, el transporte y el seguro de los bienes.

La DGT[258] resalta que la inclusión de las comisiones en la base imponible del valor de aduana de las importaciones tiene por contrapartida lo previsto en el artículo 64 de la LIVA relativo a la exención por prestaciones de servicios relacionados con las importaciones, la cual incluye las comisiones. De este modo, las comisiones no resultarán sujetas a IVA por operaciones interiores, sino que se incluirán en la base imponible de las importaciones. Siendo lo anterior, extensible al IPSI. Además, la DGT[259] precisa que se incluirá en la base imponible los cánones y derechos de licencia cuando *«sean relativos a las mercancías a valorar; que el comprador esté obligado a pagarlos directamente o indirectamente como condición de venta de dichas mercancías y que dichos cánones y derechos no estén incluidos en el precio pagado o por pagar»*.

6.2. TIPO DE GRAVAMEN

Los tipos impositivos aplicables a la base imponible de las operaciones sujetas y localizadas en el ámbito territorial del IPSI se determinarán conforme a lo siguiente:

> *«1. Los tipos de gravamen serán fijados en las Ordenanzas por las Ciudades respectivas y estarán comprendidos entre 0,5 por 100 y el 10 por 100.*
>
> *2. No podrá establecerse distinción alguna entre los tipos de gravamen aplicables a la producción o elaboración y a la importación de bienes muebles corporales.*
>
> *3. El tipo de gravamen aplicable a cada operación será el vigente en el momento del devengo»*[260].

---

258 Consulta Vinculante V0024-21 de la DGT. (*Tol 8339815*)

259 Consulta Vinculante V0045-03 de la DGT. (*Tol 3288392*)

260 Vid. Art. 18 LIPSI.

La LIPSI establece una gama de tipos impositivos que oscilan entre el 0,5% y el 10%, por lo que los tipos impositivos en el IPSI se mueven dentro del amplio abanico de posibilidades fijado por esta horquilla. A diferencia del IVA, que recoge un tipo general del 21%, reducido del 10% y super reducido del 4%. A su vez, los tipos impositivos resultan inferiores en el IPSI en comparación con el IVA, lo cual proporciona una ventaja fiscal que permite beneficiarse de cargas impositivas menores. El objetivo que se persigue con lo anterior es adaptar el régimen fiscal a las particularidades y necesidades económicas de estas Ciudades Autónomas que, por su posición geográfica y situación particular, presentan retos y oportunidades distintas al resto del territorio nacional.

El IPSI se ha caracterizado por tipos impositivos inferiores al IVA, aunque esta afirmación, dados los últimos acontecimientos, no resulta tan precisa, pues se producen situaciones en las que los tipos impositivos del IVA resultaran inferiores a los del IPSI. La LIPSI determina un umbral con tipo mínimo del 0,5% y un máximo del 10%, respecto a la producción y elaboración de bienes, prestación de servicios, entrega de bienes inmuebles, consumo de energía e importaciones, impidiendo cualquier tipo impositivo inferior con independencia de las circunstancias.

En este sentido, como respuesta a la crisis sanitaria del Covid-19 y al impacto en la economía por la guerra de Ucrania, se aprobaron las siguientes medidas con incidencia directa en los tipos impositivos del IVA. Por un lado, el Real Decreto-Ley 15/2020, de 21 de abril, de medidas urgentes complementarias para apoyar la economía y el empleo, y el Real Decreto-Ley 34/2020, de 17 de noviembre, de medidas urgentes de apoyo a la solvencia empresarial y al sector energético y en materia tributaria, establecieron un 0%, que no exención, en el IVA respecto a las entregas, importaciones y adquisiciones intracomunitarias de material sanitario destinado a combatir la COVID-19, dirigidas a entidades públicas, organizaciones sin fines de lucro y establecimientos hospitalarios. En cambio, en el IPSI estas importaciones no pudieron recibir el mismo tratamiento, quedando sujetas a dicho umbral del 0,5% al 10% por el que la LIPSI fija el tipo de gravamen. Por otro lado, el Real Decreto-Ley 20/2022, de 27 de diciembre, de medidas de respuesta a las consecuencias económicas y sociales de la Guerra de Ucrania y de apoyo a la reconstrucción de la isla de La Palma y a otras situaciones de vulnerabilidad, rebajó el IVA al 0% en los productos básicos de alimentación, con objeto de contener el precio de la cesta de compra. Conforme a lo anterior, a la entrega, importación y adquisiciones intracomunitarias del pan, harina, queso, huevo, frutas, verduras, hortalizas, legumbres y cereales les será de aplicación el

0% de IVA. Esta rebaja en el IVA no puede ser copiada en el IPSI de ninguna manera, por ser su tipo mínimo el 0,5%.

Asimismo, respecto al consumo de energía, el IPSI fija su tipo impositivo para el consumo de la luz en un 1%[261] frente al 21% del IVA. En los últimos tiempos, la subida de la luz ha sido una de las mayores preocupaciones en los hogares españoles, habiéndose adoptado en el IVA diversas aportaciones a modo de soluciones. Real Decreto-ley 12/2021, de 24 de junio, por el que se adoptan medidas urgentes en el ámbito de la fiscalidad energética y en materia de generación de energía, y sobre gestión del canon de regulación y de la tarifa de utilización del agua contempló una rebaja del 21% de IVA al 10%, medida prorrogada por el Real Decreto-ley 17/2021, de 14 de septiembre, de medidas urgentes para mitigar el impacto de la escalada de precios del gas natural en los mercados minoristas de gas y electricidad, el Real Decreto-ley 29/2021, de 21 de diciembre, por el que se adoptan medidas urgentes en el ámbito energético para el fomento de la movilidad eléctrica, el autoconsumo y el despliegue de energías renovables y el Real Decreto-ley 6/2022, de 29 de marzo, por el que se adoptan medidas urgentes en el marco del Plan Nacional de respuesta a las consecuencias económicas y sociales de la guerra en Ucrania. Posteriormente, el Real Decreto-ley 11/2022, de 25 de junio, por el que se adoptan y se prorrogan determinadas medidas para responder a las consecuencias económicas y sociales de la guerra en Ucrania, para hacer frente a situaciones de vulnerabilidad social y económica, y para la recuperación económica y social de la isla de La Palma, rebajo del 10% al 5% de IVA el consumo de energía, prorrogándose nuevamente en el Real Decreto-ley 20/2022, de 27 de diciembre, de medidas de respuesta a las consecuencias económicas y sociales de la Guerra de Ucrania y de apoyo a la reconstrucción de la isla de La Palma y a otras situaciones de vulnerabilidad. Finalmente, El Real Decreto-ley 8/2023, de 27 de diciembre, por el que se adoptan medidas para afrontar las consecuencias económicas y sociales derivadas de los conflictos en Ucrania y Oriente Próximo, así como para paliar los efectos de la sequía, puso fin a la rebaja temporal del IVA de la luz al 5%, volviendo al 10% de IVA siempre y cuando el precio de la luz de mantuviera por encima de 45€/MWh, bajando el precio de la luz en febrero de 2024 y volviendo al tipo general del 21% de IVA. De este modo, se refleja que la situación en Ceuta y Melilla respecto al consumo de energía en comparación con la Península y Baleares ha sido más favorable en términos fiscales, aunque para ser justos la adopción en el IPSI del tipo impositivo del 1% en el consumo de energía no ha venido motivada por las circunstancias excepcionales que conllevaron un in-

261 Conforme a las Ordenanzas Fiscales de Ceuta y Melilla.

cremento en el precio de la luz, sino que son reflejo de una tradición ya contemplada en anteriores Ordenanzas Fiscales de Ceuta y Melilla.

Así pues, aunque históricamente el IPSI haya sido caracterizado por tener tipos impositivos generalmente inferiores al IVA, algunas de las recientes modificaciones introducidas han invertido esta situación, al menos temporalmente. En algunos casos específicos, el IVA ha presentado tipos impositivos inferiores al IPSI, reflejando el IVA flexibilidad para adaptarse a situaciones de crisis y ofrecer alivio económico a los ciudadanos, y no tanto así el IPSI. Es de destacar que estas modificaciones afectaban directamente a los tipos impositivos, pues si hubieran sido configuradas vía exención, hubieran sido directamente aplicables en el IPSI por remisión. Aprovechando esta coyuntura, no estaría de más utilizar la situación para que el Consejo de Gobierno realizara una petición de modificación de los tipos de gravámenes prevista en el artículo 60 de la Ley 13/1996, de 30 de diciembre, de Medidas Fiscales, Administrativas y del Orden Social, por la que se estableciera el umbral del 0% al 10%, pudiendo así establecerse en las Ordenanzas Fiscales estos tipos impositivos inferiores, equiparando las condiciones entre IVA e IPSI, pues la fundamentación de esta modificación viene justificada por las propias medidas adoptadas en el IVA.

Corresponde a las Ciudades Autónomas de Ceuta y Melilla, a través de las respectivas Ordenanzas Fiscales la determinación de los tipos impositivos dentro de la horquilla del 0,5% y del 10% fijada por la LIPSI. Esta flexibilidad que se concede en la determinación de los tipos impositivos por las Ordenanzas Fiscales de Ceuta y Melilla tiene diversas implicaciones. Las ciudades de Ceuta y Melilla podrán fijar sus tipos impositivos con atención a las particularidades socioeconómicas diferenciadas que presenten sus territorios, por lo que la carga tributaria de las operaciones sujetas a IPSI diferirá en Ceuta y Melilla. En este sentido, la adaptabilidad del IPSI a través de las Ordenanzas Fiscales permite que las Ciudades Autónomas diseñe un marco fiscal que potencie el desarrollo de determinadas actividades económicas. La autonomía y flexibilidad en la determinación de los tipos impositivos puede fomentar la inversión en sectores claves a través de una menor imposición, lo cual permite posicionarse competitivamente para atraer inversión. Sin embargo, esta autonomía es relativa puesto que lo dispuesto en la Ordenanza de una Ciudad Autónoma condicionará lo dispuesto en la otra al ver como se desvía la inversión hacia el territorio que mayores ventajas impositivas presente.

Ejemplo de lo anterior, es lo acontecido con las empresas de juego *online* que se han establecido en los últimos años en las Ciudades Autónomas. La adopción de un tipo impositivo mínimo para estas en el IPSI, el 0,5%, fue fijado primeramente en la Ordenanza Fiscal de Ceuta, haciéndose eco de ello la Ordenanza Fiscal de Melilla, a fin de evitar que las condiciones de una Ciudad Autónoma, Ceuta, fueran más favorables que las de la otra, Melilla, pretendiéndose con ello evitar que una de estas tuviera mayor capacidad de atracción de la inversión, dejando a la otra "fuera de juego". Sin embargo, la adopción de estos tipos impositivos tan bajos, aunque ha constituido un aliciente en la implantación de las empresas de juego online, también ha supuesto una recaudación mínima para las Ciudades Autónomas. En este sentido, hubiera sido conveniente que ambas ciudades hubieran fijado un tipo impositivo intermedio, más ventajoso que el resto de los territorios y que igualmente llamara a la inversión, pero sin que esto supusiera renunciar prácticamente a la recaudación.

La determinación de los tipos impositivos por las Ordenanzas fiscales de Ceuta y Melilla se ha desarrollado en función de cada hecho imponible, pues como regla general se establecen un tipo impositivo general respecto al hecho imponible; a la vez que se contemplan excepciones respecto a este, a las que se les otorga diferente gravamen. Asimismo, la determinación de los tipos impositivos debe ser coincidente en la producción o elaboración de bienes muebles y en la importación de estos, lo cual se alinea con el Derecho de la UE, que tiene como uno de sus principios fundamentales el garantizar la libre circulación de bienes y servicios y evitar barreras comerciales dentro de la UE, pues al requerir que las Ciudades Autónomas graven las operaciones de producción y las importaciones al mismo tipo impositivo, se asegura que la producción local no sea injustamente favorecida en detrimento de los bienes importados[262], lo cual garantiza un tratamiento fiscal equitativo, independientemente de si se fabrican localmente o se importan, asegurando la competencia justa y evitando distorsiones en el mercado.

En virtud de lo anterior, la estructura de los tipos impositivos establecidos en las Ordenanzas Fiscales de Ceuta y Melilla respecto a la producción o elaboración de bienes muebles y la importación, se contemplan a través de contempla 97 capítulos en atención al bien objeto de la importación, coincidente con los capítulos establecidos en el Protocolo nº 4 sobre la definición del concepto de «productos originarios» y métodos de cooperación administrativa, existiendo un sistema armonizado con la UE en cuanto a la codificación; a su vez, estos capítulos se subdividen en artículos específicos, a los que le será de aplicación los tipos de gravamen configurados en las respectivas Ordenanzas de Ceuta y Melilla.

262 Vid. Art 110 TFUE versión consolidada (*Tol 3711558*)

No obstante, la Ordenanza Fiscal de importaciones de Melilla añade un capítulo adicional, el 99, denominado "códigos especiales de la nomenclatura combinada", haciéndoles tributar al tipo máximo, es decir, al 10%. Este capítulo adicional impacta directamente sobre el régimen de viajeros, con la pretensión de buscar generar una mayor recaudación y desincentivar ciertos movimientos. En este sentido, los bienes introducidos por los viajeros deberán soportar el tipo máximo del 10% del IPSI, con independencia del tipo de bien introducido y por ende, del tipo impositivo consignado en los capítulos y artículos específicos que aplican respecto a la producción e importación del bien en cuestión. Así pues, consideramos que la Ordenanza fiscal de Melilla introduce una discriminación en función de la condición del importador.

Para ilustrar la anterior afirmación exponemos el siguiente ejemplo. Supongamos una mercancía a la que le es de aplicación un tipo impositivo en el IPSI del 4%, si la mercancía fuera producida o elaborada en Melilla le sería de aplicación el 4%, si la mercancía fuera pedida a un distribuidor e importada a Melilla a través de empresa de transporte o paquetería el tipo impositivo seguiría siendo el 4%, en cambio si un individuo adquiera esa misma mercancía en la Península o Baleares y la importara el mismo a la ciudad el tipo impositivo pasaría automáticamente a ser del 10%.

La introducción de este mayor gravamen en la anterior situación descrita se traduce no tanto en una intención de aumentar la recaudación, sino que desde nuestro punto de vista tiene un carácter proteccionista respecto al comercio interior. Descartamos que la finalidad de su implementación sea recaudatoria, puesto que, de ser así, no se concederían exenciones a la importación por encima del umbral mínimo que marca la ley. Además, la importación en régimen de viajeros aun al mismo tipo impositivo lleva implícita un aumento de recaudación, en tanto que el valor de aduanas que conforma parte de la base imponible de la importación, aun siendo este el precio de la transacción, no es el mismo para un comercio que adquiere de su distribuidor que para el particular que adquiere del comercio directamente, obviamente la cadena de distribución incrementará los precios. En cambio, sí que vemos en tal decisión una finalidad proteccionista respecto al comercio local, pues la influencia del gravamen en los precios de venta podría condicionar las decisiones de compra.

Conforme a lo anterior, imaginemos el supuesto de un consumidor con la intención de adquirir un bien determinado, tiene la posibilidad de hacerlo en Melilla o durante un viaje a la Península o Baleares. Su percepción económica debería ser idéntica, en el sentido de que, si lo adquiere en la Península y lo importa a Melilla, estará exento de IVA y sujeto a IPSI, y si lo adquiere en Melilla a pesar de no estar sujeto a IPSI se producirá una acumulación del IPSI a la importación que previamente hubiera soportado el comerciante que se reflejará en el precio de venta, hasta aquí al consumidor le sería indiferente donde adquirir el bien pues la carga fiscal no influiría en su decisión de compra. El efecto que produce el aumento del tipo impositivo a la importación en régimen de viajeros distorsionará el precio final soportado por el consumidor, pudiendo provocar una alteración en su decisión de compra, no por ventaja competitiva del libre mercado sino por ventaja fiscal a favor del comercio que se realiza en Melilla, consecuencia de la importación. Además, el mismo efecto se produciría respecto a la producción, pues entre un bien producido en la ciudad y otro importado en régimen de viajeros, los tipos impositivos difieren, haciendo más atractiva la producción local, ya que producción e importación en este supuesto dejan de estar gravadas al mismo tipo impositivo.

En este sentido, apreciamos en la Ordenanza Fiscal de Melilla, una posible vulneración al derecho de la UE en tanto que se produce discriminación entre la producción o elaboración de bienes muebles y la importación, así como una vulneración del principio de reserva de ley por la distinción de tipos impositivos que afectan a tales actividades en función de la condición del importador.

Nuestro planteamiento es si esta discriminación en los tipos impositivos es contraria al Derecho de la UE, pues aunque en Melilla no sea territorio IVA ni pertenezca a la Unión Aduanera, sí que se aplican los principios del Derecho de la UE. En este mismo sentido, traemos a coalición el artículo 110 del Tratado de Funcionamiento de la Unión europea versión consolidada

> *«Ningún Estado miembro gravará directa o indirectamente los productos de los demás Estados miembros con tributos internos, cualquiera que sea su naturaleza, superiores a los que graven directa o indirectamente los productos nacionales similares. Asimismo, ningún Estado miembro gravará los productos de los demás Estados miembros con tributos internos que puedan proteger indirectamente otras producciones».*

El TJUE[263] sostiene que este artículo, se basa en una comparación de las cargas fiscales entre productos nacionales e importados calificados como similares. En este sentido, no es que la Ordenanza discrimine productos similares, sino

---

263 SENTENCIA DEL TRIBUNAL DE JUSTICIA, de 27 febrero de 1980. En el asunto 171/78 ECLI:EU:C:1980:54.

idénticos, pues la distinción entre el tipo de gravamen aplicable se realiza atendiendo al modo de introducción de estos en Melilla y no al tipo de bien.

Además, el TJUE[264] dictaminó que el precitado artículo tiene por objetivo «*asegurar la libre circulación de mercancías entre los Estados miembros en condiciones normales de competencia, eliminando cualquier forma de protección que pueda resultar de la aplicación de impuestos interiores discriminatorios para con los productos de otros Estados miembros, y garantizar la absoluta neutralidad de los impuestos interiores con respecto a la competencia entre productos nacionales e importados*», se admite la posibilidad de establecer diferentes tipos impositivos en función de los bienes, si no provocan discriminación respecto a la importación y no implica protección a la producción nacional. La Ordenanza Fiscal de Melilla aplica diferentes tipos impositivos en atención al bien importado alineándolo con la producción nacional, salvo en el régimen de viajeros, en el que se suprime cualquier diferencia y se grava a un tipo único, por lo que producción e importación en régimen de viajeros deja de estar en consonancia. Además, sostenemos que la fundamentación de aplicar un tipo impositivo superior a la importación en régimen de viajeros se debe a la protección del consumo local y por extensión de la producción que se vería igualmente beneficiada dadas las ventajas fiscales que supone la aplicación de un tipo impositivo inferior respeto a la importación en régimen de viajeros.

Finalmente, el TJUE[265] concluye que «*se infringe el artículo 90 CE, párrafo primero, del Tratado cuando el tributo que grava el producto importado y el que grava el producto nacional similar se calculan de modo diferente y con arreglo a modalidades diferentes que den lugar, aunque sólo sea en ciertos casos, a una tributación más elevada del producto importado*». Conforme a este pronunciamiento, aunque la Ordenanza grave con la producción e importación al mismo tipo impositivo, la excepcionalidad incluida respecto al régimen de viajeros supone una tributación más elevada del producto importado.

De acuerdo con lo expuesto, afirmamos que la LIPSI no es una exacción de efecto equivalente, sino que se trata de un tributo interno, compatible con el Derecho de la UE. Asimismo, la LIPSI establece la obligación de gravar producción

---

264 SENTENCIA DEL TRIBUNAL DE JUSTICIA, 4 de marzo de 1986. En el asunto 106/84 ECLI:EU:C:1986:99.

265 SENTENCIA DEL TRIBUNAL DE JUSTICIA (Sala Sexta) de 29 de abril de 2004. En el asunto C-387/01. ECLI:EU:C:2004:256. (*Tol 393460*)

e importación al mismo tipo impositivo, con objeto de que no se produzcan discriminaciones entre estas, correspondiendo a las Ordenanzas Fiscales la fijación del gravamen aplicable. La Ordenanza de Melilla ha ajustado su gravamen a los capítulos del sistema armonizado de nomenclatura arancelaria, respecto a la producción e importación. Sin embargo, la introducción del capítulo 99 se aparta de los estándares preestablecidos. Con la introducción de este nuevo capítulo, se fija un gravamen específico para la importación en régimen de viajeros con independencia del bien, estableciéndose una diferenciación en atención al modo en que se importa los bienes. En este sentido, importación y producción no se gravará con los mismos tipos dada la introducción de esta salvedad, lo que implica una discriminación conforme al artículo 110 del Tratado de Funcionamiento de la Unión Europea, y aunque solo sea en este caso en concreto, debemos afirmar que esta medida vulnera los principios fundamentales de libre circulación de mercancías dentro de la Unión Europea, pues cualquier medida, por aislada que sea, que introduzca diferencias de trato entre bienes importados y bienes producidos internamente es un obstáculo a este principio[266].

6.3. CUOTA TRIBUTARIA

De acuerdo con el artículo 19 LGT «*La obligación tributaria principal tiene por objeto el pago de la cuota tributaria*», es decir, "la cantidad que según el hecho imponible realizado y por aplicación de los elementos de cuantificación definidos por la ley de cada tributo, queda obligado a entregar al fisco el sujeto deudor de la relación jurídico-tributaria"[267], es decir, "la norma tributaria ordena la realización de un pago, como consecuencia jurídica de la realización del hecho imponible. El importe a pagar en concepto de tributo se denomina «cuota tributaria». Así pues, la obligación de pagar la cuota tributaria es la consecuencia jurídica de la realización del hecho imponible"[268]. La cuota tributaria es la cantidad de dinero que el sujeto pasivo debe ingresar como consecuencia de la realización

---

266 BERNAD FUREST, M. (2024) "A vueltas con el Impuesto sobre la producción, los servicios y la importación en Melilla y el Derecho de la Unión". *Quincena fiscal*, (14).

267 ROBLES MORENO, C. D. P. (2006) "El pago de la deuda tributaria como medio de extinción de la obligación tributaria". *Foro jurídico*, (6). Pg. 154.

268 GONZÁLEZ ORTIZ, D. (2011) *Introducción a la fiscalidad empresarial*. Universitat Jaume I. Pg. 3.

del hecho imponible, calculada como el producto de la base imponible y el tipo de gravamen correspondiente[269]. Conforme a lo anterior, el IPSI un impuesto de cuota variable y proporcional, ya que se calcula aplicando un tipo impositivo (porcentaje) a la base imponible, siendo este el mismo, independientemente del importe de la base imponible.

Asimismo, las Ordenanzas Fiscales de Ceuta y Melilla contemplan dos bonificaciones del 99% aplicables al resultado de la cuota tributaria, para las operaciones entre socios y agrupaciones de interés económico y para las operaciones entre empresas miembros y uniones temporales para la consecución de los fines para los que se constituyeron. Sin embargo, en ambos casos, esta bonificación no puede reducir la cuota tributaria a un monto menor del que se habría generado si los socios o empresas hubieran realizado las operaciones directamente; esto se hace para evitar posibles abusos o elusiones fiscales a través de la agrupación.

El contenido de este artículo además impone que la bonificación no se extienda a las operaciones que se produzcan directa o indirectamente entre los socios o entre estos y terceros; es decir, solo se aplica a las operaciones que cumplen con los requisitos específicos mencionados anteriormente. Esta limitación busca garantizar que la bonificación se aplique de manera adecuada y evita posibles abusos para obtener beneficios fiscales injustificado.

Aunque es innegable que la Ordenanza amplía lo establecido en la LIPSI, no se infringe el principio de reserva de ley. Esto es válido incluso cuando la cuota tributaria se considera un componente esencial del tributo y, a pesar de que el artículo 8 de la LGT no lo menciona explícitamente, se presume su inclusión al ser un factor determinante de la deuda tributaria. No se produce vulneración del principio de reserva de ley pues las bonificaciones establecidas en las Ordenanzas Fiscales vienen a reproducir lo dispuesto en el artículo 26 de Ley 12/1991, de 29 de abril, de Agrupaciones de Interés Económico[270] y el artículo 10 de la

---

269 Vid. Art. 19 LIPSI

270 «1. *En el Impuesto sobre la Producción, los Servicios y la Importación en las Ciudades de Ceuta y Melilla gozarán de una bonificación del 99 por 100 sobre las operaciones sujetas al mismo que se realicen entre los socios y las agrupaciones de interés económico en cumplimiento de su objeto social.2. Cuando se trate de operaciones realizadas entre los socios, a través de la agrupación, la aplicación de la bonificación no podrá originar una cuota tributaria menor a la que se habría devengado si dichos socios hubiesen actuado directamente. Salvo lo dispuesto en el párrafo anterior, la bonificación no se extenderá a las operaciones que directa o indirectamente se produzcan entre los socios o entre éstos y terceros*».

Ley 18/1982, de 26 de mayo, sobre régimen fiscal de agrupaciones y uniones temporales de Empresas y de las Sociedades de desarrollo industrial regional[271]. Estas leyes establecen bases para la aplicación de bonificaciones fiscales a ciertas estructuras empresariales, permitiendo que la Ordenanza las aplique específicamente en el contexto del IPSI sin contravenir el principio de legalidad tributaria. Esto demuestra cómo las Ordenanzas pueden complementar y especificar la aplicación de la ley, siempre que se mantengan dentro del marco establecido por la legislación superior y respeten los principios fundamentales del sistema tributario.

La aplicación de una bonificación del 99% en el IPSI en Ceuta y Melilla para operaciones realizadas entre empresas miembros de uniones temporales y entre socios y agrupaciones de interés económico tiene varias implicaciones importantes:

- Fomento de la colaboración empresarial. Esta medida incentiva la formación de uniones temporales entre empresas para la realización de proyectos conjuntos y promueve la colaboración entre empresas a través de agrupaciones de interés económico, facilitando la realización de operaciones conjuntas, pues en ambos casos reducir significativamente la carga tributaria sobre las operaciones que son consecuencia directa de los objetivos de la unión o agrupación.
- Limitación en la aplicación de la bonificación. La bonificación no puede resultar en una cuota tributaria inferior a la que se habría generado si las empresas miembros hubieran realizado las operaciones directamente o hubieran actuado los socios de las agrupaciones de interés económico directamente. Esto evita que la bonificación se utilice de manera abusiva para minimizar la carga fiscal de manera artificial.

271 *«En el Impuesto sobre la Producción, los Servicios y la Importación en las Ciudades de Ceuta y Melilla, gozarán de una bonificación del 99 por 100 sobre las operaciones sujetas al mismo que se realicen entre las empresas miembros y las uniones temporales respectivas, siempre que las mencionadas operaciones sean estricta consecuencia del cumplimiento de los fines para los que se constituyó la unión temporal. Cuando se trate de operaciones realizadas entre las empresas miembros a través de la unión temporal, la aplicación de la bonificación no podrá originar una cuota tributaria menor a la que se habría devengado si aquellas empresas hubiesen actuado directamente. Salvo lo dispuesto en el párrafo anterior, la bonificación no se extenderá a las operaciones sujetas al impuesto que directa o indirectamente se produzcan entre las empresas miembros o entre éstas y terceros».*

- Restricción a operaciones específicas. La bonificación se aplica únicamente a operaciones que son estrictamente necesarias para el cumplimiento de los fines de la unión temporal y agrupación de interés económico. No se extiende a operaciones entre las empresas miembros fuera del contexto ni a operaciones con terceros. Esto asegura que el beneficio fiscal se limite a fomentar la cooperación empresarial específica para la cual fue diseñada la unión temporal y l agrupación de interés económico.
- Estímulo para la economía local. Al incentivar la formación de uniones temporales y las agrupaciones de interés económico se puede contribuir al desarrollo económico de Ceuta y Melilla, fomentando la inversión y la creación de empleo en estas Ciudades.

En resumen, la bonificación del 99% en el IPSI busca promover la colaboración empresarial y el desarrollo económico local, estableciendo al mismo tiempo salvaguardas para evitar el abuso de este beneficio fiscal.

Capítulo 7
DEDUCCIONES Y DEVOLUCIONES

7.1. EL DERECHO A DEDUCCIÓN Y DEVOLUCIÓN

El derecho a deducción y devolución es uno de los aspectos más controvertidos del IPSI, pues como ya hemos enunciado anteriormente es bastante limitado y suprime el efecto neutral de este impuesto. El derecho a deducción aparece recogido en la LIPSI en los siguientes términos:

> *«1. Los sujetos pasivos podrán deducir de las cuotas del Impuesto devengadas por las operaciones gravadas que realicen las que, devengadas en el territorio de aplicación de dicho Tributo, hayan soportado por repercusión directa o satisfecho por las adquisiciones o importaciones de bienes, en la medida en que dichos bienes se utilicen en las actividades de producción o elaboración que se señalan en la letra a) del artículo 3° de esta Ley, o bien sean exportados definitivamente al resto del territorio nacional o al extranjero.*
>
> *No obstante, no podrán deducirse las cuotas a las que se refiere el párrafo anterior correspondientes a bienes exportados que no resulten exentos de acuerdo con lo previsto en el artículo 8 de esta Ley.*
>
> *Serán de aplicación en el Impuesto las mismas exigencias, limitaciones y restricciones que se contienen en la legislación común del Impuesto sobre el Valor Añadido para la deducción de las cuotas soportadas, sin perjuicio de lo dispuesto en este artículo.*
>
> *2. Los sujetos pasivos que no hayan podido efectuar las deducciones previstas en el apartado anterior, por exceder su cuantía de las cuotas devengadas, tendrán derecho a solicitar la devolución del saldo a su favor, existente a 31 de diciembre de cada año, en la forma que reglamentariamente se determine.*
>
> *3. Las cuotas soportadas o satisfechas en relación con las entregas de bienes inmuebles, las prestaciones de servicios, el consumo de energía eléctrica, los gravámenes complementarios sobre las labores del tabaco y sobre ciertos carburantes y combustibles petrolíferos, no podrán ser objeto de deducción, sin perjuicio de las devoluciones que procedan conforme a lo dispuesto en el número 6 del apartado A) y en el número 4 del apartado B), ambos del artículo 18 bis de esta Ley.*

> *4. En los supuestos de deducciones y devoluciones por exportaciones, la realización de la exportación deberá acreditarse conforme a los requisitos que se establezcan en la Ordenanza Fiscal»*[272].

Conforme al precitado artículo serán deducibles las cuotas soportadas por la adquisición o importación de bienes, cuando se incorporen a actividades de producción o elaboración de bienes muebles o las exportaciones definitivas. De este modo, el primer supuesto hace referencia a las operaciones interiores mientras que el segundo a actos de comercio exterior.

7.1.1. OPERACIONES INTERIORES

El artículo 20 LIPS habilita a la deducción de las cuotas soportadas por la adquisición e importación de bienes para el desarrollo de actividades de producción o elaboración de bienes o exportación definitiva. Sin embargo, en este apartado nos centraremos exclusivamente en la actividad de producción o elaboración de bienes por constituir una operación interior. Se excluye expresamente de generar derecho a deducción las entregas de bienes inmuebles, las prestaciones de servicio, el consumo de energía y los gravámenes complementarios. En definitiva, las deducciones solo son posibles respecto a la adquisición e importación de bienes en actividades de producción o elaboración, con independencia de que el devengo, la entrega, tenga lugar en Ceuta o Melilla o fuera de Ceuta o Melilla.

De acuerdo con lo anterior la DGT[273] concluyó que ante un empresario que realice diversas actividades en el ámbito territorial del IPSI, solo serán deducibles en el IPSI las cuotas soportadas de IPSI respecto a aquellas adquisiciones e importaciones que guarden relación con la producción o elaboración de bienes muebles. De igual modo, la DGT[274] establece que «*a efectos del Impuesto sobre el Valor Añadido sólo serán deducibles las cuotas del propio Impuesto sobre el Valor Añadido soportadas por el sujeto pasivo que cumplan los requisitos de deducibilidad establecidos en los artículos mencionados anteriormente*[275] *pero que en ningún caso serán deducibles las cuotas de otros impuestos y, en particular, las cuotas del IPSI*

---

272 Vid. Art. 20 LIPSI

273 Consulta Vinculante V0085-09 de la DGT. (*Tol 1503680*)

274 Consulta Vinculante V3017-17 de la DGT. (*Tol 6507442*)

275 Haciendo referencia a los artículos del 92 al 114 LIVA.

objeto de consulta». Este pronunciamiento reafirma que en el IPSI solo serán deducibles las cuotas soportadas de IPSI y en el IVA las cuotas de IVA.

Encontramos en las deducciones remisiones de la LIPSI a la LIVA en las exigencias, limitaciones o restricciones[276], aunque debemos entender las anteriores con matizaciones dada la propia configuración del IPSI, de manera que:

- El derecho a deducción corresponde a los sujetos pasivos empresarios o profesionales. Son sujetos pasivos del impuesto quienes actividades de producción o elaboración de bienes muebles, prestaciones d servicios, entregas e bienes muebles e importaciones. Sin embargo, en la LIPSI no todas las actividades sujetas generan derecho a deducción, pues se limita a la producción o elaboración de bienes muebles
- Solo serán deducibles las cuotas soportadas en la entrega de bienes e importaciones de bienes. Aunque la LIPSI especifica que solo serán deducibles los gastos por la adquisición o importación de bienes muebles, en la medida que estos se incorporen al proceso de producción. A nuestro juicio, lo anterior lleva implícito que no por tratarse de una actividad de producción todas las adquisiciones que se realicen serán gastos deducibles, sino solo aquellas que sean necesarias para desarrollar el proceso de transformación o elaboración.
- Para que las cuotas sean deducibles los bienes adquiridos deben afectarse directa y exclusivamente a la actividad empresarial. Asimismo, No serán deducibles las cuotas soportadas en la adquisición de joyas, alimentos, bebida, tabaco… salvo que sean para uso exclusivo industrial, comercial o agrario u objeto de transformación.
- El derecho a deducción nace en el momento en que se devengan las cuotas deducibles y caduca a los cuatro años.

Es por tanto que, en el IPSI, a diferencia del IVA, el derecho a deducción presenta una triple limitación. Primero, al contemplarse únicamente en el IPSI las deducciones en el caso de las producción o elaboración de bienes. Segundo, por solo ser deducibles la adquisición e importación de bienes muebles realizada por el sujeto pasivo del impuesto, lo que excluye las prestaciones de servicios, la entrega de bienes inmuebles, el consumo de energía y los gravámenes complementarios, y tercero por solo ser deducibles los bienes que se

---

276 Vid. Art. 92 a 96 de la LIVA (*Tol 224743*)

incorporen al proceso de producción. De este modo, para el IVA, a diferencia del IPSI "El régimen de deducciones tiene por objeto liberar completamente al empresario del peso del IVA devengado o ingresado en el marco de todas sus actividades económicas"[277].

En cuanto a las devoluciones, el IPSI contempla la devolución a final de año, pues si el IPSI soportado deducible es superior al repercutido y no puede efectuarse la totalidad de la deducción, a final de año se regularizará la situación a través de la devolución del saldo generado a favor. Por ello. el IPSI se presenta como un impuesto más rígido que el IVA, pues este último posibilita la devolución mensual[278].

La devolución mensual del IVA en relación con la devolución anual del IPSI se hace resaltar en los siguientes aspectos donde se subrayan sus beneficios: permite a las empresas recuperar rápidamente el monto del impuesto que han pagado en sus compras y gastos; proporciona una visión anticipada de los montos a recuperar, permitiendo una planificación financiera más efectiva y una gestión más eficiente de los recursos; al contar con mayores recursos disponibles, se fortalece la posición competitiva de las empresas, ya que pueden destinar esos fondos adicionales a inversiones que impulsen el crecimiento del negocio; al agilizar la devolución del IVA, se reduce la dependencia de financiamiento externo, lo que conlleva a una disminución de los costos financieros asociados.

7.1.2. EXPORTACIONES

La LIPSI contempla el derecho a devolución de las cuotas de IPSI soportadas por la exportación definitiva de los bienes. La exigencias, limitaciones o restricciones que han de darse para la devolución en el IPSI son por remisión a la LIVA los siguientes:

---

277 PASCUAL GONZÁLEZ, M. M. (2022). "La conflictividad sobre el Derecho a la deducción en el IVA aún no resuelta en España". *Quincena Fiscal*, (1).

278 Vid. Art. 116 de la LIVA. (*Tol 224743*). «*Los sujetos pasivos podrán optar por solicitar la devolución del saldo a su favor existente al término de cada período de liquidación conforme a las condiciones, términos, requisitos y procedimiento que se establezcan reglamentariamente. El período de liquidación de los sujetos pasivos que opten por este procedimiento coincidirá con el mes natural, con independencia de su volumen de operaciones*».

- El derecho a deducción corresponde a los sujetos pasivos que tengan la condición de empresarios o profesionales. En este sentido, son sujetos pasivos del IPSI quienes realicen cualquiera de las siguientes actividades: producción o elaboración de bienes, prestaciones de servicios, entrega de bienes inmuebles e importaciones. Respecto a la importación debemos matizar que el IPSI grava las importaciones con independencia de quien la realiza, por lo que el hecho imponible se entenderá realizado tanto por empresarios o profesionales como por particulares. De este modo, a pesar de que el comercio mayorista y minorista no sea gravado en el IPSI, estos ostentan la condición de empresario o profesional y, si realizan importaciones, son sujetos pasivos del IPSI, por lo que podrán acogerse al derecho de devolución de las cuotas soportadas por la importación en la exportación definitiva de los bienes. Sin embargo, respecto a estos últimos como no existe deducción por las cuotas de IPSI, se originará el derecho a la devolución de las cuotas soportadas cuando se produzca la exportación definitiva de los bienes.
- Solo generaran derecho a deducción o devolución las cuotas de IPSI soportadas por la adquisición e importación de bienes afectos a la actividad que desarrolla el sujeto pasivo empresario o profesional.
- La operación cuya realización origina el derecho a devolución o deducción es la exportación definitiva de bienes fuera del territorio IPSI, a lo que se añade que solo corresponderá este derecho cuando la exportación resulte exenta, es decir, que se trate de exportaciones definitivas, que se realicen en régimen comercial y que no tengan por destino a tiendas libres de impuestos y a los medios de transporte entre la Península y Ceuta o Melilla, o entre estas dos Ciudades Autónomas[279].

Ahora bien, la LIPSI habilita a las Ordenanzas Fiscales de Ceuta y Melilla a que establezcan los requisitos conforme a los cuales se acredite la exportación definitiva, las cuales requieren en mayor o menor medida: la acreditación del IPSI soportado, la salida efectiva de la mercancía y la trazabilidad del recorrido de estas.

279 Vid. Art. 8 LIPSI

Sin embargo, la Ordenanza fiscal de importaciones de Melilla regula la devolución por exportación en sus artículos 38 y 39, en los cuales apreciamos a nuestro juicio, un exceso de la potestad conferida a la Ordenanza Fiscal y que se aparta de lo establecido en la LIPSI, por lo que consideramos que la mencionada Ordenanza Fiscal incurre en diversas vulneraciones al principio de reserva de ley, las cuales exponemos a continuación.

En este contexto, la LIPSI establece el derecho a deducción y/o devolución respecto a los sujetos pasivos del impuesto que tengan la condición de empresario o profesional, por las cuotas soportadas de IPSI por la adquisición o importación de bienes, cuando la exportación de estos resulte exenta, es decir, cuando se produzca la exportación definitiva de los mencionados bienes en régimen comercial. Sin embargo, la Ordenanza Fiscal de Melilla respecto a la devolución por exportación de mercancías se aparta de lo establecido en la ley en los siguientes aspectos:

- Limita el derecho a deducción a los bienes nuevos y a determinados bienes usados tasados: maquinaria, equipos médicos, buques y aeronaves, elementos de transporte, autocamiones, mobiliario, útiles y herramientas, equipos para procesar información, equipos electrónicos y otros enseres. Lo anterior induce al convencimiento de que se excluye de la exención de IPSI y consiguiente devolución de las cuotas soportadas al comercio de segunda mano que exporte sus mercancías fuera del territorio IPSI como consecuencia de una expedición comercial.
- Contempla una devolución total y parcial de las cuotas soportadas pues, en el caso de bienes usados, se determina un coeficiente reductor a aplicar mensualmente y por fracción del mes que transcurra desde el momento de la importación y hasta la exportación definitiva. Por lo que la exención contemplada no llega a operar con plenitud, pues la Ordenanza Fiscal restringe la devolución de las cuotas soportadas de IPSI, no llegando a coincidir la cuota efectivamente soportada con la devuelta.

Adicionalmente la Ordenanza Fiscal de Melilla incluye la devolución por exportación de mercancías efectuadas por particulares. Esta devolución parece ser ideada para los particulares que efectúan sus compras *offline,* es decir, compras a distancia con entrega física del bien en Melilla que originan el devengo del IPSI a la importación, operando en el caso de devolución y consiguiente regreso de los bienes adquiridos a su origen. En este sentido, la Ordenanza Fiscal viene a disponer que ante tal situación se reconozca un derecho a devolución de las cuotas soportadas de IPSI a los particulares. Sin embargo, apreciamos conforme a lo expuesto que el derecho a devolución solo opera respecto a los sujetos pasivos que ostenten la condición de empresarios o profesionales. Así pues, si bien los particulares son sujetos pasivos del impuesto no tienen la consideración de empresario o profesional y por ende no les es extensible el derecho a deducción o devolución.

CAPÍTULO 8

DIFERENCIAS ENTRE EL IVA E IPSI EN SU APLICACIÓN

8.1. RECAPITULACIÓN DE LOS PRINCIPALES ASPECTOS DIFERENCIALES ENTRE IVA E IPSI

Las diferencias también notorias entre el régimen jurídico concreto del IVA y del IPSI que se han constatado a lo largo de la investigación, además de las señaladas en su configuración y estructura, se resumen en las siguientes:

1º. Hecho imponible

El hecho imponible del IPSI difiere del IVA, lo cual añade complejidad en la interpretación de este impuesto. De este modo, señalamos algunas diferencias que se derivan de lo anterior:

- En primer lugar, en cuanto a la producción o elaboración de bienes muebles, su categorización tendrá carácter preferente al de prestación de servicios. De este modo, algunas actividades constituyen en el IPSI producción o elaboración de bienes muebles, mientras que para el IVA tienen consideración de prestaciones de servicios.
- En segundo lugar, las entregas de bienes muebles no constituyen hecho imponible en el IPSI y si en el IVA. En este sentido, la delimitación de entrega de bienes u otra actividad resulta imprescindible para determinar la sujeción al IPSI. La delgada línea que separa la entrega de bienes muebles de la prestación de servicios se hace notoria en los productos informatizados, operaciones de *leasing*, en la hostelería y en los servicios técnicos.
- En tercer lugar, respecto a las entregas de bienes inmuebles, en el IPSI representa un concepto más amplio que en el IVA. Bajo esta consideración, en el IPSI resulta indiferente la aportación de material realizada en las ejecuciones de obra, mientras que para el IVA ésta determinará su calificación como entrega de bienes o prestación de servicios.
- Además, el título por el que se entiende realizado el hecho imponible en las operaciones interiores difiere en el IPSI y el IVA; así pues, para el IPSI

el hecho imponible se entiende realizado con independencia del título, mientras que para el IVA se requiere que se realicen a título oneroso, aunque entiende asimilados determinados autoconsumos realizados a título gratuito. De esta manera, para el IPSI todas las operaciones realizadas a título gratuito constituyen el hecho imponible de este impuesto y, en cambio, para el IVA, sólo los autoconsumos internos y externos de bienes, así como los autoconsumos externos de servicios, excluyendo así los autoconsumos internos de servicios.

- Aunando a lo anterior que Ceuta y Melilla tiene la condición de territorio tercero, razón por la cual las disposiciones relativas a las operaciones intracomunitarias no le serán de aplicación, y la importación de mercancías a territorio IVA devengará arancel comunitario, no así al revés; conservando Ceuta y Melilla su carácter de puerto franco, lo cual implica la ausencia de aranceles, por configurarse el IPSI como un tributo interno.

2º. No sujeción

Las diferencias entre IVA e IPSI se acentúan en las no sujeciones relativas a la transmisión del patrimonio empresarial que constituya unidad económica autónoma, a las entregas gratuitas de muestras o entregas sin contraprestación de impresos publicitarios, a los autoconsumos que no generen derecho a deducción y en los bonos polivalentes:

- La no sujeción de la transmisión del patrimonio empresarial que constituya unidad económica autónoma, entendida ésta como la transmisión de bienes muebles y, en ocasiones, inmuebles, implica la sujeción al ITPO. Sin embargo, este hecho para el IVA es más beneficioso que para el IPSI. La no sujeción a IVA y sujeción a ITPO implica la inaplicación del tipo impositivo general del 21% para la entrega de bienes muebles e inmuebles en el IVA, y la aplicación del tipo impositivo del 6% del ITPO. En cambio, para el IPSI la transmisión de bienes muebles no constituye hecho imponible, por lo que la sujeción a IPSI del patrimonio empresarial implicaría que sólo resultara sujeta la entrega de bienes inmuebles, si la hubiera, al tipo del 4%. Sin embargo, la no sujeción a IPSI y sujeción a ITPO implica que se sujete a este impuesto el conjunto de elementos muebles e inmuebles que constituye el patrimonio empresarial, aumentando por ende el valor de la operación, y resultando de aplicación un 6% ITPO, que con la bonificación prevista dadas las especialidades de Ceuta y Melilla, éste finalmente resulta en un tipo del 3% ITPO.

- La no sujeción de las entregas gratuitas de muestras o de las entregas sin contraprestación de impresos publicitarios no afectan al IPSI, en cuanto la entrega de bienes muebles no constituye hecho imponible para éste. Por ello, del IVA resultan más operaciones no sujetas que en el IPSI.
- La no sujeción de los autoconsumos que no generan derecho a deducción conlleva que los autoconsumos en el IPSI resulten no sujetos, pues este impuesto se caracteriza por ser un impuesto no deducible. Sin embargo, resulta dudoso que queden no sujetos los autoconsumos internos de servicios, pues el propio concepto de autoconsumo no los incluye y, por ende, tampoco la no sujeción; entender que la no sujeción se extiende a los autoconsumos internos podría implicar una integración analógica contraria a derecho.

3º. Exenciones

Se subrayan las diferencias entre IVA e IPSI respecto a los efectos de las exenciones relacionados con las entregas de bienes muebles y de inmuebles:

- Las exenciones recogidas en el IVA que recaen sobre la entrega de bienes muebles no tienen efectos en el IPSI, pues la entrega de bienes muebles no es una actividad que constituya el hecho imponible en el IPSI.
- Las exenciones previstas para la entrega de terrenos rústicos y no edificables y para las segundas u ulteriores entregas son aplicables en IPSI e IVA, e implican que estas actividades quedarán sujetas a ITPO. Sin embargo, se contempla la posibilidad de renuncia de la exención y, por ende, al ITPO, cuando el adquirente sea empresario o profesional y efectúe actividades que generen derecho a deducción. Este condicionante de la renuncia implica la imposibilidad de renuncia de la exención a favor del IPSI, al ser este un impuesto generalmente no deducible.
- Adicionalmente, el IPSI declara exentas la producción e importación de energía eléctrica, gravando únicamente su consumo.
- La exención por exportación definitiva en el IVA no presenta mayores requisitos que la salida definitiva del territorio, en cambio, la exención por exportación definitiva en el IPSI queda condicionada a que estas se realicen como consecuencia de una expedición comercial, lo que excluye el régimen de viajeros; y a que no tengan por destino tiendas libres de impuestos o medios de transporte entre la Península y Ciudades Autónomas o entre estas últimas. De este modo, para el IPSI el carácter comercial y el

destino de los bienes determina la procedencia de la exención, no así en el IVA.

- La exención por reimportación comprendida en la LIVA no se hace extensible a la LIPSI, pues esta sólo produce efectos intracomunitarios, exceptuándose los bienes entregados a territorios terceros.

4º. Lugar de realización del hecho imponible

En cuanto a las reglas de localización, podemos afirmar que el IPSI es supletorio del IVA, pues cuando una operación que presenta puntos de conexión en ambos ámbitos territoriales no se entienda localizada en territorio IVA, se localizara en territorio IPSI. Sin embargo, la tecnología *Blockchain* ha supuesto retos significativos en cuanto a la aplicación de las reglas de localización, dado el desconocimiento de la identidad y datos de los sujetos intervinientes en las transacciones.

De este modo, las soluciones aportadas en el IVA respecto a la localización de las transacciones con NFTs se valen de las disposiciones comprendidas en el Reglamento de Ejecución (UE) nº 282/2011, por las cuales se establece que ante el desconocimiento del destinatario de una transacción, se considerara como tal a la plataforma, entendiendo que ésta actúa en nombre propio. Sin embargo, esta solución apoyada en el Reglamento de Ejecución no ha sido incorporada expresamente en la LIVA y, por ende, este precepto no es aplicable en el IPSI.

5º. Devengo

El devengo en IVA e IPSI difiere, en especial en la entrega de bienes muebles derivadas de la producción o elaboración de bienes muebles y en el consumo de energía:

- En la actividad de producción o elaboración de bienes muebles, el devengo se produce con la entrega. El IPSI dispone que se producirá el devengo con la puerta a disposición del comprador de los bienes, sin considerar la toma de posesión como un factor. En cambio, el IVA ofrece una mayor flexibilidad, permitiendo que el devengo ocurra tanto en el momento de la puesta a disposición de los bienes como en el instante en que el comprador efectivamente toma posesión de ellos.

- En el consumo de energía, por su parte, para el IPSI el devengo se produce con la emisión de la factura, mientras en el IVA se va a determinar con la exigibilidad del pago. En este sentido, la emisión y exigibilidad del precio pueden no coincidir en el tiempo.

6º. Base imponible

El régimen de estimación objetiva del IPSI no guarda semejanzas con el régimen simplificado del IVA, siendo la principal diferencia que el uso de índices y módulos en el IPSI determina la base imponible, en cambio, en el IVA, la cuota tributaria.

7º. Tipo de gravamen

El IPSI siempre se ha caracterizado por contemplar tipos impositivos inferiores, pero esta afirmación no resulta del todo exacta, pues las circunstancias sobrevenidas derivadas de la crisis sanitaria o la guerra de Ucrania han provocado una rebaja del IVA al 0% en algunos bienes y productos, no pudiendo el IPSI adaptarse en idénticas circunstancias por contemplarse un tipo impositivo mínimo del 0,5%.

8º. Cuota tributaria

En el IPSI se establecen dos bonificaciones del 99% respecto a las operaciones entre socios y agrupaciones de interés económico, y para las operaciones entre empresas miembros y uniones temporales, lo que no se aplica en el IVA.

9º. Deducciones y devoluciones

El IPSI, a diferencia del IVA, se caracteriza por su falta de neutralidad derivada de la ausencia de un derecho a deducción general, y solo contemplado para la actividad de producción o elaboración de bienes muebles, así como para la exportación definitiva que además presenta mayores limitaciones que en el IVA.

El derecho a deducción en el IPSI respecto a la producción o elaboración de bienes muebles, solo se contempla para la adquisición o importación de bienes, que además se incorporen directamente en el proceso productivo, excluyéndose el derecho a deducción de las cuotas soportadas por servicios o por entrega de bienes inmuebles. El derecho a deducción en el IPSI por la exportación definitiva resulta aplicable a las exportaciones que queden exentas, presentando estas mayores limitaciones en el IPSI que en el IVA, al exigir que sean consecuencia de una expedición comercial. Además, cuando el importe de la deducción resulte superior al impuesto repercutido, se procederá a la devolución por la cantidad que exceda, no contemplándose en el IPSI la posibilidad de devolución mensual que contribuye a una mayor liquidez.

8.2. COMPLEJIDADES DE LA INTERACCIÓN ENTRE IVA E IPSI

8.2.1. EL RÉGIMEN DE VIAJEROS

La LIVA declara exentas las exportaciones definitivas realizadas en régimen comercial y por viajeros, en cambio la LIPSI acota la exención a la exportación excluyendo esta última. La exención a la exportación en régimen de viajeros implica que estos van a soportar el impuesto al consumo que corresponda por sus adquisiciones que realicen en el territorio en el que viajan, pero sin embargo, estas van a resultar exentas cuando abandonen dicho territorio. Asimismo, "la referida exención resulta de aplicación mediante el reembolso con posterioridad a haberse cumplido los distintos requisitos exigidos al efecto para la obtención de la devolución"[280], siendo estos requisitos objeto de desarrollo a través Reglamento del IVA[281], el cual establece los siguientes: documentar las entregas en factura, acreditar la residencia del viajero mediante pasaporte u otro medio aceptado legalmente[282], emitir factura y documento electrónico de reembolso

280 CALVO VÉRGEZ, J. (2020). "El nuevo régimen de devolución del IVA de los viajeros: principales cuestiones derivadas de su implantación". *Quincena fiscal*, (5).

281 Vid. Art. 9.1.2ºB) Real Decreto 1624/1992, de 29 de diciembre, por el que se aprueba el Reglamento del Impuesto sobre el Valor Añadido y se modifica el Real Decreto 1041/1990, de 27 de julio, por el que se regulan las declaraciones censales que han de presentar a efectos fiscales los empresarios, los profesionales y otros obligados tributarios; el Real Decreto 338/1990, de 9 de marzo, por el que se regula la composición y la forma de utilización del número de identificación fiscal, el Real Decreto 2402/1985, de 18 de diciembre, por el que se regula el deber de expedir y entregar factura que incumbe a los empresarios y profesionales, y el Real Decreto 1326/1987, de 11 de septiembre, por el que se establece el procedimiento de aplicación de las Directivas de la Comunidad Económica Europea sobre intercambio de información tributaria.

282 Op. Cit. SENTENCIA DEL TRIBUNAL SUPREMO 4650/2022, de 19 de diciembre de 2022, ECLI:ES:TS:2022:4650. «*Para acreditar la residencia habitual del adquirente, a los efectos de aplicar la exención por exportación de bienes en régimen de viajeros prevista en el artículo 147.7 de la Directiva 2006/112/CE (LCEur 2006, 3252 y LCEur 2007, 2230) del Consejo, de 28 de noviembre de 2006 y 21.2º. A de la Ley 37/1992 (RCL 1992, 2786 y RCL 1993, 401), del Impuesto sobre el Valor Añadido, no basta con la aportación del pasaporte, tal y como contempla el artículo 9.2º.B.b) del Real Decreto 1624/1992, de 29 de diciembre (RCL 1992, 2834 y RCL 1993, 404), que aprueba el Reglamento del Impuesto sobre el Valor Añadido, cuando en el mismo no conste la residencia habitual o domicilio del receptor de las entregas de bienes, siendo preciso en este caso, adicionalmente, presentar otros medios de prueba que acrediten la residencia habitual*

detallando bienes e impuestos por separado (en adelante DIVA), asegurarse de que los bienes salgan del territorio en tres meses, obtener un visado de exportación de la aduana, y finalmente, el proveedor debe devolver la cuota de IVA en un plazo de quince días después de recibir el documento de reembolso visado. De este modo, los viajeros en el territorio IVA tienen la posibilidad de realizar adquisiciones con la posibilidad de solicitar la devolución de las cuotas de IVA soportadas, por lo que finalmente no se trasladaría la carga tributaria de sus adquisiciones a los viajeros, resultando sus adquisiciones más ventajosas y dotando de competitividad a las empresas.

El establecimiento del régimen de viajeros en el IPSI, en teoría podría carecer de relevancia a lo no gravar el comercio mayorista y minorista, por lo que no se produciría el devengo de este impuesto por las compras efectuadas por los viajeros. Sin embargo, debemos tener en cuenta dos aspectos del IPSI. En primer lugar, que el IPSI si grava la producción o elaboración de bienes muebles cuyo devengo se produce con la entrega, y por tanto en este supuesto las adquisiciones que realizaran los viajeros resultarían sujetas a IPSI sin posibilidad de devolución de las cuotas soportadas. En segundo lugar, que el IPSI es un impuesto generalmente no deducible y por tanto no es neutral, pues ante la imposibilidad de deducir las cuotas estas inciden en el precio de los bienes, trasladando así la carga tributaria al consumidor, por lo que, la mayoría de los bienes que se comercializan en las Ciudades Autónomas de Ceuta y Melilla han sido previamente importados devengándose el IPSI a la importación, y posteriormente comercializándose con el incremento que supone la inclusión de tales cuotas soportadas en el precio. A tales efectos, resulta contrastado que el IPSI incide en los viajeros.

En cuanto a las relaciones entre el territorio IVA e IPSI con respecto a los viajeros debemos tener en cuenta las dinámicas en la exportación e importación de estos territorios a efectos de considerar la conveniencia de establecer un régimen de viajeros, y en su caso cómo establecerlo.

Hasta 2018, la LIVA contemplaba la exención a la exportación en régimen de viajeros cuando las adquisiciones efectuadas por estos superaran los 90,15 euros, por lo que dicha exención quedaba supeditada a la mencionada cuantía de gasto.

---

del viajero. En todo caso, corresponde al vendedor o proveedor de las mercancías, sujeto pasivo del IVA, verificar si el documento presentado por el viajero para poder disfrutar de la exención contiene el dato de la residencia habitual o domicilio del viajero, pudiendo, en su caso, ser dicho documento, el pasaporte, el documento de identidad o cualquier otro medio de prueba admitido en derecho».

Por contrapartida, la LIPSI, sin perjuicio de las mejoras que pudieran establecerse en las Ordenanzas Fiscales de Ceuta y Melilla, declara exentas las importaciones de viajeros hasta la cuantía de 90,15 euros. Observando la coincidencia de las mencionadas cantidades, 90,15 euros, y dada la dinámica exportación e importación, podemos observar que la finalidad última de esta exención a la importación establecida por la LIPSI no es otra que asegurar que las adquisiciones de bienes queden gravadas por IVA o por IPSI. En este sentido, si la compra realizada en la Península o Baleares era inferior a 90,15€ la exportación quedaría sujeta a IVA, no pudiendo acogerse al derecho de devolución, y al producirse su exportación definitiva a Ceuta o Melilla, la importación quedaría exenta de IPSI. Por el contrario, si la compra resultaba superior a los 90,15€ el viajero podría solicitar la devolución del IVA, devengándose el IPSI por la importación de los bienes. Esta dinámica, equilibraba el IPSI e IVA, pues en cualquier caso las adquisiciones de bienes tributarían por uno u otro impuesto.

Sin embargo, a partir de 2018 la LIVA suprime la limitación cuantitativa para acogerse al régimen de viajeros, por lo que las adquisiciones de los viajeros van a resultar siempre exentas, pudiendo solicitar la devolución de las cuotas de IVA soportadas. De este modo, en el territorio IVA las adquisiciones realizadas por viajeros resultan siempre exentas y darán lugar a la devolución de las cuotas de IVA soportadas; en cambio, el IPSI por la importación de bienes introducidos por los viajeros se devengará a partir de 90,15 euros. Lo anterior plantea dos escenarios posibles. Por un lado, si las adquisiciones resultan superiores a 90,15 euros se declararán exentas de IVA y procederá la devolución de las cuotas soportadas, devengándose el IPSI por la importación que se realice a Ceuta y Melilla. Por otro lado, si las adquisiciones resultan inferiores a 90,15 euros igualmente se declararán exentas de IVA y y procederá la devolución de las cuotas soportadas, pero en este caso no se devengará IPSI a la importación por resultar exento. Esta dinámica implica que no siempre se va a devengar IPSI o IVA, sino que hay situaciones en la que los bienes quedaran desprovistos de cualquier impuesto al consumo por las exenciones establecidas.

Lo anterior ya nos induce a considerar la necesidad de modificar el régimen de viajeros a efectos de que los bienes queden gravados en cualquier situación por uno u otro impuesto. Pues de lo anterior, se deduce una ventaja en términos de competitividad respecto a la situación de la Península o Baleares. Ni que decir tiene, que el acogerse a la devolución de IVA constituye una ventaja para los viajeros a la vez que una oportunidad para las Ciudades Autónomas. Por un lado, estos soportarán menor carga impositiva y por otro lado las Ciudades Autónomas aumentarán su recaudación, aunque esto no ocurrirá siempre como hemos apreciado.

Sensus contrario, esta dinámica en las exportaciones e importaciones debe ser igualmente entendida en sentido inverso. El IPSI no contempla exención a la exportación en régimen de viajeros, por lo que estos no tendrán derecho a devolución de las cuotas de IPSI con incidencia en sus adquisiciones. Además, la exención por importación en régimen de viajeros en la LIVA queda limitada con carácter general a 300 euros por vía terrestre y 430 euros por vía aérea y marítima. En este sentido, en las adquisiciones realizadas por viajeros en Ceuta o Melilla el IPSI siempre va a tener incidencia, sin posibilidad de recuperar las cuotas de IPSI que se hubieran devengado por la producción o elaboración o incluso por la importación de los bienes comercializados, pero es que además si las adquisiciones realizadas en territorio IPSI superan la cantidad de 430 euros, devengaran adicionalmente IVA a la importación.

Conforme a lo anterior, consideramos apropiado, la modificación de la LIPSI. Respecto a la primera situación, los bienes introducidos en Ceuta y Melilla desprovistos de la carga fiscal de IVA deberían quedar sujetos a IPSI. Respecto a la segunda situación, se debería contemplar un régimen de viajeros que impidiera acumular la incidencia del IPSI en las adquisiciones cuando se devengara IVA por la importación. Si bien esto último puede ser entendido como una pérdida de recaudación para las Ciudades Autónomas, debemos tener presente que los viajeros durante su estancia contribuyen significativamente al impulso económico local mediante el consumo de bienes y servicios, devengándose igualmente IPSI respecto estos últimos. En definitiva, las dos propuestas planteadas tienen por base impedir la ausencia de imposición, así como la doble imposición, sin que de ellas se derive un perjuicio para la ciudad en términos de recaudación, sino más bien todo lo contrario.

Además, bajo nuestro punto de vista, la especificación de exportación en régimen comercial podría estar igualmente limitando la inclusión de otros supuestos a parte del ya mencionado régimen de viajeros. En este sentido, la exportación en régimen comercial podría ser restrictiva, excluyendo situaciones que no encajan en el modelo tradicional. Pongamos como ejemplo, una empresa que recibe determinados equipos en renting durante 4 años, debiendo pagar por ellos el IPSI a la importación, y que al finalizar el tiempo convenido deberá proceder a su devolución, pues en este caso está claro que la exportación definitiva no se origina por una transacción comercial, sino más bien todo lo contrario. Este ejemplo subraya la necesidad de revisar y posiblemente ampliar la definición de exportación en régimen comercial para incluir otros supuestos que, aunque no derivan directamente de transacciones comerciales, implican la salida definitiva de bienes del territorio. Reconocer estos casos dentro del marco legal permitiría una aplicación más justa y adecuada del régimen fiscal, evitando penalizaciones o cargas impositivas innecesarias para situaciones como la devolución de equipos alquilados o en renting. A su vez, de no reconocerse la exportación exenta tampoco procederá la devolución de las cuotas soportadas a la importación por exportación definitiva.

8.2.2. COMERCIO *IN SITU*

A modo introducción conviene recordar las siguientes cuestiones respecto al IVA e IPSI, así como a su interacción. En el IVA constituye hecho imponible la entrega de bienes muebles, no así en el IPSI que no grava el comercio mayorista ni minorista. De este modo, las entregas de bienes que tengan lugar en el ámbito territorial del IVA están sujetas a este impuesto, en cambio las entregas que tienen lugar en el ámbito territorial del IPSI no están sujetas a este otro impuesto. Ceuta y Melilla, territorios IPSI, se caracterizan por su gran dependencia hacia la Península, por la escasa o nula producción que se desarrolla en estas ciudades, por lo que la mayoría de los bienes que se comercializan en estas ciudades procede de la Península. La entrega de bienes de la Península y Baleares a Ceuta y Melilla constituye una exportación exenta de IVA, en cambio la importación de bienes a estos territorios es una operación sujeta a IPSI. De este modo, en las ciudades de Ceuta y Melilla, aunque la entrega de bienes muebles no resulte sujeta a IPSI sí que se habrá soportado este impuesto por la importación, cuotas de IPSI que ante la imposibilidad de deducir se incorporaran en forma de costes al precio de los bienes y que incrementarán el precio de estos.

Aclarada la relación IVA e IPSI así como las implicaciones de estos impuestos en la actividad comercial que se desarrolla en sus respectivos ámbitos territoriales, venimos apreciando una serie de irregularidades en las franquicias que en los últimos años se han establecido en las Ciudades Autónomas, las cuales nos corresponde exponer y analizar. Conforme a lo expuesto en el párrafo anterior, sería fácil pensar que los bienes que se comercializan por las mencionadas franquicias en Ceuta o Melilla resultan más económicos por el simple hecho de que el IPSI es un régimen más beneficioso que el IVA en lo que a tipos impositivos se refiere. Sin embargo, venimos observando que este hecho no se produce, siendo el precio de venta en la Península[283] idéntico al precio de venta en Melilla. Obviamente, debemos considerar que el precio de la mercancía en Melilla se entendiera incrementado dado el carácter acumulativo de la importación[284] y con los gastos de transporte en que se pudiera incurrir con objeto de la llegada a destino de la mercancía. Aunque siendo justos, los gastos de transporte están igualmente presentes dentro de la Península y entre la Península y Baleares, aunque somos conscientes que pueden diferir en magnitud por lejanía. Sin lugar a duda llama la atención que estos gastos sean coincidentes exactamente. Es por ello por lo que, nuestro punto de partida será pensar que en Ceuta y en Melilla se aplica un "IVA encubierto", que realmente no es IVA por no localizarse la operación en el territorio de aplicación de este Impuesto y haber sido previamente importada.

El planteamiento anterior, no responde a una simple intuición, pues se pueden constatar en algunos tiques de establecimientos sitos en la Ciudad de Ceuta o Melilla, como puede observarse en el anexo I en los que expresamente se declara el IPSI no sujeto y el IVA incluido en el precio. Apelando a la buena fe, podríamos estimar que se debe a un error informático en la emisión del tique, teoría que no compartimos, pues esto es solo el primer indicio que evidencia una mala y extendida *praxis*. Si bien es cierto, que el descaro de incluir el IVA expresamente en los tiques de compra no sucede en todas las franquicias.

Adicionalmente respecto a lo anterior hemos constatado hemos constatado que no existe diferencia alguna entre efectuar las adquisiciones de franquicias en Ceuta y Melilla o en la Península o Baleares, tal y como se muestran en los anexos II y III, pues a pesar del distinto tratamiento tributario que reciben las adquisiciones de bienes muebles en los anteriores territorios, el contribuyente-consumidor no percibe ninguna ventaja que se refleje en sus adquisiciones. Lo cual corrobora la existencia de prácticas poco transparentes e incorrectas por parte de algunas de estas franquicias.

Llegados a este punto extraemos las siguientes apreciaciones:

- Se comprueba que existe inaplicación del IPSI, a favor de la aplicación del "IVA encubierto". El incumplimiento de la normativa fiscal conlleva a la ausencia de los beneficios que se derivan del régimen fiscal del IPSI por las adquisiciones de bienes efectuadas en su ámbito de aplicación. Resulta evidente que los consumidores lejos de beneficiarse de una carga fiscal

---

283 Con IVA incluido del 21%.

284 Con tipos que oscilan del 0,5% al 10% en el IPSI.

menor por la consiguiente aplicación del IPSI, vienen soportando el IVA, en idénticas condiciones que en la Península o Baleares. La expectativa de que los consumidores en las Ciudades Autónomas de Ceuta y Melilla se beneficien de una carga fiscal menor debido a la aplicación del IPSI se ve frustrada cuando, en la práctica, enfrentan el IVA en condiciones idénticas a las de la Península.

- La aplicación del "IVA encubierto" en la entrega de bienes en Melilla en lugar del IPSI no se traduce en menor recaudación por parte de la Administración. En este sentido, la importación queda igualmente gravada por la introducción de mercancía en Melilla, por lo que no supone una merma en la recaudación para la Ciudad Autónoma. El IPSI se devenga por la importación con el despacho de aduanas de los bienes que se van a comercializar en Melilla, pero este beneficio fiscal que conlleva el IPSI no se traslada al consumidor. En este sentido, las franquicias mantienen la equidad en los precios los productos que comercializan con la carga fiscal del IVA incluida sin hacer distinciones entre los territorios de la Península o Baleares y de Ceuta o Melilla. Si bien lo anterior no afecta a la capacidad recaudatoria de las Ciudades Autónomas, sí que perjudica gravemente a los consumidores, soportando un impuesto que no le corresponde o sufriendo una discriminación geográfica por el incremento de los márgenes comerciales por parte de las mencionadas franquicias.

Adicionalmente cabe destacar que estas franquicias se benefician del régimen fiscal de Ceuta y Melilla al establecerse en este territorio. Las franquicias que deciden establecerse en estos territorios gozan de una bonificación del 50% en el Impuesto sobre Sociedades para las rentas obtenidas en Ceuta y Melilla.

8.2.3. COMERCIO *OFFLINE*

Las reglas de localización determinarán el devengo del IVA o IPSI en su caso, sin que resulta una misma operación localizada en el ámbito territorial de estos dos impuestos. Coincidimos plenamente en la afirmación de que el devengo del IVA excluye el del IPSI y viceversa por el razonamiento anterior. La DGT[285] se pronuncia respecto a las ventas realizadas a través de páginas

[285] Consulta Vinculante V3320-17 de la DGT. (*Tol 6501904*)

web, reiterando que la venta de bienes cuya entrega se efectúe en un territorio tercero, constituye una operación exenta de IVA, que devengará el IPSI a la importación. Sin embargo, esta afirmación válida desde un punto de vista teórico dista de la realidad, pues como ya observábamos en el epígrafe anterior existe una tendencia creciente a la aplicación del IVA aun cuando la operación resultase exenta por exportación definitiva. En este epígrafe observamos la situación de Ceuta y Melilla respecto al comercio electrónico *offline*, situación más preocupante que la anterior, pues se produce la doble imposición IVA e IPSI.

A efectos de comprobar la anterior afirmación, en el anexo IV se muestra el tique de compra por la adquisición de bienes en una franqucia sita en la Península con IVA incluido, ni que decir tiene que en el caso de haberse efectuado dicha adquisición en un comercio *in situ* de Ceuta o Melilla no hubiera habido variaciones en el precio final. Adicionalmente, se realiza la adquisición de los mismos productos a través de la página web con entrega en la Ciudad Autónoma de Melilla, en el anexo V correspondiente a la factura simplificada de tal operación se observa ya la aplicación de IVA y además el cliente debe hacer frente a los gastos de transporte. Si recordamos el epígrafe anterior, aludíamos a la buena fe considerando que existía la remota posibilidad de que los precios de venta en la Península y Melilla coincidieran como consecuencia del incremento que pudieran experimentar estos últimos por el transporte, pues ahora constatamos que esa remota posibilidad nada tiene que ver, pues los precios siguen coincidiendo aun habiendo cargo separado por transporte, lo cual implica que en Melilla si los precios coinciden con los comercios de la Península a pesar de tener regímenes diferencias, no se debe a un encarecimiento debido al transporte de estas mercancías, pues este se carga adicionalmente, siendo la verdadera razón de esta coincidencia en cuanto a los precios la aplicación del "IVA encubierto". Pero es que además de lo anterior, debemos de tener en cuenta que con la llegada de estos bienes a Melilla se producirá su importación y se devengará el IPSI, tal y como se refleja en el anexo VI en concepto de aforo, el cual incluye los gastos por gestión de aduana y los suplidos por el IPSI devengado. Cabe aun así preguntarse cómo se puede liquidar el IPSI en aduanas sobre una mercancía ya gravada por el IVA, y es que "rizando el rizo" la factura que despacha aduanas no se corresponde con la que el establecimiento facilita, a pesar de ser coincidente en el número de factura, el concepto IVA aparece suprimido, pero no su importe desglosado, tal y como se muestra en el anexo VII. De esta manera, se incumple lo dispuesto en el artículo 83 de la LIVA[286], el cual dispone que la base imponible no se integrará el IVA.

El anterior supuesto nos permite concluir que:

- En el comercio electrónico el consumidor soporta IVA e IPSI. En el comercio electrónico, cuando se realizan envíos a Melilla, que es considerado un territorio tercero a efectos del IVA, las operaciones están exentas de este impuesto, ya que se tratan de exportaciones. Sin embargo, en la práctica, los precios finales y las facturas reflejan la aplicación del IVA. Además, precisamente por tratarse de territorio tercero, Melilla cuenta con un régimen fiscal propio, el IPSI, que se devengara con el despacho de aduanas o entrada efectiva de la mercancía en el territorio. Por ende, el consumidor soporta IVA por la entrega de bienes, aunque no le corresponda este impuesto, e IPSI por la importación de estos bienes.
- La convergencia entre estos dos impuestos y su mala aplicación genera distorsiones significativas en los precios que soporta el consumidor. En este sentido, la aplicación de IVA e IPSI supone una carga adicional para el consumidor, el importe total soportado por el consumidor es superior respecto a las compras efectuadas en la Península y Baleares o Ceuta y Melilla.
- La recaudación por parte de la Administración en el comercio electrónico es superior dado que en la base imponible se incluye el IVA. Esto se debe a que, si el IVA no se elimina correctamente en las operaciones destinadas a Melilla, y este impuesto se suma al precio de los bienes antes de aplicar el IPSI, la base sobre la cual se calcula el IPSI es artificialmente más alta. Esto no solo incrementa la carga fiscal sobre el consumidor, sino que también aumenta la recaudación de la Administración de Melilla de manera que no refleja fielmente las obligaciones fiscales reales.

---

286 «*En las importaciones de bienes, la base imponible resultará de adicionar al valor de aduana los conceptos siguientes en cuanto no estén comprendidos en el mismo: a) Los impuestos, derechos, exacciones y demás gravámenes que se devenguen fuera del territorio de aplicación del impuesto, así como los que se devenguen con motivo de la importación, con excepción del Impuesto sobre el Valor Añadido*».

8.2.4. COMERCIO *ONLINE*

La transición tecnológica ha supuesto nuevas formas de consumo, ante la posibilidad de adquirir en soporte digital algunos bienes (prestación de servicios) que a su vez se comercializan en soporte físico (entrega de bienes). La facilidad de acceso, la inmediatez y la portabilidad de los contenidos digitales han cambiado las expectativas y hábitos de consumo. Los consumidores valoran cada vez más la flexibilidad, lo que ha impulsado el crecimiento de modelos de negocio. La posibilidad de adquirir contenidos digitales como libros, música o películas que tradicionalmente se comercializaba en soporte físico ha planteado nuevos desafíos y oportunidades, pues la distinción entre prestación de servicios, entrega de bienes, pueden afectar a los tipos impositivos aplicables según el formato en el que se comercialice el bien.

Respecto al comercio online abordaremos dos cuestiones principales. En primer lugar, la adecuación de los tipos impositivos del IPSI a este. En segundo lugar, la efectiva localización de estas transacciones de bienes digitales.

A. *Tipos impositivos*

Calvo Vérgez[287] sostiene que conforme al principio de neutralidad "las transacciones electrónicas que resulten sustancialmente similares a aquellas otras efectuadas en el ámbito comercial deben tributar de manera igualmente similar" y que de acuerdo con el principio de equidad "la introducción de los sistemas de contratación electrónica no debe provocar distorsión económica"[288]. A su vez, el ajuste entre entrega de bienes y prestación de servicios conforme a los anteriores principios puede salvaguardarse al establecer tipos impositivos en atención a la naturaleza del bien o servicio y no en función del medio empleado en la ejecución de la transacción[289].

Así, mientras en el IVA esta cuestión se hizo notoria sobre todo respecto a los libros, pues si estos constituían una entrega de bienes muebles el tipo impositivo

---

287 CALVO VÉRGEZ, J. (2010) "La aplicación del IVA en el ámbito del comercio electrónico". *Crónica tributaria*, nº 2. Pg. 30.

288 Op. Cit. CALVO VÉRGEZ, J. (2010). Pg. 31.

289 ÁLAMO CERRILLO, R. y LAGOS RODRÍGUEZ, M. G. (2012) "Adaptación del IVA a las transacciones comerciales electrónicas". *Documentos de Trabajo. Seminario Permanente de Ciencias Sociales*, nº 7. Pg. 9.

aplicable era el reducido, el 4%, en atención a su importancia cultural y equitativa, se producía sin embargo una distorsión en cuanto estos recibían el tratamiento de prestación de servicios, debiendo tributar al 21%. Sin embargo, tras la modificación introducida por la Disposición Final Segunda del Real Decreto-ley 15/2020, de 21 de abril, de medidas urgentes complementarias para apoyar la economía y el empleo, se produjo una armonización entre los libros electrónicos y sus equivalentes físicos. Este cambio refleja un esfuerzo por adaptar la legislación fiscal a la evolución del mercado y las nuevas formas de consumo, promoviendo la equidad y apoyando la cultura en el entorno digital. La aplicación del tipo reducido al contenido digital es un paso importante hacia la eliminación de las barreras fiscales que diferenciaban los productos culturales en función de su formato, reconociendo así la igualdad de su valor cultural y educativo, independientemente de si se consumen en papel o en formato digital.

En cambio, la adaptación de las normativas fiscales para tratar de manera neutral y equitativa los productos digitales y físicos ha sido un desafío importante y que aún no ha sido abordado por el IPSI, y aunque la entrega de bienes no resulte propiamente gravada, si lo está la entrega de bienes muebles por el productor o fabricante y la importación con su consiguiente efecto acumulativo, por lo que se resalta la necesidad de adaptar las Ordenanzas Fiscales reguladoras de los tipos impositivos a las nuevas formas de consumo, con objeto de garantizar la neutralidad y equidad en la tributación de determinados bienes.

Así y a modo de ejemplo, en las Ordenanzas de Ceuta y Melilla establecen un tipo impositivo del 0,5% respecto a la importación y producción de libros, y un 0,5% respecto a la prestación de servicios vía electrónica o consumo digital, por lo que en este supuesto si se produce una alineación entre la producción, importación y prestación de servicios. Sin embargo, en el caso de CDs o películas el tipo impositivo respecto la producción o importación será de un 10% frente al 0,5% de prestación de servicios por vía electrónica. Por ende, se hace evidente que el IPSI mantiene diferencias en los tipos impositivos aplicables en atención a la forma en la que se consumen. La adaptación de estas Ordenanzas es fundamental para mantener un sistema tributario que refleje de manera justa las dinámicas cambiantes del mercado y las preferencias de consumo, requiriendo de mayores ajustes al comercio electrónico que el IVA, pues la variedad de tipos impositivos en el IPSI es superior, y por mera probabilidad mayores distorsiones se producen. De este modo, el IPSI no solo se debe atender a las desigualdades que el comercio electrónico ha producido en el IVA, sino que las peculiaridades deben buscarse en el propio IPSI.

Lo anteriormente expuesto presenta no solo una falta de adaptación al comercio electrónico, sino también una despreocupación por su adaptación, pues solo se han tomado en consideración aquellos aspectos que resultaron problemáticos en el IVA, sin que las Ordenanzas se hayan preocupado más allá por regularizar la situación. Además, a nuestro juicio la coincidencia en los tipos impositivos en los libros con independencia de la forma en la que se consuman, incluso se debe a mera casualidad, que responde en todo caso al impulso y la atracción de la inversión privada a través de tipos impositivos inferiores en las prestaciones de servicios por vía electrónica en general y a las operadoras de juego *online* en especial, y no a una verdadera preocupación en cuanto a la adaptación de los tipos impositivos del IPSI al comercio electrónico.

En este sentido, el IPSI debería adaptar sus tipos impositivos haciéndolos coincidentes en la producción e importación y las prestaciones de servicios por vía electrónica en aquellos bienes cuyo consumo pueda ser físico o digital, lo cual implica identificar todos los bienes que pueden ser consumidos física o digitalmente y establecer idéntico tipo impositivo respecto a la producción y elaboración de bienes muebles, importación y prestación de servicios vía electrónica. Solo de esta manera, se conseguiría que el tipo de gravamen fuera independiente a la forma en la forma de consumo. La importancia de esto es notaria en cuanto que la distinción de los tipos impositivos podría afectar gravemente al comercio local. En este sentido, el comercio local de Ceuta y Melilla que se dedique a la venta de videojuegos en físico, estará realizando una entrega de bienes previamente importados, incorporando al precio del bien lo soportado por la importación correspondiendo un gravamen del 10%, en cambio el establecimiento radicado en la Península o Baleares, que permita la descarga del videojuego en digital a través de su propia plataforma, constituyendo una prestación de servicios por vía electrónica deberá repercutir al consumidor establecido en Ceuta o Melilla el IPSI del 0,5%. Respecto a lo anterior, resultara evidente que el IPSI no favorece al consumo local, pues el consumidor elegirá aquella opción que le resulte más económica, influyendo así la carga fiscal en las decisiones de consumo.

B. Localización

Vistas anteriormente las reglas de localización podemos afirmar que se localizarán en el ámbito de aplicación de IPSI, las prestaciones de servicios en relaciones B2B, cuando el destinatario este establecido en Ceuta o Melilla, y en relaciones B2C cuando el prestador este establecido en estas ciudades. Sin embargo, se introduce una distinción respecto a las prestaciones de servicio por vía electrónica, pues en relaciones B2C estarán sujetas a IPSI cuando el destinatario este establecido en las Ciudades Autónomas con independencia del prestador. Las reglas de localización descritas tienen por finalidad que el hecho imponible se entienda realizado donde se produce el consumo efectivo.

Debiendo entender las prestaciones de servicio por vía electrónica conforme a la apreciación que realizan Budova y López Pombo[290] "El hecho de que el proveedor del servicio y el cliente se comuniquen por medio de correo electrónico no significará por sí solo que el servicio prestado se suministre por vía electrónica (quedarían fuera, por ejemplo, el asesoramiento de un abogado realizado por correo electrónico o la compra de bienes encargada por el mismo medio). Estarían dentro, en cambio, el suministro de programas informáticos, los servicios de alojamiento de sitios y páginas web, las noticias en línea, el uso de motores de búsqueda y la descarga de películas, música y juegos".

La sujeción a IPSI y no a IVA de las prestaciones de servicio redunda en beneficio de las Ciudades Autónomas y de los propios consumidores. Por un lado, la localización en el ámbito territorial del IPSI se traduce en una mayor recaudación; y por otro lado, el consumidor se beneficia de tipos impositivos más bajos en relación con los que se aplicarían en el IVA. La incorrecta aplicación de estas reglas de localización *sensu* contrario se traducen en una menor recaudación y en la ausencia de una menor carga fiscal para los consumidores. De ello, se deriva la suma importancia de establecer mecanismo de control que garanticen la correcta aplicación de estas.

En este sentido, exponemos tres situaciones referentes a diversas plataformas que prestan servicios por vía electrónica, ofreciendo suscripciones para acceso a música o videos. De acuerdo con lo anterior, nos referiremos a estas como plataforma en *streaming* 1, 2 y 3 respectivamente.

En primer lugar, la plataforma en *streaming* 1 anuncia diversos planes de suscripción con IVA incluido, los cuales se muestran en el anexo VIII. Centrándonos en el plan de estudiantes, se establece una suscripción de 5,99€ al mes, IVA incluido. Sin embargo, como veníamos afirmando, la prestación de servicios vía electrónica se localiza en el ámbito territorial del IPSI cuando el consumidor es un particular establecido en las Ciudades Autónomas, por lo que estos deben soportar IPSI y no IVA. Sin embargo, dichas suscripciones no están adaptadas a

---

[290] BUDOVA, D. y LÓPEZ POMBO, D. (2020). "La tributación indirecta en España ante la digitalización de la economía". *ICE, Revista De Economía,* nº 917. Pg. 101.

este impuesto, aunque en el momento de realizar la suscripción se distinga entre Península y Baleares, Canarias, Ceuta y Melilla, en cuanto a dirección de facturación, como si esto fuera identificativo de la relevancia de sujeción a los diferentes impuestos que rigen en los anteriores territorios. No obstante, la elección de la dirección de facturación en el momento de suscripción parece no tener repercusiones diferenciadas en atención al territorio elegido, tal y como se manifiesta en el anexo IX, correspondiente al recibo, que muestra que el precio de suscripción es idéntico al establecido para la Península o Baleares y que a pesar de incluir el IPSI este no afecta en el precio de la suscripción. Además, el IPSI está siendo calculado sobre el precio total que soporta el consumidor, 5,99€, y no sobre el precio antes de impuestos, que resulta desconocido.

Conforme a lo anterior, no se aprecian diferencias en cuanto a la suscripción, resulte de aplicación IPSI o IVA. No obstante, se aprecian irregularidades en cuanto a la supuesta aplicación del IPSI, ya que el cálculo de impuestos como el IPSI o el IVA se realiza sobre el precio neto del bien o servicio, antes de la aplicación de cualquier impuesto. La normativa fiscal establece que los impuestos indirectos deben calcularse sobre el valor de los bienes o servicios sin incluir otros impuestos. Por lo tanto, calcular el IPSI sobre el precio total pagado por el consumidor no sigue el procedimiento de aplicación de estos impuestos. Esta práctica conlleva a distorsiones respecto a la base imponible real y el monto exacto del impuesto recaudado. Otra cuestión para resolver sería si efectivamente se está produciendo el ingreso del IPSI en la Ciudad Autónoma, pues ante la falta de una interconexión de registros o de acuerdos de cooperación entre la Ciudad Autónoma y otras Administraciones puede plantear desafíos para verificar el correcto ingreso del IPSI.

En segundo lugar, en la plataforma en *streaming* 2 se aprecia una incorrecta aplicación de las reglas de localización, tal y como se refleja en el anexo X correspondiente a la información de pago por la suscripción. En este supuesto, la información sobre el pago refleja la aplicación del IVA en lugar de IPSI, lo que se aparta de las reglas de localización preestablecidas en el IVA e IPSI por remisión, pese a establecerse como dirección de facturación Melilla.

Otra cuestión, de especial trascendencia es la consideración de la dirección de facturación, pues en los dos supuestos anteriores esta es exigida con objeto de proporcionar más información sobre la correcta localización de la prestación de servicios por vía electrónica, aunque como hemos podido comprobar escasa atención o consideración reciben.

En tercer lugar, la plataforma en *streaming* 3 refleja la nula consideración al tratamiento fiscal diferenciado que caracteriza a Ceuta o Melilla, ante la ausencia de interés en considerar la dirección de facturación, pues la consideración de España engloba a los anteriores territorios sin reconocer las especialidades de estos, obviando así la necesidad de obtener más información sobre la dirección de facturación y por consiguiente la correcta localización de la prestación de servicios, tal y como se expone en el anexo XI, en la que igualmente la facturación es con IVA y no con IPSI.

En definitiva, analizadas tres plataformas de *streaming* podemos realizar las siguientes afirmaciones:

- Las reglas de localización sitúan la realización del hecho imponible en atención al consumidor, estando este en los anteriores supuestos en Melilla, es decir, en el ámbito de aplicación del IPSI. Sin embargo, la practica refleja diversas situaciones, sin que se pueda apreciar en ninguna de ellas una correcta aplicación del IPSI. El desconocimiento o escaso interés por el IPSI conlleva a su incorrecta aplicación o directamente a su inaplicación.
- El esfuerzo por las plataformas que prestan servicios vía electrónica por localizar efectivamente la prestación de servicios que realizan dista entre unas y otras, pues siendo la dirección de facturación un elemento clave para determinar la sujeción al impuesto que corresponda, no todas las plataformas manejan este dato.
- La efectiva localización en el ámbito territorial del IPSI y no en el del IVA implica una mayor recaudación por parte de la Ciudad Autónoma de Melilla. Por el contrario, la inaplicación del IPSI supone una merma en la recaudación. Así, la pérdida de recaudación por parte de la Ciudad Autónoma de ingresos que deberían ser recaudados a través del IPSI, aunque individualizada pudiera ser escasa en términos cuantitativos, el uso generalizado de este tipo de plataformas de *streaming* podría suponer una pérdida significativa para las arcas públicas de Ceuta y Melilla respectivamente al acumularse. Lo que a su vez se traduce en menores recursos que redunden en beneficio del bienestar social. La Comisión Nacional de los Mercados y la Competencia[291] afirma que las plataformas de video online se consumen por el 59,2% de los hogares.

291 COMISIÓN NACIONAL DE LOS MERCADOS Y LA COMPETENCIA, datos extraídos de https://www.cnmc.es/prensa/panel-servicios-audiovisuales-20230602 (fecha de última consulta 31 de marzo de 2024).

- Se evidencia que el consumidor establecido en Ceuta y Melilla no experimenta ninguna ventaja económica respecto a la menor carga fiscal que supone la aplicación del IPSI en lugar del IVA, dada su aplicación incorrecta o inaplicación.

Además, hemos de añadir respecto a la dirección de facturación, que la selección de esta, tal y como está configurada en las plataformas se basa en un desplegable o la introducción manual de una dirección. A nuestro parecer la mera elección del territorio de facturación sin mecanismos de control que verifiquen el verdadero domicilio del consumidor no es un método adecuado, pues la simplicidad que resulta de ello puede llevar a situaciones de evasión fiscal o aplicación incorrecta de los impuestos. La elección del territorio de facturación basada únicamente en la declaración del consumidor, sin verificación, abre la puerta a que se elijan territorios con impuestos más bajos de manera indebida, afectando la recaudación fiscal de las regiones con impuestos más altos, distorsionando la competencia, aunque en el caso que nos ocupa esto sucede a la inversa ante la deslocalización de la prestación de servicios vía electrónica de las plataformas de *streaming* analizadas.

Para abordar el anterior problema, sería recomendable implementar mecanismos de control más efectivos que aseguren la correcta aplicación de los impuestos según el domicilio real del consumidor. Esto podría incluir la verificación de la dirección a través de certificados de residencia, el uso de tecnología para determinar la ubicación geográfica en el momento de la suscripción, como direcciones IP o la colaboración con entidades financieras. Es importante que las plataformas de venta y suscripción digital estén plenamente adaptadas a la complejidad del sistema fiscal español, reconociendo las particularidades de cada territorio, como Ceuta y Melilla, y aplicando correctamente los impuestos correspondientes. Esto no solo garantizaría el cumplimiento fiscal, sino que también protegería a los consumidores.

A su vez, se hacen imprescindibles mayores mecanismos de control, como lo son los acuerdos de colaboración entre administraciones. En este sentido, el objeto del acuerdo debería enfocarse en el intercambio de información para la correcta aplicación y cumplimiento de la normativa IPSI e IVA, lo cual involucra a la AEAT y las Ciudades Autónomas, siendo objeto de intercambio aquella información que pudiera resultar relevante en las prestaciones de servicio por vía electrónica en atención a la dirección de facturación del consumidor, siendo este dato fundamental para determinar la jurisdicción fiscal aplicable. Como ya habíamos apuntado anteriormente, en concreto en el epígrafe de algunos los aspectos formales, el libro registro de facturas resulta fundamental y el suministro inmediato de información establecido en el IVA juega un papel relevante, pues este sistema de gestión permite a los contribuyentes enviar de forma electrónica y casi en tiempo real la información, lo que permite a la administración tributaria tener un conocimiento casi en tiempo real. A su vez, la digitalización de esta información permite un análisis más rápido y detallado de los datos. En este sentido, este sistema de gestión fiscal mejora la transparencia y detecta irregularidades con mayor rapidez, lo que permite una intervención temprana y más efectiva.

BIBLIOGRAFÍA

A) DOCUMENTAL

ABELLÁN GARCÍA, C. (1943) "La ciudad de melilla y su ayuntamiento". *Revista de Estudios de la Administración Local y Autonómica*, (12).

AGOUÉS MENDIZÁBAL, C. (2017) "La modulación de los efectos de la invalidez de los reglamentos en el alcance de la invalidez de la actuación administrativa". *Actas del XII Congreso de la Asociación española de profesores de Derecho Administrativo.*

AGUALLO AVILÉS, A.; BUENO GALLARDO, E." (2018). Artículo 157.3: La coordinación y cooperación en materia de financiación autonómica". *En Comentarios a la Constitución española.* Boletín Oficial del Estado.

ÁLAMO CERRILLO, R. y LAGOS RODRÍGUEZ, M. G. (2012) "Adaptación del IVA a las transacciones comerciales electrónicas". *Documentos de Trabajo. Seminario Permanente de Ciencias Sociales*, (7).

ALÍAS CANTÓN, M. (2013) "Los beneficios fiscales en el ámbito del derecho tributario local". *Tesis Doctoral. Universidad de Almería.*

ALVARADO ESQUIVEL. M. D. J. (2000) "El hecho imponible y su cobertura por el principio constitucional de legalidad tributaria". *Revista de derecho financiero y de hacienda pública*, (256),

ANGLÈS JUANPERE, B. (2020) "Medidas fiscales locales para ayudar a la economía y el empleo, también en tiempos de COVID-19". *Crónica tributaria*, 117-(4).

ARANA LANDÍN, S. (2014) "Problemas prácticos en la adaptación de las Directivas comunitarias en materia tributaria para los territorios forales de la Comunidad Autónoma del País Vasco: un caso concreto". *Revista Vasca de Administración Pública. Herri-Arduralaritzako Euskal Aldizk*aria, (9),

ARANA LANDÍN, S. (2015) "Supuesto de obligado al pago por sustitución y solidaridad de la responsabilidad y su choque con los Principios Constitucionales tributarios". *Tributos locales,* (120).

ARRANZ DE ANDRÉS, C. (2013) "Descuentos, promociones y sistemas de fidelización de la clientela en el IVA" *Quincena fiscal,* (14).

BALLESTEROS BARROS, A. M., (2018) "El Brexit y la libertad de establecimiento de sociedades en la UE: el caso de Gibraltar", *Cuadernos de Gibraltar-Gibraltar Reports*, (3).

BANACLOCHE PALAO, C. (2024) "La estimación indirecta en la nueva ley general tributaria". *Tributos y empresas.* Universidad de Barcelona.

BAS SORIA, J. (2009) "El proyecto de modificación de las reglas de localización de las prestaciones de servicios en el IVA". *Revista de Contabilidad y Tributación. CEF*, (74).

BASTIDA PEYDRO, M. (2021) "El concepto de edificación a efectos del IVA: especial mención a los huertos solares y a las instalaciones de producción solar fotovoltaicas". *Revista de Fiscalidad Internacional y Negocios Transnacionales,* (1).

BERNABEU PÉREZ, J. A.(2018) *La inversión del sujeto pasivo en el IVA.* Tirant lo Blanch.

BERNAD FUREST, M. (2024) "A vueltas con el Impuesto sobre la producción, los servicios y la importación en Melilla y el Derecho de la Unión". *Quincena fiscal,* (14),

BERNAD FUREST, M. (2024) "Retos tributarios en la era digital: los NFTS ante el IVA, IGIC e IPSI". *European Public & Social Innovation Review*, (9).

BONET MARCO, E. (1980) "Concepto y ámbito de la unión aduanera". *Documentación administrativa*, (185).

BUDOVA, D. y LÓPEZ POMBO, D. (2020) "La tributación indirecta en España ante la digitalización de la economía". *ICE, Revista De Economía,* (917).

BURGOS GOYE, M. D. C., FERNÁNDEZ, V. G., DE VICENTE, F. L., y LÓPEZ GUZMÁN, T. J. (2003) "El sector turístico como alternativa a determinadas áreas periféricas" *XXIX Reunión de estudios regionales.*

CALVO VÉRGEZ, J. (2010) "La aplicación del IVA en el ámbito del comercio electrónico": *Crónica tributaria*, (2).

CALVO VÉRGEZ, J. (2023) "La fiscalidad de los bonos univalentes y polivalentes en el Impuesto sobre el Valor Añadido". *Revista de Fiscalidad Internacional y Negocios Transnacionales,* (23).

CALVO VÉRGEZ, J. (2020) "El nuevo régimen de devolución del IVA de los viajeros: principales cuestiones derivadas de su implantación". *Quincena fiscal*, (5),

CALVO VÉRGEZ, J. (2018) "El nuevo sistema SII y su incidencia en el ámbito de la gestión del IVA". *Quincena fiscal*, (7).

CASANA MERINO, F. (2017). *La aplicación de los tributos en la importación y exportación de mercancías*. Dykinson.

CASANA MERINO, F. (2017). "El nuevo concepto de valor en aduana tras la entrada en vigor del código aduanero de la Unión". *Quincena fiscal*, (3).

CARBONELL SÁNCHEZ, M. (1997) "Los objetos de las leyes, los reenvíos legislativos y las derogaciones tacitas: notas de técnica legislativa", *en Boletín mexicano de Derecho Comparado*, (1).

CHÁVEZ GONZALES, A. M. (2012) "Análisis económico del IGV y su incidencia en el mercado". *Revista de economía y Derecho,* (34).

COLLADO YURRITA, M. A. y LUCHENA MOZO, G. M. (2018) "El tributo. Concepto. Características y clasificación" *Derecho financiero y tributario. Parte general.* Atelier.

COLLADO YURRITA, M. A. y ROMERO FLOR, L. M. (2017) "El sistema tributario español". *Manual de Derecho Tributario: parte especial.* Atelier.

COLLADO YURRITA, M. A. (2011) "Principio de reserva de ley tributaria". *Estudios de derecho constitucional tributario.* Universidad de San Martín de Porres.

CUBERO TRUYO, A. (2001) "La doble relatividad de la reserva de ley en materia tributaria: Doctrina constitucional". *Civitas. Revista española de derecho financiero,* (109).

CUBERO TRUYO, A. (1990) "Los "regímenes especiales" en la Sexta Directiva de la CEE". *Noticias de la Unión Europea,* (69).

CUBERO TRUYO, A. (2016) "Operaciones internacionales en el IVA: la consolidación del principio de tributación en destino". *Hacienda pública y dimensión internacional de la riqueza.* Tirant lo Blanch.

DE ALBA BASTARRECHEA, E. (2017) "El Reglamento de la Asamblea de Melilla". *Revista parlamentaria de la Asamblea de Madrid,* (7).

DE LA PEÑA VELASCO, G; FALCÓN Y TELLA, R. y MARTÍNEZ LAGO, M. A (2021). *Sistema Fiscal Español.* Iustel.

DE MIGUEL CANUTO, E. (2012) "El devengo y los tipos impositivos que son aplicables en el IVA". *Quincena fiscal,* (17).

DELGADO GARCÍA, A. M.; OLIVER CUELLO, R. (2020) "La relación electrónica obligatoria con la administración". *XV Congreso de Internet, Derecho y Política.*

DELGADO GONZÁLEZ, A. F. y REINA TORRES. D (2013) "El devengo del IVA en la entrega de bienes" *Quincena Fiscal,* (10).

DOCAVO ALBERTI, L. (2011) "Interpretación en el Impuesto del Valor Añadido (IVA) de los conceptos de entrega de bienes y de prestación de servicios en los supuestos del consumo inmediato de alimentos en lugares públicos". *Quincena fiscal,* (20).

DOMÍNGUEZ ZORRERO, M. y SÁNCHEZ PINO, A. J. (2003) "La solidaridad interterritorial y la financiación autonómica". *Revista de estudios regionales,* (66).

FALCON Y TELLA, R. (2007) "La nueva regulación del autoconsumo externo de servicios (art. 12.3º LIVA) y la necesidad de una interpretación paralela en el ámbito del autoconsumo externo de bienes (art. 9.2.b)". *Quincena Fiscal,* (1).

FALCÓN Y TELLA, R. (1996) "Un peculiar modo de cumplir las sentencias: el derecho a la devolución del Arbitrio sobre la producción y la importación en Ceuta y Melilla". *Quincena Fiscal,* (20).

FERNÁNDEZ PAVÉS, M. J. (2021) "Análisis de la permanente problemática sobre la no sujeción de las Administraciones públicas al IVA". *Quincena Fiscal,* (7).

FERNÁNDEZ PAVÉS, M. J. (2003) "Declaración y pago del IVA: actuaciones administrativas para su control". *Noticias de la Unión Europea,* (220).

FERNÁNDEZ PAVÉS, M. J. (2018) "El concepto de organismo de Derecho público a efectos del IVA", *Estudios sobre jurisprudencia europea. Materiales del I y II Encuentro anual del Centro Español del European Law Institute*; SEPIN.

FERNÁNDEZ PAVÉS, M. J. (2013) "El factoring y el IVA: ¿Un cambio de criterio en el TJUE?". *Quincena Fiscal,* (5).

FERNÁNDEZ PAVÉS, M. J. (2017) "La no sujeción al IVA de las Administraciones públicas locales", Singularidades del poder tributario local y gravamen fiscal sobre las Entidades locales; *Temas de Administración Local* (101).

FERNÁNDEZ PAVÉS, M. J. (2002.) "Los Entes Locales: sujeción, deducción y repercusión del IVA". *Tributos locales,* (16).

FERNÁNDEZ PAVÉS, M. J. Y JABALERA RODRÍGUEZ, A. (2006) "Poder tributario local y reserva de ley ante la próxima reforma del Gobierno Local". Revista De Estudios De La Administración Local Y Autonómica, (300-301).

FERNÁNDEZ PAVÉS, M. J. (2015) "Propuestas de mejora en la regulación de la no sujeción al IVA de las Entidades Locales al hilo de la reforma del sistema tributario español". En Encuentro de derecho financiero y tributario: La reforma del sistema tributario español 3º edición. *Instituto de Estudios Fiscales.*

FERNÁNDEZ PAVÉS, M. J. (2011) "Un «curioso uso» de la interpretación del Supremo sobre la aplicación del IVA y consiguiente IS a las empresas municipales". VII Jornada Metodológica de Derecho Financiero y Tributario Jaime García Añoveros. Interpretación del Derecho Financiero y Tributario. La asignatura de Derecho Financiero y Tributario en los nuevos Planes de Estudio. *Documentos de Trabajo,* (12).

FERREIRO LAPATZA, J. J. (2005) "Apología contracorriente de la estimación objetiva". *Crónica tributaria,* (116).

FRAILE BAYLE, M. S. y MARTÍN BAILE, S. (1997) "El leasing y el renting". *Revista de estudios económicos y empresariales,* (9).

FUSTER GÓMEZ, M. (2009) "¿Exigibilidad vs. Devengo?: un necesario debate terminológico a la luz de la LGT/2003 y el ordenamiento jurídico comunitario" *Revista española de Derecho Financiero,* (13).

GALERA VICTORIA, A. (2023) "Las relaciones de colaboración de Ceuta y Melilla con el Estado, las Comunidades Autónomas y la Unión Europea". *Revista de Derecho Político,* (118).

GARCÍA-FRESNEDA GEA, F. (2008) "El poder impositivo de los gobiernos locales". *Revista de Estudios de la Administración Local y Autonómica,* (306),

GARCÍA CARACUEL, M. (2021) "La rectificación de la autoliquidación por contravenir el derecho de la UE. STS de 12 julio de 2021". *Nueva fiscalidad,* (3)

GARCÍA VALERA, A. y MASA SÁNCHEZ-OCAÑA, F. (2023) "Ceuta y Melilla: Medidas fiscales para consolidar su posición como hubs tecnológicos y digitales". *Revista de Contabilidad y Tributación. CEF,* (478).

GASCÓN ORIVE, A. (1993) "El nuevo Impuesto sobre el Valor Añadido: las importaciones". *Revista De Contabilidad Y Tributación. CEF,* (123).

GASCÓN ORIVE, A. Y LONGAS LAFUENTE, A. (2022) *IVA práctico*. CEF legal.

GONZÁLEZ FERNÁNDEZ, V. Y LÓPEZ GUZMÁN, T. (2009) "Melilla: fiscalidad local y actividad comercial. Una reflexión". *Boletín Económico de ICE,* (2958).

GONZÁLEZ GARCIA, E. (2001) "La estructura del hecho imponible como elemento configurador de las prestaciones tributarias" *Jurisprudencia Tributaria Aranzadi,* (6).

GONZÁLEZ ORTIZ, D. (2011) *Introducción a la fiscalidad empresarial.* Universitat Jaume I.

GONZÁLEZ SÁNCHEZ, E. (1983) "Canarias, Ceuta y Melilla ante la CEE". *Documentación Administrativa,* (197).

HERRERO ALCALDE, A. y TRÁNCHEZ MARTÍN, J. M. (2011) "El desarrollo y evolución del sistema de financiación autonómica". *Presupuesto y gasto público,* (62).

IMBRODA ORTIZ, B. J. (2003) "Melilla a comienzos del siglo XIX: el drama por su supervivencia". *Akros: Revista de Patrimonio,* (2).

IMBRODA ORTIZ, B. J. (2015) "*la posición de Melilla en la historia constitucional española". Tesis doctoral. Universidad de Málaga.*

JABALERA RODRÍGUEZ, A. (2007) "Gestión tributaria local. El procedimiento de aplicación de los impuestos municipales". *Tesis doctoral. Universidad de Granada.*

JABALERA RODRÍGUEZ, A. (2023) "Tributación en el Impuesto sobre el Valor Añadido de las operaciones con "Non Fungible Tokens"("NFTs")". *Quincena fiscal,* (6).

JIMÉNEZ COMPAIRED, I. (2021) "El derecho a la deducción en un Reino en el que conviven siete impuestos sobre el valor añadido". *Revista de Contabilidad y Tributación. CEF,* (457).

LAGOS RODRÍGUEZ, M. G; ÁLAMO CERRILLO, R. y IGLESIAS SUÁREZ, A.(2012) "Análisis de la fiscalidad del comercio electrónico y su incidencia en la recaudación fiscal". *En XIX Encuentro de Economía Pública: Políticas Públicas para la salida de la crisis. Universidad de Santiago de Compostela.*

LÓPEZ DIAZ, A. (2009) "Determinación y estimación de la base imponible: conceptos diferentes y regímenes diferentes" *Revista española de Derecho Financiero,* (137).

LÓPEZ RODRÍGUEZ, J. J. (2000) "*La autonomía de Melilla y su estatuto". Tesis doctoral. Universidad Nacional de Educación a Distancia.*

LOPEZ ESPADAFOR, C. (2011) "Nuevos aspectos en el elemento subjetivo del hecho imponible". *Revista española de derecho financiero,* (150).

LÓPEZ GUZMÁN, T. J., GONZÁLEZ-FERNÁNDEZ, V., HERRERA-TORRES, L. y LORENZO-QUILES, O. (2007) "Melilla: ciudad fronteriza internacional e intercontinental. Análisis histórico, económico y educativo". *Frontera Norte*, (37).

LONGÁS LAFUENTE, A. (2017) "Suministro inmediato de información en la gestión de los libros del IVA (y II)". *Revista de Contabilidad y Tributación. CEF*, (409).

LUCAS DURÁN, M. (2018). (2018) "En torno a la inconstitucionalidad del impuesto catalán sobre la provisión de contenidos por parte de prestadores de servicios de comunicaciones electrónicas: Análisis de la STC 94/2017, de 6 de julio". *Revista De Contabilidad Y Tributación*. CEF, (420).

LUQUE CORTELLA, A. (2007) "Financiación Local en España". *Tourism & Management Studies*, (3).

MACARRO OSUNA, J. M. (2014) "la competencia fiscal y el comercio electrónico en el iVA". *Revista española de Derecho Financiero*, (161).

MARÍN BENÍTEZ, G. (2012) "La analogía En Derecho Tributario: Tópicos, Controversias Y Algunas Reflexiones críticas". *Revista De Contabilidad Y Tributación*, CEF, (350).

MARTÍN FERNÁNDEZ, J. (2006) "Los entes locales como sujetos pasivos del impuesto sobre el valor añadido: una visión general". *Crónica tributaria*, (118).

MARTÍN FERNÁNDEZ, J. (2005) "Los entes locales como sujetos pasivos del impuesto sobre el valor añadido: una visión general". *Instituto de estudios fiscales*, (18).

MARTÍN GONZÁLEZ, M. (1967) "El grado de determinación legal de los conceptos jurídicos". *Revista de administración pública*, (54).

MARTÍNEZ LÓPEZ, J. A. (2000) "Normativa documental para las importaciones y exportaciones de mercancías: la doble vía". *Boletín Económico de ICE*, (2654).

MATA SIERRA, M. T. (2018) "La armonización fiscal de los Impuestos Especiales". *Revista jurídica de la Universidad de León*, (5).

MAYORAL DEL AMO, F. (2003) "El contexto de Melilla". *Aldaba: revista del Centro Asociado a la UNED de Melilla*, (29).

MIR BERLANGA, F. (1978) "Melilla en los pasados siglos y otras historias", Ayuntamiento de Melilla.

MENÉNDEZ MORENO, A. (2023) "El alcance de la reserva de Ley en los tributos locales (I). A propósito de la Sentencia del Tribunal Supremo 1005/2023, de 14 de julio". *Quincena fiscal*, (18).

MENÉNDEZ MORENO, A. (2016) "El concepto de actividad económica en el IVA, según la reciente jurisprudencia del TJUE" *Quincena Fiscal*, (21).

MENÉNDEZ MORENO, A. (2022) "Impuestos directos o indirectos: una elección a la carta". *Quincena fiscal*, (7).

MERLO DE LA FUENTE, L. G. (2013) "Efectos de la nulidad de una ordenanza fiscal sobre actos de liquidación". *Cuadernos de Derecho Local*, (32).

MORÓN PÉREZ, M. C. (2014) *El Impuesto sobre la Producción, los Servicios y la Importación de las Ciudades Autónomas: Análisis Práctico y propuesta de reforma*. Aranzadi.

MORÓN PÉREZ, M. C. (2006) "El régimen fiscal de las ciudades autónomas de Ceuta y Melilla: Presente y futuro". *Crónica Tributaria*, (121).

MORÓN PÉREZ, M. C. (2022) "La alternativa IVA/IPSI en las operaciones conectadas con la Península o Baleares y las Ciudades Autónomas". *Nueva fiscalidad*, (4).

MORÓN PÉREZ, M. C (2017) "La financiación de las Ciudades Autónomas: la demandada reforma del impuesto sobre la producción, los servicios y la importación". *La reforma de la financiación territorial*. Tirant lo Blanch.

MOYA-ANGELER PÉREZ-MATEOS, M. y PORTILLO NAVARRO, M. J. (2011) "La prestación del servicio público por parte del ente local a efectos de la Ley 37/1992, del IVA". *Crónica tributaria*, (138).

MULEIRO PARADA, L. M. (2015) "Los regímenes objetivos de tributación en los impuestos locales". *Revista de Contabilidad y Tributación. CEF*, (388).

MUÑOZ DOMÍNGUEZ, J. M. (1986) "La fiscalidad de los territorios de Ceuta y Melilla". *Aldaba: revista del Centro Asociado a la UNED de Melilla*, (6).

ORTIZ PÉREZ, A. (2015) "Fiscalidad de las empresas establecidas en Ceuta y Melilla". *Anales de derecho*, (33).

PASCUAL GONZÁLEZ, M. M. (2022) "La conflictividad sobre el Derecho a la deducción en el IVA aún no resuelta en España". *Quincena Fiscal*, (1).

PASCUAL, P. Y SERNA, L. (2001) "Diferencias entre territorio común y País Vasco en la relación entre la modalidad de signos, índices o módulos del método de estimación objetiva del IRPF y el régimen simplificado de IVA". *Jurisprudencia Tributaria Aranzadi*, (19).

PÉREZ CASTRO, M. Á. (2007). *Modelo de Financiación de las Ciudades con Estatuto de Autonomía y peculiaridades del Régimen Económico-Fiscal de Melilla*. Consejería de Economía, Empleo y Turismo.

PÉREZ LARA, J. M; DAMAS SERRANO, A. y CALATRAVA ESCOBAR, M. J. (2023) *Impuesto sobre el Valor Añadido. Normativa estatal 2023 (12a Edición concordada y anotada)*. Tirant Lo Blanch.

PÉREZ VILLALOBOS, M. C. (2008) "Sobre la Disposición Transitoria quinta de la Constitución y la reforma de los estatutos de autonomía de Ceuta y Melilla". *Estudios sobre la constitución española*.

PÉREZ ZÚÑIGA, J. M, MORÓN PÉREZ, M. C, SELLAM MOHAMED. A. (2023) *El régimen fiscal de las Ciudades Autónomas de Ceuta y Melilla*. Tirant lo blanch.

PORRAS RAMÍREZ, J. M. (2007) "Las Ciudades Autónomas de Ceuta y Melilla y el conflicto en defensa de la autonomía local. (Comentario a la Sentencia 240/2006, de 20 de Julio)". *Revista De Derecho Político,* (68).

RAMÍREZ GÓMEZ, S. (2009) "Nuevas tecnologías y fiscalidad: la tributación del comercio electrónico". *Derecho y conocimiento,* (1).

REQUEJO RODRÍGUEZ, P. (1998) "Ceuta y Melilla: ¿ciudades con estatuto de autonomía o comunidades autónomas con estatuto de heteroorganizacion?". *Revista de estudios de la administración local y autonómica*, (277).

ROBLES MORENO, C. D. P. (2006) "El pago de la deuda tributaria como medio de extinción de la obligación tributaria". *Foro jurídico*, (6).

RODRIGUEZ BENIJO, A. (2021) "El principio de capacidad económica en una encrucijada". *Revista española de Derecho Financiero*, (191).

RODRÍGUEZ PEÑA, N. L. (2024) "Ley 13/2023, de 24 de mayo, por la que se modifica la Ley 58/2003, de 17 de diciembre, General Tributaria, en transposición de la Directiva (UE) 2021/514, del Consejo, de 22 de marzo de 2021, por la que se modifica la Directiva 2011/16/UE, relativa a la c: Aspectos civiles transposición de modificaciones a la Directiva 2011/16/UE, relativa a la cooperación administrativa en el ámbito de la fiscalidad". *Ars Iuris Salmanticensis*, (2).

ROMERO FLOR, L. M. (2013) "La reserva de ley como principio fundamental del derecho tributario". *DIXI*, (18).

ROMERO FLOR, L. M, (2017) "El nuevo procedimiento de Suministro Inmediato de Información (SII)". *Quincena fiscal, (*18).

RUBIO RAMOS, J. (2009) *Manual práctico del impuesto sobre la producción, los servicios y la importación (operaciones interiores)*. Fundación AL.

RUEDA LÓPEZ, N. (2011) "Ceuta y Melilla". *Regímenes fiscales territoriales.* Tirant Lo Blanch,

RUEDA MANTILLA, D. (2014). "Implicaciones de la creación del impuesto nacional al consumo en los aspectos fiscales y penales". *Revista Derecho Privado*, (51).

RUIZ RUIZ, J. J. y RUIZ-RICO RUIZ, G. (2021) "Ceuta y Melilla". *Informe Comunidades Autónomas.*

SALVADOR CODERCH, P. (1984) "La Disposición Final Tercera de la Compilación catalana y la técnica legislativa de las remisiones estáticas". *Anuario de Derecho Civil,* (4).

SÁNCHEZ GALIANA, J. A. (2017) "Autonomía, suficiencia financiera y estabilidad presupuestaria en la Hacienda Local". *Tributos locales,* (128).

SÁNCHEZ GALIANA, J. A. (2014) "La cesión de tributos a las Comunidades Autónomas y los principios de justicia tributaria" *Estudios críticos sobre la delimitación territorial del poder financiero: situación actual y perspectivas de reforma*. Tirant Lo Blanch.

SÁNCHEZ HUETE, M. A (2012) "Estimación objetiva, prevención del fraude y blanqueo". *Quincena Fiscal*, (11).

SÁNCHEZ SÁNCHEZ, A. (2016) "los servicios de naturaleza compleja en el IVA: prestación única «versus» pluralidad de prestaciones". *Quincena fiscal,* (19).

SANZ GÓMEZ, R. (2010) "El Impuesto sobre la Producción, los Servicios y la Importación". *Estudios sobre el régimen Económico y Fiscal de Ceuta: Presente y futuro.* Centro Estudios Jurídicos Granada.

SANTOLAYA BLAY, M. (2012) "La neutralidad del Impuesto sobre el Valor Añadido: propuestas para su medición. *Revista De Contabilidad Y Tributación.* CEF", (348).

SARO GANDARILLAS, F. (1985) "La expansión urbana de Melilla: aproximación a su estudio". *Aldaba: revista del Centro Asociado a la UNED de Melilla,* (5).

SARO GANDARILLAS, F. (1984) "Municipalidad y Administración Local, antecedentes a la Constitución del Ayuntamiento de Melilla". *Aldaba: revista del Centro Asociado a la UNED de Melilla,* (3),

SARUEL HERNÁNDEZ. F. (2018) "Melilla: su pasado industrial". En *II Congreso Internacional de Patrimonio Industrial y de la Obra Pública: Patrimonio Industrial: pasado, presente y futuro.* Fundación Patrimonio Industrial de Andalucía.

SIMÓN ACOSTA, E. (2001) "El Impuesto sobre el Valor añadido". *Tributos estatales, autonómicos y locales.* Consejo General del Poder Judicial.

TESO GAMELLA, P. T. (2019) "La impugnación de los reglamentos: los efectos de la declaración de nulidad". *Revista de administración pública,* (210).

UREÑA PARDO, F.; OLMEDILLA RAMOS, J. N. (1998) "Análisis de la neutralidad del IVA en la viticultura castellano-manchega". *Revista Española de Estudios Agrosociales y Pesqueros.*

URQUIZU CAVALLÉ, Á. (2020) "Medidas tributarias y aduaneras adoptadas para garantizar la adquisición de bienes de material sanitario en la Unión Europea por la covid-19: propuestas y problemas jurídicos". *Quincena fiscal,* (15).

VÁZQUEZ DEL REY VILLANUEVA, A. (2007) "El IVA y el comercio internacional: tendencias y problemas actuales". *Crónica Tributaria,* (124).

VIDAL MARÍN, T. (2013) "Técnica legislativa, inserción de la norma en el ordenamiento jurídico y Tribunal Constitucional". *Teoría y realidad constitucional,* (31).

VILLAR EZCURRA, M. (2014) "La inversión del sujeto pasivo como recurso técnico y medida antifraude en el IVA". *Quincena Fiscal,* (7).

YÁÑEZ HENRÍQUEZ, J. (2014) "Impuesto al valor agregado eficiencia y crecimiento". *Revista de estudios tributarios* (9).

B) LEGISLACIÓN CONSULTADA

Constitución Española. "*Boletín Oficial del Estado*", nº 311, de 29 de diciembre de 1978. (*Tol 173304*)

Sexta Directiva del Consejo, de 17 de mayo de 1977, en materia de armonización de las legislaciones de los Estados miembros relativas a los impuestos sobre el volumen de negocios - Sistema común del Impuesto sobre el Valor Añadido; base imponible uniforme. "*Diario Oficial de las Comunidades Europeas*" nº 145, de 23 de junio de 1977. (*Tol 220217*)

Directiva 2006/112/CE del Consejo, de 28 de noviembre de 2006, relativa al sistema común del Impuesto sobre el Valor Añadido. "*Diario Oficial de la Unión Europea*", nº 347, de 11 de diciembre de 2006. (*Tol 1014663*)

Reglamento (CE) Nº 1135/88 DEL CONSEJO de 7 de marzo de 1988 relativo a la definición del concepto de "productos originarios" y a los métodos de cooperación administrativa en el comercio entre el territorio aduanero de la Comunidad, Ceuta y Melilla y las Islas Canarias. "*Diario Oficial de las Comunidades Europeas*" nº 114, de 2 de marzo de 1988.

Reglamento (CE) nº 82/2001 del Consejo, de 5 de diciembre de 2000, relativo a la definición de la noción de "productos originarios" y a los métodos de cooperación administrativa en el comercio entre el territorio aduanero de la Comunidad y Ceuta y Melilla. "*Diario Oficial de las Comunidades Europeas*" nº 20, de 20 de enero de 2001.

Reglamento (UE) Nº 952/2013 del parlamento europeo y del consejo, de 9 de octubre de 2013, por el que se establece el código aduanero de la Unión. "*Diario Oficial de la Unión Europea*", nº 269, de 10 de octubre de 2013. (*Tol 3961371*)

Decisión del Consejo de las Comunidades Europeas de 11 de junio de 1985 relativa a la adhesión del Reino de España y de la República Portuguesa a la Comunidad Europea del Carbón y del Acero. "*Diario Oficial de las Comunidades Europeas*" nº 302, de 15 de noviembre de 1985.

Decisión 2000/204/CE del Consejo y de la Comisión, de 24 de enero de 2000, relativa a la celebración del Acuerdo euromediterráneo por el que se crea una asociación entre las Comunidades Europeas y sus Estados miembros, por una parte, y el Reino de Marruecos, por otra. "*Diario Oficial de la Unión Europe*a", nº 70, de 18 marzo de 2000.

Tratado de Paz y Amistad (Tratado de Wad Ras), firmado en Tetuán, 26 de abril de 1860. "*Gaceta de Madrid*", nº 157, el 5 de junio de 1860.

Tratado entre España y Marruecos para arreglar las diferencias suscitadas sobre el cumplimiento del Convenio de límites con Melilla de 1859 y el Tratado de Paz de 1860, firmado en Madrid el 30 de octubre de 1861. "*Gaceta de Madrid*", nº 12, el 12 de enero de 1862.

Convenio entre España y Marruecos para el establecimiento de una Aduana en la frontera de Melilla, firmado en Fez el 31 de julio de 1866. "*Gaceta de Madrid*", nº 62, el 3 de marzo de 1867.

Ley de 18 de mayo de 1863. "*Gaceta de Madrid*", nº 140, el 20 de mayo de 1863.

Ley de 30 de diciembre de 1944, por la que se autoriza a los Ayuntamientos de Ceuta y Melilla para percibir como recurso de su Presupuesto ordinario el "Arbitrio sobre importación de mercaderías". "*Boletín Oficial del Estado*", nº 2, el 2 de enero de 1945.

Ley de 22 de diciembre de 1955 de bases sobre el régimen económico, y financiero de Ceuta y Melilla. "*Boletín Oficial del Estado*", nº 359, el 25 de diciembre de 1995.

Ley 230/1963, de 28 de diciembre, General Tributaria. "*Boletín Oficial del Estado*" nº 313, de 31 de diciembre de 1963.

Ley 18/1982, de 26 de mayo, sobre régimen fiscal de agrupaciones y uniones temporales de Empresas y de las Sociedades de desarrollo industrial regional. "*Boletín Oficial del Estado*" nº 137, de 9 de junio de 1982.

Ley 7/1985, de 2 de abril, Reguladora de las Bases del Régimen Local. "*Boletín Oficial del Estado*" nº 80, de 03 de abril de 1985.

Ley 29/1987, de 18 de diciembre, del Impuesto sobre Sucesiones y Donaciones. "*Boletín Oficial del Estado*" nº 303, de 19 de diciembre de 1987. (*Tol 224744*)

Ley 39/1988, de 28 de diciembre, reguladora de las Haciendas Locales. "*Boletín Oficial del Estado*" nº 31, de 30 de diciembre de 1988. (*Tol 224720*)

Ley 8/1991, de 25 de marzo, por la que se aprueba el arbitrio sobre la producción y la importación en las ciudades de Ceuta y Melilla. "*Boletín Oficial del Estado*" nº 73, de 26 de marzo de 1991.

Ley 8/1989, de 13 de abril, de Tasas y Precios Públicos. "*Boletín Oficial del Estado*" nº 90 de 15 de abril de 1989 (*Tol 76329*)

Ley 12/1991, de 29 de abril, de Agrupaciones de Interés Económico. "*Boletín Oficial del Estado*" nº 103, de 30 de abril de 1991. (*Tol 133820*)

Ley 19/1991, de 6 de junio, del Impuesto sobre el Patrimonio. "*Boletín Oficial del Estado*", nº 136, de 7 de junio de 1991. (*Tol 224740*)

Ley 37/1992, de 28 de diciembre, del Impuesto sobre el Valor Añadido. "*Boletín Oficial del Estado*", nº 312, de 29 diciembre de 1992. (*Tol 224743*)

Ley 38/1992, de 28 de diciembre, de Impuestos Especiales. "*Boletín Oficial del Estado*", nº 312, de 29 de diciembre de 1992. (*Tol 330067*)

Ley Orgánica 1/1995, de 13 de marzo, de Estatuto de Autonomía de Ceuta. "*Boletín Oficial del Estado*", nº 62, el 14 de marzo de 1995. (*Tol 14640*)

Ley Orgánica 2/1995, de 13 de marzo, de Estatuto de Autonomía de Melilla. "*Boletín Oficial del Estado*", nº 62, el 14 de marzo de 1995. (*Tol 14641*)

Ley 13/1996, de 30 de diciembre, de Medidas Fiscales, Administrativas y del Orden Social. "*Boletín Oficial del Estado*", nº 315, de 31 de diciembre de 1966. (*Tol 74750*)

Ley 29/1998, de 13 de julio, reguladora de la Jurisdicción Contencioso-administrativa. "*Boletín Oficial del Estado*", nº 167, de 14 julio de 1998. (*Tol 257547*)

Ley 50/1998, de 30 de diciembre, de Medidas Fiscales, Administrativas y del Orden Social. "*Boletín Oficial del Estado*", nº 313, de 31 de diciembre de1998 (*Tol 74753*)

Ley 14/2000, de 29 de diciembre, de Medidas Fiscales, Administrativas y del Orden Social. "*Boletín Oficial del Estado*", nº 313, de 30 diciembre de 2000. (*Tol 145598*)

Ley Orgánica 7/2001, de 27 de diciembre, de modificación de la Ley Orgánica 8/1980, de 22 de septiembre, de Financiación de las Comunidades Autónomas. "*Boletín Oficial del Estado*", nº 313, de 31 diciembre de 2001. (*Tol 145895*)

Ley 24/2001, de 27 de diciembre, de Medidas Fiscales, Administrativas y del Orden Social. "*Boletín Oficial del Estado*", nº 313, de 31 de diciembre de 2001. (*Tol 118924*)

Ley 21/2001, de 27 de diciembre, por la que se regulan las medidas fiscales y administrativas del nuevo sistema de financiación de las Comunidades Autónomas de régimen común y Ciudades con Estatuto de Autonomía. "*Boletín Oficial del Estado*", nº 313, de 31 de diciembre de 2001. (*Tol 147478*)

Ley 22/2001, de 27 de diciembre, reguladora de los Fondos de Compensación Interterritorial. "*Boletín Oficial del Estado*", nº 313, de 31 de diciembre de 2001. (*Tol 137024*)

Ley 53/2002, de 30 de diciembre, de Medidas Fiscales, Administrativas y del Orden Social. "*Boletín Oficial del Estado*", nº 313, de 31 diciembre de 2002. (*Tol 224709*)

Ley 58/2003, de 17 de diciembre, General Tributaria. "*Boletín Oficial del Estado*", nº 302, de 18 diciembre de 2003. (*Tol 327278*)

Ley 62/2003, de 30 de diciembre, de Medidas Fiscales, Administrativas y del Orden Social. "*Boletín Oficial del Estado*", nº 313, de 31 de diciembre de 2003. (*Tol 313518*)

Ley 35/2006, de 28 de noviembre, del Impuesto sobre la Renta de las Personas Físicas y de modificación parcial de las leyes de los Impuestos sobre Sociedades, sobre la Renta de no Residentes y sobre el Patrimonio. "*Boletín Oficial del Estado*", nº 285, de 29 noviembre de 2006. (*Tol 1009222*)

Ley 22/2009, de 18 de diciembre, por la que se regula el sistema de financiación de las Comunidades Autónomas de régimen común y Ciudades con Estatuto de Autonomía. "*Boletín Oficial del Estado*", nº 305, de 19 de diciembre de 2009. (*Tol 1725006*)

Ley 2/2010, de 1 de marzo, por la que se trasponen determinadas Directivas en el ámbito de la imposición indirecta y se modifica la Ley del Impuesto sobre la Renta de no Residentes para adaptarla a la normativa comunitaria. "*Boletín Oficial del Estado*", nº 53, de 2 de marzo de 2010. (*Tol 1809905*)

La Ley 13/2011, de 27 de mayo, de regulación del juego. "*Boletín Oficial del Estado*", nº 127, de 28 de mayo de 2011. (*Tol 8898090*)

Ley 31/2011, de 4 de octubre, por la que se modifica la Ley 35/2003, de 4 de noviembre, de Instituciones de Inversión Colectiva. "*Boletín Oficial del Estado*", nº 240, de 5 de octubre de 2011. (*Tol 2236892*)

Ley 16/2012, de 27 de diciembre, por la que se adoptan diversas medidas tributarias dirigidas a la consolidación de las finanzas públicas y al impulso de la actividad económica. "*Boletín Oficial del Estado*", nº 312, de 28 de diciembre de 2012. (*Tol 2710753*)

Ley 11/2013, de 26 de julio, de medidas de apoyo al emprendedor y de estímulo del crecimiento y de la creación de empleo. "*Boletín Oficial del Estado*" nº 179, de 27 de julio de 2013. (*Tol 3826282*)

Ley 27/2014, de 27 de noviembre, del Impuesto sobre Sociedades. "*Boletín Oficial del Estado*", nº 288, de 28 noviembre de 2014. (*Tol 4554400*)

Ley 39/2015, de 1 de octubre, del Procedimiento Administrativo Común de las Administraciones Públicas. "*Boletín Oficial del Estado*", nº 236, de 2 octubre de 2015. (*Tol 5494102*)

Ley 6/2018, de 3 de julio, de Presupuestos Generales del Estado para el año 2018. "*Boletín Oficial del Estado*", nº 161, de 4 de julio de 2018. (*Tol 6654935*)

Ley 4/2020, de 15 de octubre, del Impuesto sobre Determinados Servicios Digitales. "*Boletín Oficial del Estado*", nº 274, de 16 de octubre de 2020. (*Tol 8112043*)

Ley 11/2020, de 30 de diciembre, de Presupuestos Generales del Estado para el año 2021. "*Boletín Oficial del Estado*", nº 341 de 21 de diciembre de 2020. (*Tol 8246330*)

Ley 7/2022, de 8 de abril, de residuos y suelos contaminados para una economía circular. "*Boletín Oficial del Estado*", nº 85, de 09 de abril de 2022. (*Tol 8900363*)

Ley 38/2022, de 27 de diciembre, para el establecimiento de gravámenes temporales energético y de entidades de crédito y establecimientos financieros de crédito y por la que se crea el impuesto temporal de solidaridad de las grandes fortunas, y se modifican determinadas normas tributarias. "*Boletín Oficial del Estado*", nº 311 de 28 de diciembre de 2022. (*Tol 9331949*)

Ley 13/2023, de 24 de mayo, por la que se modifican la Ley 58/2003, de 17 de diciembre, General Tributaria, en transposición de la Directiva (UE) 2021/514 del Consejo de 22 de marzo de 2021, por la que se modifica la Directiva 2011/16/UE relativa a la cooperación administrativa en el ámbito de la fiscalidad y otras normas tributarias. "*Boletín Oficial del Estado*", nº 124, de 25 de mayo de 2023. (*Tol 9568822*)

Real Decreto de 22 de agosto de 1885 por el que se publica el Código de Comercio. "*Gaceta de Madrid*", nº 289, de 16 de octubre de 1885. (*Tol 322190*)

Real Decreto de 24 de julio de 1889 por el que se publica el Código Civil. "*Gaceta de Madrid*", nº 206, de 25 de julio de 1889. (*Tol 220310*)

Real decreto nº 362 por el que se suprime la Junta de Arbitrios de Melilla, sustituyéndola por una Junta municipal y poniendo en vigor el Estatuto para las Juntas municipales de Ceuta y Melilla, "*Gaceta de Madrid*", nº 51, el 20 de febrero de 1927.

Real Decreto nº 1067. "*Gaceta de Madrid*", nº 101, de 11 de abril del 1930.

Decreto de 8 de febrero de 1946 por el que se aprueba la nueva redacción oficial de la Ley Hipotecaria. "*Boletín Oficial del Estado*", nº 58, de 27 febrero de 1946.

Real Decreto 1624/1992, de 29 de diciembre, por el que se aprueba el Reglamento del Impuesto sobre el Valor Añadido y se modifica el Real Decreto 1041/1990, de 27 de julio, por el que se regulan las declaraciones censales que han de presentar a efectos fiscales los empresarios, los profesionales y otros obligados tributarios; el Real Decreto 338/1990, de 9 de marzo, por el que se regula la composición y la forma de utilización del número de identificación fiscal, el Real Decreto 2402/1985, de 18 de diciembre, por el que se regula el deber de expedir y entregar factura que incumbe a los empresarios y profesionales, y el Real Decreto 1326/1987, de 11 de septiembre, por el que se establece el procedimiento de aplicación de las Directivas de la Comunidad Económica Europea sobre intercambio de información tributaria. "*Boletín Oficial del Estado*", nº 314, de 31 de diciembre de 1992. (*Tol 70874*)

Real Decreto Legislativo 1/1993, de 24 de septiembre, por el que se aprueba el Texto refundido de la Ley del Impuesto sobre Transmisiones Patrimoniales y Actos Jurídicos Documentados. "*Boletín Oficial del Estado*", nº 251, de 20 octubre de 1993. (*Tol 224742*)

Real Decreto Legislativo 1/1994, de 20 de junio, por el que se aprueba el Texto Refundido de la Ley General de la Seguridad Social. "*Boletín Oficial del Estado*", nº 154, de 29 de junio de 1994. (*Tol 230926*)

Real Decreto-ley 14/1996, de 8 de noviembre, por el que se modifica la Ley 8/1991, de 25 de marzo, por la que se aprueba el Arbitrio sobre la Producción y la Importación en las Ciudades de Ceuta y Melilla. "*Boletín Oficial del Estado*" nº 271, de 9 de noviembre de 1996.

Real Decreto Legislativo 1/2001, de 20 de julio, por el que se aprueba el texto refundido de la Ley de Aguas. "*Boletín Oficial del Estado*", nº 176, de 24 de julio de 2001. (*Tol 231223*)

Real Decreto Legislativo 2/2004, de 5 de marzo, por el que se aprueba el texto refundido de la Ley Reguladora de las Haciendas Locales. "*Boletín Oficial del Estado*", nº 59, de 9 de marzo de 2004. (*Tol 346505*)

Real Decreto 520/2005, de 13 de mayo, por el que se aprueba el Reglamento general de desarrollo de la Ley 58/2003, de 17 de diciembre, General Tributaria, en materia de revisión en vía administrativa. "*Boletín Oficial del Estado*", nº 126, de 27 de mayo de 2005. (*Tol 636056*)

Real Decreto 439/2007, de 30 de marzo, por el que se aprueba el Reglamento del Impuesto sobre la Renta de las Personas Físicas y se modifica el Reglamento de Planes y Fondos de Pensiones, aprobado por Real Decreto 304/2004, de 20 de febrero de 2007. "*Boletín Oficial del Estado*", nº 78, de 31 de marzo de 2007. (*Tol 1044498*)

Real Decreto 1619/2012, de 30 de noviembre, por el que se aprueba el Reglamento por el que se regulan las obligaciones de facturación. "*Boletín Oficial del Estado*", nº 289, de 1 de diciembre de 2012. (*Tol 2691533*)

Real Decreto Legislativo 8/2015, de 30 de octubre, por el que se aprueba el Texto Refundido de la Ley General de la Seguridad Social. *Boletín Oficial del Estado*", nº 261, de 31 de octubre de 2015. (*Tol 5535003*)

Real Decreto 596/2016, de 2 de diciembre, para la modernización, mejora e impulso del uso de medios electrónicos en la gestión del Impuesto sobre el Valor Añadido, por el que se modifican el Reglamento del Impuesto sobre el Valor Añadido, aprobado por el Real Decreto 1624/1992, de 29 de diciembre, el Reglamento General de las actuaciones y los procedimientos de gestión e inspección tributaria y de desarrollo de las normas comunes de los procedimientos de aplicación de los tributos, aprobado por el Real Decreto 1065/2007, de 27 de julio, y el Reglamento por el que se regulan las obligaciones de facturación, aprobado por el Real Decreto 1619/2012, de 30 de noviembre. "*Boletín Oficial del Estado*", nº 29, de 6 de diciembre de 2016. (*Tol 5900785*)

Real Decreto-ley 15/2020, de 21 de abril, de medidas urgentes complementarias para apoyar la economía y el empleo. "*Boletín Oficial del Estado*", nº 112, de 22 de abril de 2020. (*Tol 7884503*)

Real Decreto-ley 34/2020, de 17 de noviembre, de medidas urgentes de apoyo a la solvencia empresarial y al sector energético. "*Boletín Oficial del Estado*", nº 303, de 18 de noviembre de 2020. (*Tol 8202032*)

Real Decreto-ley 12/2021, de 24 de junio, por el que se adoptan medidas urgentes en el ámbito de la fiscalidad energética y en materia de generación de energía, y sobre gestión del canon de regulación y de la tarifa de utilización del agua. "*Boletín Oficial del Estado*", nº 151, de 25 de junio de 2021. (*Tol 8480257*)

Real Decreto-ley 17/2021, de 14 de septiembre, de medidas urgentes para mitigar el impacto de la escalada de precios del gas natural en los mercados minoristas de gas y electricidad. "*Boletín Oficial del Estado*", nº 221, de 15 de septiembre de 2021. (*Tol 8583077*)

Real Decreto-ley 29/2021, de 21 de diciembre, por el que se adoptan medidas urgentes en el ámbito energético para el fomento de la movilidad eléctrica, el autoconsumo y el despliegue de energías renovables. "*Boletín Oficial del Estado*", nº 305, de 22 de diciembre de 2021. (*Tol 8695062*)

Real Decreto-ley 6/2022, de 29 de marzo, por el que se adoptan medidas urgentes en el marco del Plan Nacional de respuesta a las consecuencias económicas y sociales de la guerra en Ucrania. "*Boletín Oficial del Estado*", nº 76, de 30 de marzo de 2022.

Real Decreto-ley 11/2022, de 25 de junio, por el que se adoptan y se prorrogan determinadas medidas para responder a las consecuencias económicas y sociales de la guerra en Ucrania, para hacer frente a situaciones de vulnerabilidad social y económica, y para la recuperación económica y social de la isla de La Palma. "*Boletín Oficial del Estado*", nº 152, de 26 de junio de 2022. (*Tol 9042132*)

Real Decreto-ley 20/2022, de 27 de diciembre, de medidas de respuesta a las consecuencias económicas y sociales de la Guerra de Ucrania y de apoyo a la reconstrucción de la isla de La Palma. "*Boletín Oficial del Estado*", nº 311, de 28 de diciembre de 2022. (*Tol 9331940*)

Real Decreto-ley 1/2023, de 10 de enero, de medidas urgentes en materia de incentivos a la contratación laboral y mejora de la protección social de las personas artistas. "*Boletín Oficial del Estado*", nº 9, de 11 de enero de 2023. (*Tol 9351152*)

Real Decreto 332/2023, de 3 de mayo, por el que se regula la compensación al transporte marítimo y aéreo de mercancías con origen o destino en Ceuta y Melilla. "*Boletín Oficial del Estado*", nº 118, de 18 de mayo de 2023. (*Tol 9552173*)

Real Decreto-ley 8/2023, de 27 de diciembre, por el que se adoptan medidas para afrontar las consecuencias económicas y sociales derivadas de los conflictos en Ucrania y Oriente Próximo, así como para paliar los efectos de la sequía. "*Boletín Oficial del Estado*", nº 310, de 28 de diciembre de 2023. (*Tol 9813475*)

Ordenanza General de los presidios del Reino, de 14 de Abril de 1834. "*Gaceta de Madrid*", nº 57, de 18 de Abril de 1834.

Orden de 21 de mayo de 1931. "*Gaceta de Madrid*", nº 142, de 22 de mayo de 1931.

Orden HFP/1823/2016, de 25 de noviembre, por la que se desarrollan para el año 2017 el método de estimación objetiva del Impuesto sobre la Renta de las Personas Físicas y el régimen especial simplificado del Impuesto sobre el Valor Añadido. "*Boletín Oficial del Estado*", nº 288, de 29 de noviembre de 2016.

Orden HFP/417/2017, de 12 de mayo, por la que se regulan las especificaciones normativas y técnicas que desarrollan la llevanza de los Libros registro del Impuesto sobre el Valor Añadido a través de la Sede electrónica de la Agencia Estatal de Administración Tributaria establecida en el artículo 62.6 del Reglamento del Impuesto sobre el Valor Añadido, aprobado por el Real Decreto 1624/1992, de 29 de diciembre, y se modifica otra normativa tributaria. "*Boletín Oficial del Estado*", nº 115, de 15 de mayo de 2017.

Orden HAC/1164/2019, de 22 de noviembre, por la que se desarrollan para el año 2020 el método de estimación objetiva del Impuesto sobre la Renta de las Personas Físicas y el régimen especial simplificado del Impuesto sobre el Valor Añadido. "*Boletín Oficial del Estado*", nº 288, de 29 de noviembre de 2019.

Orden HAC/1155/2020, de 25 de noviembre, por la que se desarrollan, para el año 2021, el método de estimación objetiva del Impuesto sobre la Renta de las Personas Físicas y el régimen especial simplificado del Impuesto sobre el Valor Añadido. "*Boletín Oficial del Estado*", nº 317, de 4 de diciembre de 2020.

Decreto N.º 1344 de fecha 17 de diciembre de 2021, relativo a la aprobación definitiva de la ordenanza fiscal reguladora del impuesto sobre la producción, los servicios y la importación (modalidad importación y gravámenes complementarios aplicables sobre las labores del tabaco y ciertos carburantes y combustibles) de la Ciudad Autónoma de Melilla. *"Boletín Oficial de Melilla"*, extraordinario nº 4, de 31 de enero de 2022.

Decreto N.º 584 de fecha 30 de abril de 2021, relativa a la aprobación definitiva de la modificación de la ordenanza fiscal reguladora del impuesto sobre la producción, los servicios y la importación (operaciones interiores) en la ciudad de melilla. *"Boletín Oficial de Melilla"*, nº 5857, de 4 de mayo de 2021.

Decreto nº 450 de fecha 29 de abril de 2022, relativa aprobación definitiva de la modificación de la Ordenanza Fiscal reguladora del Impuesto sobre el Incremento de Valor de Terrenos de Naturaleza Urbana de la Ciudad Autónoma de Melilla. *"Boletín Oficial de Melilla"*, nº 5962, de 6 de mayo de 2022.

Orden HFP/1359/2023, de 19 de diciembre, por la que se desarrollan para el año 2024 el método de estimación objetiva del Impuesto sobre la Renta de las Personas Físicas y el régimen especial simplificado del Impuesto Sobre el Valor Añadido. "*Boletín Oficial del Estado*", nº 304, de 21 de diciembre de 2023.

Resolución de 13 de noviembre de 1996, de la Agencia Estatal de Administración Tributaria, sobre colaboración entre los Servicios de Aduanas e Impuestos Especiales y los servicios fiscales de la Ciudad Autónoma de Ceuta. "*Boletín Oficial del Estado*", nº 287, de 28 de noviembre de 1996.

Resolución de 18 de diciembre de 2020, de la Dirección del Servicio de Planificación y Relaciones Institucionales de la Agencia Estatal de Administración Tributaria, por la que se publica el Convenio con la Ciudad de Ceuta, en materia de suministro de información para finalidades no tributarias. "*Boletín Oficial del Estado*", nº 19, de 22 enero de 2021.

Resolución de 4 de febrero de 2020, de la Dirección del Servicio de Planificación y Relaciones Institucionales de la Agencia Estatal de Administración Tributaria, por la que se publica el Convenio con la Ciudad de Melilla en materia de suministro de información para finalidades no tributarias. "*Boletín Oficial del Estado*", nº 42, de 18 de febrero de 2020

Resolución de 4 de febrero de 2022, de la Dirección del Servicio de Planificación y Relaciones Institucionales de la Agencia Estatal de Administración Tributaria, por la que se publica la Adenda al Convenio con la Ciudad Autónoma de Melilla, en materia de suministro de información para finalidades no tributarias. "*Boletín Oficial del Estado*", nº 39, de 15 de febrero de 2022.

Resolución de 27 de junio de 2022, de la Dirección del Servicio de Planificación y Relaciones Institucionales de la Agencia Estatal de Administración Tributaria, por la que se publica la Adenda al Convenio con la Ciudad de Ceuta, en materia de suministro de información para finalidades no tributarias. "*Boletín Oficial del Estado*", nº 160, de 5 de julio de 2022

Resolución de 14 de febrero de 2024, de la Dirección del Servicio de Planificación y Relaciones Institucionales de la Agencia Estatal de Administración Tributaria, por la que se publica la Adenda de modificación y prórroga del Convenio con la Ciudad de Melilla, en materia de suministro de información para finalidades no tributarias. "*Boletín Oficial del Estado*", nº 48, de 23 de febrero de 2024.

Acuerdo del Consejo Territorial de Dirección para la Gestión Tributaria de Melilla para la colaboración en la gestión tributaria entre la AEAT y la Ciudad de Melilla, de 24 de junio de 2002. Disponible en: https://www.agenciatributaria.es/static_files/AEAT/DOPRI/Fisterritorial/Autonomica/CeutaMelilla/ContRelacionados/Reg_Fiscal_Ceuta_Melilla/Colab_Estado/acuerdo_22_06_02.pdf

C) JURISPRUDENCIA

SENTENCIA DEL TRIBUNAL DE JUSTICIA, de 18 de junio de 1975. En el asunto C-94/74.

SENTENCIA DEL TRIBUNAL DE JUSTICIA, de 5 de febrero de 1976. En el asunto C-87/75.

SENTENCIA DEL TRIBUNAL DE JUSTICIA, de 27 de febrero de 1980. En el asunto C-171/78.

SENTENCIA DEL TRIBUNAL DE JUSTICIA, 4 de marzo de 1986. En el asunto C-106/84.

SENTENCIA DEL TRIBUNAL DE JUSTICIA, de 7 de mayo de 1987. En el asunto C-193/85.

SENTENCIA DEL TRIBUNAL DE JUSTICIA (Sala Sexta) de 8 de febrero de 1990, en el asunto C-320/88.

SENTENCIA DEL TRIBUNAL DE JUSTICIA, de 16 de julio de 1992. En el asunto C-163/90.

SENTENCIA DEL TRIBUNAL DE JUSTICIA (Sala Quinta), de 7 de diciembre de 1995. En el asunto C-45/94.

SENTENCIA DEL TRIBUNAL DE JUSTICIA (Sala Sexta), de 29 de abril de 2004. En el asunto C-387/01. (*Tol 393460*)

SENTENCIA DEL TRIBUNAL DE JUSTICIA (Gran Sala), de 21 de febrero de 2006. En el asunto C-419/02.

SENTENCIA DEL TRIBUNAL DE JUSTICIA, de 22 de diciembre de 2010. En el asunto C-116/10. (*Tol 9917637*)

SENTENCIA DEL TRIBUNAL DE JUSTICIA, de 10 de noviembre de 2011. En el asunto C-444/10. (*Tol 9917707*)

SENTENCIA DEL TRIBUNAL DE JUSTICIA (Sala Primera), de 20 de diciembre de 2017. En el asunto C-529/16.

SENTENCIA DEL TRIBUNAL DE JUSTICIA (Gran Sala), de 28 de febrero de 2023. En el asunto C-695/20.

SENTENCIA DEL TRIBUNAL CONSTITUCIONAL, 83/1984, de 24 de julio 1984. "*Boletín Oficial del Estado*", nº 203, de 24 de agosto de 1984.

SENTENCIA DEL TRIBUNAL CONSTITUCIONAL 46/1990, de 15 de marzo de 1990. "*Boletín Oficial del Estado*", nº 85, de 9 de abril de 1990. (*Tol 600513*)

SENTENCIA DEL TRIBUNAL CONSTITUCIONAL 185/1995, de 14 diciembre 1995. "*Boletín Oficial del Estado*", nº 11, de 12 de enero de 1996.

SENTENCIA DEL TRIBUNAL CONSTITUCIONAL,233/1999, de 16 de diciembre, "Boletín Oficial del Estado", nº 17, de 20 de enero de 2000. (*Tol 56866*)

SENTENCIA DEL TRIBUNAL CONSTITUCIONAL 135/2018, de 13 de diciembre de 2018. (*Tol 6977381*)

SENTENCIA DEL TRIBUNAL SUPREMO 3349/1995, de 14 de junio de 1995.

SENTENCIA DEL TRIBUNAL SUPREMO 4091/1995, de 11 de julio de 1995.

SENTENCIA DEL TRIBUNAL SUPREMO, 4143/1995, de 12 de julio de 1995. (*Tol 513167*)

SENTENCIA DEL TRIBUNAL SUPREMO, 3967/2011, de 13 de junio de 2011.

SENTENCIA DEL TRIBUNAL SUPREMO, 4333/2022, de 15 de noviembre del 2022. (*Tol 9307281*)

SENTENCIA DEL TRIBUNAL SUPREMO 4650/2022, de 19 de diciembre de 2022.

AUTO DEL TRIBUNAL SUPREMO 6952/2020, de 10 septiembre de 2020.

SENTENCIA DEL TRIBUNAL SUPERIOR DE JUSTICIA DE ANDALUCIA 425/1997, de 14 de octubre de 1997.

SENTENCIA DEL TRIBUNAL SUPERIOS DE JUSTICIA DE ANDALUCIA, 1354/1997, de 8 de noviembre de 1997.

SENTENCIA TRIBUNAL SUPERIOR DE JUSTICIA DE ANDALUCIA, 1350/1997, de 8 de noviembre de 1997.

SENTENCIA DEL TRIBUNAL SUPERIOR DE JUSTICIA DE ANDALUCIA 199/1998, de 12 de enero de 1998.

SENTENCIA DEL TRIBUNAL SUPERIOR DE JUSTICIA DE ANDALUCÍA 746/2000, de 19 de enero del 2000.

SENTENCIA DEL TRIBUNAL SUPERIOR DE JUSTICIA ANDALUCÍA, 3237/2004 del 14 de mayo de 2004.

SENTENCIA DEL TRIBUNAL SUPERIOR DE JUSTICIA DE ANDALUCÍA, 1379/2007, del 29 de marzo de 2007.

SENTENCIA DEL TRIBUNAL SUPERIOR DE JUSTICIA DE ANDALUCIA, 4936/2021, de 29 de enero de 2021.

SENTENCIA DEL TRIBUNAL SUPERIOR DE JUSTICIA DE CASTILLA Y LEÓN, BURGOS, 6438/2006, de 16 diciembre de 2006.

SENTENCIA DEL TRIBUNAL SUPERIOR DE JUSTICIA DE MADRID, 7879/2019, de 13 de junio de 2019. (*Tol 7578402*)

SENTENCIA DEL TRIBUNAL SUPERIOR DE JUSTICIA DE MADRID, 1770/2023, de 23 de febrero de 2023

SENTENCIA DEL TRIBUNAL SUPERIOR DE JUSTICIA DE MURCIA, 959/2022, de 30 de marzo de 2002.

SENTENCIA DEL TRIBUNAL SUPERIOR DE JUSTICIA DEL PAÍS VASCO 3772/2003, de 3 de octubre de 2003.

SENTENCIA DEL JUZGADO CONTENIOSO ADMINISTRATIVO DE SEGOVIA, 6272/2021, de 21 de diciembre de 2021. (*Tol 8801902*)

SENTENCIA DEL JUZGADO CONTENCIOSO ADMINISTRATIVO DE SEGOVIA, 3367/2021, de 23 de junio de 2021. (*Tol 8689111*)

D) DOCTRINA ADMINISTRATIVA

TRIBUNAL ECONÓMICO ADMINISTRATIVO CENTRAL, resolución 00/02818/2015/00/00, del 19 de junio de 2018.

TRIBUNAL ECONÓMICO ADMINISTRATIVO CENTRAL, resolución 00/05353/2015/00/00, de 25 de octubre de 2018.

TRIBUNAL ECONÓMICO ADMINISTRATIVO CENTRAL, resolución: 00/00390/2016/00/00, de 18 de diciembre de 2019.

TRIBUNAL ECONÓMICO ADMINISTRATIVO CENTRAL, resolución 00/00961/2019/00/00, del 18 de diciembre de 2019.

TRIBUNAL ECONÓMICO ADMINISTRATIVO CENTRAL, resolución 00/05686/2019/00/00, de 18 de mayo de 2022.

TRIBUNAL ECONÓMICO ADMINISTRATIVO CENTRAL, resolución 00/05260/2020/00/00, del 21 de noviembre de 2022.

TRIBUNAL ECONÓMICO ADMINISTRATIVO CENTRAL, resolución 00/03994/2020/00/00, del 15 de diciembre de 2022.

TRIBUNAL ECONÓMICO ADMINISTRATIVO CENTRAL, resolución 00/08716/2021/00/00, del 21 de junio de 2023.

E) CONSULTAS LA DIRECCIÓN GENERAL DE TRIBUTOS

Consulta no Vinculante 0001-99 de la DGT.

Consulta no Vinculante 0743-03 a la DGT.

Consulta Vinculante V0045-03 de la DGT. (*Tol 3288392*)

Consulta Vinculante V0044-06 de la DGT. (*Tol 3291656*)

Consulta Vinculante V0564-06 de la DGT. (*Tol 3292189*)

Consulta Vinculante V0397-08 de la DGT. (*Tol 2453692*)

Consulta Vinculante V0085-09 de la DGT. (*Tol 1503680*)

Consulta Vinculante V1161-09 de la DGT. (*Tol 907487*)

Consulta Vinculante V1162-09 de la DGT. (*Tol 907495*)

Consulta Vinculante V1577-10 de la DGT. (*Tol 1964536*)

Consulta Vinculante V0184-11 de la DGT. (*Tol 2059526*)

Consulta Vinculante V1415-13 de la DGT

Consulta Vinculante V0024-14 de la DGT. (*Tol 4118121*)

Consulta Vinculante V2949-16 de la DGT. (*Tol 5788608*)

Consulta Vinculante, V5197-16 de la DGT. (*Tol 6351605*)

Consulta Vinculante V0025-17 de la DGT. (*Tol 5974066*)

Consulta Vinculante V0556-17 de la DGT. (*Tol 6047428*)

Consulta Vinculante V2741-17 de la DGT. (*Tol 6507170*)

Consulta Vinculante V3017-17 de la DGT. (*Tol 6507442*)

Consulta Vinculante V3320-17 de la DGT. (*Tol 6501904*)

Consulta Vinculante V0029-18 de la DGT. (*Tol 7159089*)

Consulta Vinculante V0048-18 de la DGT. (*Tol 7159113*)

Consulta Vinculante V0760-19 de la DGT. (*Tol 7282655*)

Consulta vinculante V1053-19 de la DGT. (*Tol 779592*)

Consulta Vinculante V3460-19 de la DGT. (*Tol 8742482*)

Consulta Vinculante V0175-20 de la DGT. (*Tol 8131787*)

Consulta Vinculante V0505-20 de la DGT. (*Tol 8132113*)

Consulta Vinculante V0663-20 de la DGT. (*Tol 8132270)*

Consulta Vinculante V1964-20 de la DGT. (*Tol 8133544*)

Consulta Vinculante V0024-21 de la DGT. (*Tol 8339815*)

Consulta Vinculante V0145-21 de la DGT. (*Tol 8382011*)

Consulta Vinculante V1682-21 de la DGT. (*Tol 8502206*)

Consulta Vinculante V0035-22 de la DGT. (*Tol 8918688*)

Consulta Vinculante V1428-22 de la DGT. (*Tol 10240385*)

Consulta Vinculante V2254-22 de la DGT. (*Tol 9299409*)

Consulta Vinculante V2274-22 de la DGT. (*Tol 9299429*)

Consulta Vinculante V1753-23 de la DGT. (*Tol 970683*)

Consulta Vinculante V3331-23 de la DGT. (*Tol 9867705*)

F) OTROS

AGENCIA TRIBUTARIA. Acuerdo del consejo territorial de dirección para la gestión tributaria de melilla para la colaboración en la gestión tributaria entre la Agencia Estatal de Administración Tributaria y la Ciudad con Estatuto de Autonomía. Disponible en:

https://www.agenciatributaria.es/static_files/AEAT/DOPRI/Fisterritorial/Autonomica/CeutaMelilla/ContRelacionados/Reg_Fiscal_Ceuta_Melilla/Colab_Estado/acuerdo_22_06_02.pdf (fecha de última consulta: 13 de marzo de 2024)

AGENCIA TRIBUTARIA. Herramienta para la localización del hecho imponible. Disponible en: https://sede.agenciatributaria.gob.es/Sede/ayuda/manuales-videos-folletos/manuales-practicos/manual-iva-2021/capitulo-1-novedades-destacar-2021/localizador.html

CIUDAD AUTÓNOMA DE MELILLA. Presupuestos de la Ciudad Autónoma. Disponible en:

https://www.melilla.es/melillaPortal/contenedor.jsp?seccion=s_fdes_d4_v1.jsp&contenido=24461&tipo=6&nivel=1400

COMISIÓN NACIONAL DE LOS MERCADOS Y LA COMPETENCIA. Seis de cada diez hogares con Internet pagan para ver contenidos audiovisuales online. Disponible en: https://www.cnmc.es/prensa/panel-servicios-audiovisuales-20230602.

Consulta Vinculante nº 740 de la Agencia Tributaria Canaria.

CUATRECASAS: Guía para invertir en Ceuta. 2011. Disponible en https://procesa.es/wp-content/uploads/2019/12/7.1-gpiec_es1.pdf

DATACOMEX. Datos de comercio exterior. Disponible en: https://datacomex.comercio.es

INSTITUTO NACIONAL DE ESTADISTICA. Disponible en https://www.ine.es/dynInfo/Infografia/Territoriales/capituloGraficos.html#!mapa

MERELO, H. "Ceuta y Melilla aprueban un tipo reducido del 0,5% del IPSI en la industria del juego". Disponible en: https://periscopiofiscalylegal.pwc.es/ceuta-y-melilla-aprueban-un-tipo-reducido-del-05-del-ipsi-en-la-industria-del-juego/

MULET GARCÍA, C. Pregunta escrita al Senado. Disponible en: https://www.senado.es/web/expedientdocblobservlet?legis=14&id=167144

MULET GARCÍA, C. Pregunta escrita al Senado. Disponible en: https://www.senado.es/web/expedientdocblobservlet?legis=14&id=70033

ORGANIZACIÓN MUNIAL DEL COMERCIO. Información técnica sobre la valoración en aduana. Disponible en

https://www.wto.org/spanish/tratop_s/cusval_s/cusval_info_s.htm

PROMESA. Melilla, destino de inversión. 2021. Disponible en https://www.melilla.es/melillaportal/RecursosWeb/DOCUMENTOS/1/1_801_1.pdf

SEDE ELECTRÓNICA CIUDAD AUTONOMA DE MELILLA. Disponible en: https://sede.melilla.es/sta/CarpetaPrivate/doEvent?APP_CODE=STA&PAGE_CODE=GTLIQS

ANEXO I

*** IPSI No sujeto ***
*** Comerciante Minorista ***

**** I.V.A. INCLUIDO EN EL PRECIO ****
***** Gracias por su visita *****

ANEXO II

JUAN CARLOS I,24

12/02/2024 11:59 373828
V281-01/001788 Trans: 134389
Fecha Expedición/Operación: 12/02/2024

...	IMP	UD	PRECIO	IMPORTE	T
TWR	0,00	1	29,95	29,95	V
10001409	0392001780002				
TWR	0,00	1	29,95	29,95	V
10002439	0404304225004				
TWR	0,00	1	19,95	19,95	V
10003402	0219...30703				
TWR	0,00	1	19,95	19,95	V
10004432	0816027333003				
TWR	0,00	1	39,95	39,95	V
10005395	0304637770403				
TWR	0,00	1	17,95	17,95	V
10006425	0105815980003				
TWR	0,00	1	25,95	25,95	V
10007388	0215703871203				
TWR	0,00	1	25,95	25,95	V
10008418	0748405950003				
TWR	0,00	1	25,95	25,95	V
10009381	0229806407003				
TWR	0,00	1	35,95	35,95	V
10010411	0214200481403				
SNK	0,00	1	0,10	0,10	V
10011441	K000010000004	Bolsa			

TOTAL 11 271,60

Tarjeta online 271,60€

==

VENTA
CONTACTLESS

Nº tarjeta: 516398******2351
DDF: A0000000041010
Ent. Aut.: SERMEPA

Tarjetas BSCH

Comercio: 030127468
S/N: 00329264110
N. Autorización: 937479
Número Operación: 35811
Et. Aplicación: DEBIT MASTERCARD
Aid:
12-02-2
Hora: 11:59:01

Importe: 271,60 EUR

Operación Con Pin.
Firma no necesaria.

*** IPSI No sujeto ***
*** Comerciante Minorista ***

I.V.A. INCLUIDO EN EL PRECIO ****
***** Gracias por su visita *****

ANEXO III

LIBORIO GARCIA, 6-8 - MALAGA
TLF: +34 952 212 332

13/02/2024 10:21 2176
V44-03 001925 Trans 881984
Fecha Expedición/Operación 13/02/2024

TSP	IMP	UD	PRECIO	IMPORTE	T
TWR	21,00	1	19,95	19,95	V
10001320	081602733300				
TWR	21,00	1	29,95	29,95	V
10002350	0404304225004				
TWR	21,00	1	19,95	19,95	V
10003313	0219737330703				
TWR	21,00	1	25,95	25,95	V
10004343	0748405950003				
TWR	21,00	1	25,95	25,95	V
10005306	0215703871203				
TWR	21,00	1	29,95	29,95	V
10006336	0392001780002				
TWR	21,00	1	17,95	17,95	V
10007299	0105815980003				
TWR	21,00	1	25,95	25,95	V
10008329	0229806407003				
TWR	21,00	1	39,95	39,95	V
10009292	0304637770403				
TWR	21,00	1	35,95	35,95	V
10010322	0214200481403				
SNK	21,00	1	0,10	0,10	V
10011352	K000010000004	Bolsa L			

Total Neto 224,47
IVA 21,00% 47,13

TOTAL 11 271,60

Efectivo 301,60€
CAMBIO Efectivo 30,00€

**** I.V.A. INCLUIDO EN EL PRECIO ****
**** GRACIAS POR SU VISITA ****

ANEXO IV

Tendam Retail S.A.
C/ MARTINEZ,24 ESQ. C/ LARIOS
2900529005-MALAGA ESP
NIF A08099459
Factura Simplificada
01782595 5 1868 [illegible]3/02/2024 11:10

Vd Artículo	PVP	Cant	TOTAL
PIJAMA PP			
45 2767391400[illegible]	23,99	1	23,99
552 BONIFICACIÓN FIDELIDAD			-3,06
MUST BATA			
45 4357[illegible]4603	19,99	1	19,99
552 BONIFICACIÓN FIDELIDAD			-3,49
COLECT NECESER			
45 48478469801	13,99	1	13,99
552 BONIFICACIÓN FIDELIDAD			-1,57
UNIF WOMEN' SECRET			
45 46327829901	0,25	1	0,25

SUBTOTAL 50,10
TOTAL 50,10

- IVA INCLUIDO -

Información IVA

Tasa	Base Imp.	Val.IVA	Val.Total
21.00%	41,41	8,69	50,10

Promos/Fidelidad

Promociones Aplicadas

Promoción: 552 Descuento: 8,12 EUR
552_140CTO_NEW_IN

TOTAL PROMOCIONES 8,12 EUR

ANEXO V

Tendam Retail, S.A.
Avenida Llano Castellano 51
28034 Madrid
A08099459

FACTURA

Número factura WEF2024085101/0000004677

Fecha factura
13/02/2024

Número del pedido: **15451572**

Fecha de solicitud: **13/02/2024**

DIRECCIÓN DE ENVÍO

Maria Bernad furest

Método de envío Envío estándar

DIRECCIÓN DE FACTURACIÓN

Maria Bernad furest

52001 Melilla (Melilla) - España

NIF

Método de Pago:
mc

Número de referencia	Artículo	Cantidad	Precio/Unidad	Total	Precio con descuento
27673914003	Pijama hombre 100% algodón Silvestre, Talla: M ,Color: gris, 100% algodón, Dormir 100% algodón,	1	~~34,99 €~~ 23,99 €	23,99 €	23,99 €
43574334603	Bata pelo cremallera gris, Talla: M ,Color: gris, 100% poliéster, Dormir y Homewear 100% poliéster,	1	~~39,99 €~~ 19,99 €	19,99 €	19,99 €
48478469801	Funda portátil Moomin, Talla: U ,Color: estampado, 100% poliéster, Accesorios 100% poliéster,	1	~~17,99 €~~ 13,99 €	13,90 €	13,99 €
			Gastos de envío	9,95 €	

CANTIDAD NETA	% IVA	IVA	TOTAL
56,13 €	21%	11,79	67,92 €

TOTAL FACTURA: **67,92 €**

ANEXO VI

www.seur.com

SEUR

RAZÓN SOCIAL	
B82516600	
SEUR GEOPOST, S.L.U.	
CL HORTENSIA N. 17	
MELILLA	
REMITENTE	
A08099459	
902452545 93 1	
CTR VILLAVERDE A VALLECAS 257	
28031 MADRID	
0851_15451572	
MAR_A BERNAD FUREST	
52001 MELILLA	
OBSERVACIONES	
L 28 876 7697330 16/02/24 U.ECB 28560168897562	
FECHA	HORA

SERVICIO / PRODUCTO		
ENTREGA PARTIC ESTANDAR		
FECHA	Nº EXPEDICIÓN	CENTRO
16/02/24	7697330	876 C.19/02/24
PROCEDENCIA		DESTINO
MADRID		MELILLA
BULTOS		
1		
REPARTIDOR 9		VALOR ASEGURADO
Aforo		4,70
VALOR REEMBOLSO		
TOTAL DEBIDO		4,70 EU

ANEXO VII

Tendam Retail, S.A.
Avenida Llano Castellano 51
28034 Madrid
A08099459

01/51572 8 0851 13/02/24 18:11
Fecha: 13 febrero, 2024
0851-1496655

ENVIAR A:

María Bernad furest

52001 Melilla (Melilla) - España
+

FACTURAR A:

María Bernad furest

52001 Melilla (Melilla) - España

Condiciones de envío: DAP
Número de pedido/factura: 15451572
Total de artículos: 3

Medio de pago: mc

REFERENCIA	PRODUCTO	CANTIDAD	PRECIO/UNIDAD	TOTAL	TOTAL CON DTO
27673914003	Pijama hombre 100% algodón Silvestre , Color: gris , Talla: M , 100% algodón, Dormir	1	~~34,99 €~~ 23,99 €	23,99 €	23,99 €
43574334603	Bata pelo cremallera gris , Color: gris , Talla: M , 100% poliéster, Dormir y Homewear	1	~~39,99 €~~ 19,99 €	19,99 €	19,99 €
48478469801	Funda portátil Moomin , Color: estampado , Talla: U , 100% poliéster, Accesorios	1	~~17,99 €~~ 13,99 €	13,99 €	13,99 €
	Gastos de envío			9,95 €	
				67,92 €	
				11,79 €	

ANEXO VIII

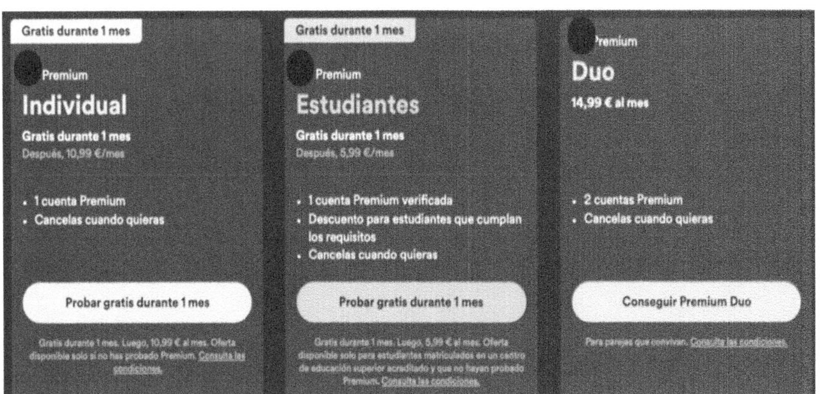
Gratis durante 1 mes
Premium
Individual
Gratis durante 1 mes
Después, 10,99 €/mes
• 1 cuenta Premium
• Cancelas cuando quieras
Probar gratis durante 1 mes
Gratis durante 1 mes. Luego, 10,99 € al mes. Oferta disponible solo si no has probado Premium. Consulta las condiciones.
Gratis durante 1 mes
Premium
Estudiantes
Gratis durante 1 mes
Después, 5,99 €/mes
• 1 cuenta Premium verificada
• Descuento para estudiantes que cumplan los requisitos
• Cancelas cuando quieras
Probar gratis durante 1 mes
Gratis durante 1 mes. Luego, 5,99 € al mes. Oferta disponible solo para estudiantes matriculados en un centro de educación superior acreditado y que no hayan probado Premium. Consulta las condiciones.
Premium
Duo
14,99 € al mes
• 2 cuentas Premium
• Cancelas cuando quieras
Conseguir Premium Duo
Para parejas que convivan. Consulta las condiciones.

ANEXO IX

Recibo

Fecha	19 mar 2024
Número de pedido	2297976114771107-1-3
Forma de pago	[illegible]
Vendedor	[illegible]
Dirección	Regeringsgatan 19, SE-111 53 Stockholm, Sweden
VAT ID	N9115109B
Producto	Premium for Students
IPSI (0.5%)	0,03 €
Impuestos totales	0,03 €
Total	5,99 €

ANEXO X

Información sobre el pago

Medios de pago Mastercard que	Subtotal de producto(s):	EUR 4,12
	Total:	EUR 4,12
Dirección de facturación	IVA:	EUR 0,87
Melilla, Melilla 52001 España	**Importe total:**	**EUR 4,99**

ANEXO XI

Paseo de la Castellana, 89
28046 Madrid
España
NIF

f@gmail.com

Recibo n.° E57DB-62807-20C0D-7D188

Fecha	Descripción	Periodo del servicio	Importe	IVA %	IVA	Total
29/3/24	Servicio streaming	29/3/24 – 28/4/24	4,54 €	21 %	0,95 €	5,49 €

SUBTOTAL	4,54 €
TOTAL: IVA	0,95 €
TOTAL	5,49 €